AF229219

THÈSE

POUR LE DOCTORAT,

PAR

Jules GUILLEMOT, AVOCAT.

DROIT ROMAIN.

De la Pignoris capio, de la Manûs injectio,
et des voies d'exécution des jugements.

DROIT FRANÇAIS.

De la Contrainte par corps.

PARIS

IMPRIMERIE DE COSSE ET J. DUMAINE
RUE CHRISTINE, 2.

1859.

THÈSE
POUR LE DOCTORAT.

L'acte public sur les matières ci-après sera soutenu le 3 mars 1859,
à 10 heures et demie du matin

PAR

Jules GUILLEMOT, AVOCAT.

Président : M. BUGNET, Professeur.

Suffragants. { MM. PELLAT, ORTOLAN, DUVERGER, COLMET DE SANTERRE, suppléant. } Professeurs.

Le candidat répondra en outre aux questions qui lui seront faites sur les autres matières de l'enseignement.

PARIS

IMPRIMERIE DE COSSE ET J. DUMAINE

RUE CHRISTINE, 2.

1859.

A MES PARENTS.

THÈSE POUR LE DOCTORAT.

DROIT ROMAIN.

—

De la *Pignoris capio*, de la *Manûs injectio*,
et des Voies d'exécution des jugements.

DROIT FRANÇAIS.

—

De la Contrainte par corps.

Imprimerie de Cosse et J. Dumaine, rue Christine, 2.

INTRODUCTION.

Lorsqu'un droit est reconnu, soit en dehors de toute contestation, soit après un débat judiciaire, il importe que celui au profit duquel il existe puisse le faire valoir, dût-il, pour cela, si quelque obstacle s'élève, mettre en mouvement la puissance publique. La société ne donnerait à ses membres qu'une garantie illusoire si, constatant leurs droits, elle ne leur donnait pas les moyens d'en user.

Que le droit reconnu existant au profit d'une personne soit celui de la propriété ou quelqu'un de ses démembrements, un droit réel enfin, la marche à suivre pourra être simple. La puissance publique mettra cette personne en possession de son droit et l'y maintiendra envers et contre toute agression injuste.

Mais si, au contraire, je n'ai point action sur des biens déterminés et qu'il existe seulement à mon profit un engagement de votre part de me procurer, par exemple, une somme d'argent ou de faire quelque chose pour moi, la solution de la question ne se présente plus aussi simple et aussi commode. Il s'en faut de beaucoup que les meilleurs législateurs soient arrivés dès l'abord à cette idée du droit français : « Quiconque s'est obligé « personnellement est tenu de remplir son engagement sur tous « ses biens mobiliers et immobiliers, présents et à venir (1) », — On le conçoit. — Ce qu'il faut, c'est que le débiteur exécute ce qu'il a promis. Agir sur ses biens pour satisfaire le créancier, c'est sans doute procurer à celui-ci un équivalent

---

(1) Art. 2092 du Code civil.

mais non un paiement véritable. — Aussi, pour obtenir du débiteur l'accomplissement de sa promesse, la plupart des législations commencent-elles par exercer sur lui une contrainte personnelle. — A la vérité, cette contrainte a le plus souvent un caractère vexatoire et pénal; parfois elle est poussée jusqu'à la dureté de la peine de mort, et, comme telle, elle est peu de nature à satisfaire véritablement le créancier, ne lui donnant pas ce qu'il veut et lui donnant plus qu'il ne doit vouloir. Mais même ainsi exagérée, et alors même qu'elle s'exerce contre un débiteur qu'on sait être dans l'impossibilité de s'acquitter, elle ne perd pas le caractère que je lui prêtais, servant, à titre de menace et d'exemple, à inspirer aux débiteurs une terreur qui les pousse à satisfaire à leurs engagements.

Il ne faut donc pas s'étonner que l'idée d'une contrainte corporelle contre le débiteur se soit présentée aux sociétés avant que celle des voies d'exécution sur ses biens ait pu se faire jour chez les peuples éclairés peu à peu par l'adoucissement des mœurs et l'heureuse influence d'une saine philosophie.

La législation égyptienne nous offre à son principe la sévérité de l'esclavage contre les débiteurs qui ne paient pas leurs dettes. Mais une loi de Bocchoris supprime cet usage, et ne permet d'engager que les biens pour sûreté des obligations. Le motif qu'en donne Saumaise me paraît remarquable et digne peut-être d'être médité, même par les législateurs modernes : « *Bona personarum esse, personas verò civitatum existimabat* (2) ». — C'est seulement à la mort du débiteur que le créancier avait action sur son corps, pour obliger, par une contrainte morale, ses amis ou sa famille à acquitter la dette. La sépulture était en effet refusée à celui qui n'avait pas rempli tous ses engagements, à la honte de la famille, qui ne rachetait pas son corps en satisfaisant le créancier.

(1) Saumaise, traduit par M. Pastoret (*Législation des Égyptiens*, XII, p. 240).

Chez les Grecs, nous trouvons aussi la servitude de la dette, et aussi une tentative de la supprimer. Solon, lors de ses voyages en Égypte, trouva en vigueur la loi de Bocchoris : il voulut la transporter dans la république athénienne. Plutarque (1) nous l'apprend, mais d'une manière qui laisse quelques doutes sur l'étendue de la mesure de Solon. N'abolit-il que la servitude, laissant subsister l'emprisonnement pour dettes? C'est l'opinion de M. Pastoret (2); Montesquieu (3) dit, au contraire, qu'il ordonna « qu'on n'obligerait plus le corps pour dettes « civiles ».

Quoi qu'il en soit, et soit que l'opinion de M. Pastoret se trouve la plus exacte, soit que la loi de Solon ait été impuissante à lutter contre les usages des Athéniens, l'histoire nous présente Miltiade et Cimon jetés dans une prison pour dettes; elle nous fait entendre la voix éloquente de Démosthènes plaidant la cause attaquée de l'emprisonnement des débiteurs (4).

Du reste, il est certain que l'esclavage pour dettes continua à subsister, dans son intégrité, chez tous les autres peuples de la Grèce et qu'il leur était commun avec tous les peuples d'Asie (5).

Ainsi les Romains, dans la dureté avec laquelle ils poursuivaient sur la personne des débiteurs l'exécution des engagements, n'ont pas été sans devanciers. Mais il ne faudrait pas dire qu'ils n'aient pas connu, dans le principe, les voies d'exécution sur les biens. Comment serait-ce possible, quand nous savons que leurs lois ont souvent emprunté à la Grèce? La loi de Solon, qui, s'inspirant de celle de Bocchoris, paraît suppo-

---

(1) Plutarque, *Vie de Solon*, XX.
(2) *Législation des Athéniens*, ch. 9, p. 463.
(3) *Esprit des lois*, liv. XX, ch. 15.
(4) Discours contre Timocrate.
(5) Saumaise, *Per omnes Græciæ et Asiæ populos viguit item institu-
tum*, ch. 18, p. 806 et 807.

ser, comme elle, un système d'exécution sur les biens du débiteur et le substituer à celui de la contrainte corporelle, cette loi put-elle échapper à la connaissance des décemvirs, qui envoyèrent des commissaires en Grèce (1) lors de la rédaction de la loi des Douze Tables ? On peut dire seulement que les décemvirs, tous ou presque tous patriciens, et tenant dans leurs mains la plèbe obérée de dettes, feignirent d'ignorer des lois qui les auraient privés d'un de leurs plus puissants moyens d'influence politique. — Quant à regarder les voies d'exécution sur les biens comme incompatibles avec les principes du droit romain primitif, ce serait oublier que la *pignoris capio* existait à côté de la procédure ordinaire et commune de la *manûs injectio*, et admettait, pour quelques cas au moins, que les biens du débiteur sont le gage de ses créanciers.

Enfin, grâce aux progrès des temps et à l'heureuse influence des préteurs sur la législation, les voies d'exécution sur les biens prirent le dessus, et ce qui n'était que l'exception devint la règle.

Nous allons examiner successivement les diverses phases par lesquelles a passé la législation romaine en ce qui touche les voies d'exécution sur la personne et sur les biens, d'abord sous le régime des actions de la loi, puis sous celui de la procédure formulaire et de la procédure extraordinaire.

Enfin, en droit français, nous étudierons la contrainte par corps très-succinctement dans l'ancien droit, et aussi pleinement qu'il nous sera possible dans le droit actuel.

---

(1) A la vérité, Vico, Gibbon et Niebuhr contestent l'envoi de trois commissaires en Grèce.

THÈSE.

DROIT ROMAIN.

CHAPITRE PREMIER.

DES VOIES D'EXÉCUTION SUR LA PERSONNE ET SUR LES BIENS SOUS
LE RÉGIME DES ACTIONS DE LA LOI.

La règle est ici, nous l'avons vu, l'exécution sur la personne,
exécution brutale, barbare et propre à frapper vivement les
esprits par son matérialisme même : — elle se poursuit par la
procédure sacramentelle d'une des cinq actions de la loi, la
manûs injectio. La poursuite des obligations sur les biens se
présente, tout exceptionnelle, dans la *pignoris capio*, et peut-
être, sauf discussion, en dehors même de cette saisie limitée
au droit public et religieux. — Il sera bon, je crois, de commencer par l'étude de l'action *per pignoris capionem*, qui ne
se rattache que faiblement au système général des actions de
la loi et ne nous fournirait pas une heureuse transition pour
passer à la procédure formulaire, où le préteur s'efforça de
calquer la poursuite sur les biens du débiteur, sur ce que la loi
des Douze Tables avait décrété contre sa personne.

SECTION PREMIÈRE.

De la pignoris capio.

L'action *per pignoris capionem* est fort simple ; elle consiste
dans la prise de possession d'un objet appartenant au débiteur,
sans que, pour effectuer cette prise de possession, le créancier
ait besoin de faire intervenir le magistrat. C'est là une première différence avec toutes les autres actions de la loi, qui
doivent se passer en présence du magistrat, *in jure*. D'autres
différences capitales sont encore à signaler. Ainsi, pas plus que

celle du magistrat, la présence de l'adversaire n'est nécessaire ; et enfin, la *pignoris capio* peut avoir lieu un jour néfaste. Cette dernière exception est, du reste, la conséquence de ce que l'intervention du magistrat est inutile ; car ce qui oblige, en règle générale, à poursuivre un jour faste les actions de la loi, c'est que le magistrat ne siége qu'à pareil jour. — Cependant, toutes ces dérogations au système général avaient fait douter que la *pignoris capio* fût réellement une action de la loi. Gaïus nous fait part de ce doute ; mais ce qui, dit-il, avait fait prévaloir l'opinion de l'affirmative, c'est que, dans cette action, on prononçait, en effectuant sa prise de possession, des paroles sacramentelles, *certis verbis pignus capiebatur* (1).

Cette action sommaire et expéditive, dont tout le rite consiste dans la prononciation de certaines paroles, fut appliquée à des cas où il est besoin d'un prompt paiement, ou par suite d'usages ou en vertu d'une loi (2). Il est bon de remarquer aussi qu'elle n'a lieu que pour satisfaire à des besoins d'un intérêt public ou religieux.

Dans un but d'intérêt public, l'usage la donne aux soldats dans des cas qu'il faut passer en revue.

Il importait que les soldats fussent promptement payés de leur solde, et l'on sait combien étaient à craindre les mécontentements de ces armées à qui il était défendu d'entrer dans Rome et que la ville semblait redouter autant qu'on les redoutait au dehors. Aussi fut-il admis que les soldats pourraient employer le moyen commode de la *pignoris capio* contre celui qui était chargé de leur distribuer l'argent (*tribunus ærarius*). On a cru quelquefois que ce droit s'exerçait contre un particulier désigné pour fournir au soldat sa paie ; mais Aulu-Gelle (3) nous dit : *pignoris capio ob æs militare quod à tribuno ærario miles accipere debebat...* Ce texte formel ne laisse pas de place au doute. — Le mot *æs militare* est employé pour désigner cette solde due aux militaires (4).

---

(1) Gaïus, *Comm.* IV, § 29.
(2) Gaïus, *Comm.* IV, § 26.
(3) Aulu-Gelle, VII, 10.
(4) Gaïus, *Comm.* IV, § 27.

La *pignoris capio* était encore donnée aux cavaliers pour se faire payer de l'*œs equestre*, c'est-à-dire, de l'argent destiné à fournir le prix d'un cheval et pour l'*œs hordearium*, prix du fourrage pour le nourrir. — Ici, le soldat était mis en rapport avec les particuliers. Voici comment. — La cavalerie romaine ne recevait pas ses chevaux de l'État. Mais les personnes qui ne pouvaient fournir le service militaire devaient du moins contribuer pécuniairement à l'entretien des armées. Aussi , étaient-elles désignées, suivant leur fortune, pour fournir, telle un cheval, telle du fourrage, et, comme nous venons de le voir, chaque cavalier était adressé à l'un de ces contribuables et exerçait sur ses biens la *pignoris capio* (1). Telle est du moins l'opinion commune ; mais Niebuhr croit que le soldat percevait l'*œs equestre* et l'*œs hordearium* de la même façon que l'*œs militare*. La différence repose sur l'interprétation d'un texte de Tite-Live (2).

Les personnes qui devaient contribuer à l'achat et à la nourriture des chevaux sont les *viduæ* et les *orbi*. — Le mot *viduæ* semble s'appliquer aussi bien aux femmes non mariées qu'aux veuves. Les *orbi* paraissent être les orphelins qui ne sont pas en âge de servir dans les armées.

La *pignoris capio* s'exerce encore dans un intérêt public, lorsqu'elle est accordée aux publicains pour la levée des impôts (3). Ici, c'est en vertu d'une loi qu'elle a lieu ; mais le nom de la loi est incomplet dans Gaïus et l'on n'y trouve que la terminaison du mot *...oria*. Les commentateurs sont tombés d'accord pour y voir la loi *Censoria*. — Cicéron, en effet (*ad Quintum fratrem*, I, 1), parle d'une loi Censoria relative au recouvrement de l'impôt par les publicains : il est aussi question d'une loi de ce nom en matières fiscales dans un texte attribué à Paul (fragment *De jure fisci*, § 18) et dans une loi d'Alfenus Varus au Digeste (*De verborum significatione*, 203). Mais ce dernier texte s'exprime ainsi : « *in lege Censoriâ portûs Siciliæ itâ scriptum erat ;* » ce qui a autorisé un jeune,

---

(1) M. Pellat, à son cours.
(2) Tite-Live, I, 43.
(3) Gaïus, *Comm.* IV, § 28.

mais savant commentateur, à supposer que ce nom s'appliquait aux lois fiscales dues généralement à l'initiative des censeurs (1).

Enfin, la loi des Douze Tables, voulant encourager les sacrifices, décide que celui qui aura vendu une victime et n'en aura pas reçu le prix, ou celui qui n'aura pas été payé du loyer d'une bête de somme, lorsqu'il comptait employer l'argent provenant du louage à un sacrifice religieux, pourront agir, pour se faire payer, par l'action *per pignoris capionem* (2).

Ici, s'arrêtent nos données sur la *pignoris capio*. Y a-t-il, à l'époque dont nous nous occupons, en dehors des cas d'application de cette action de la loi, un système d'exécution sur les biens du débiteur ? C'est une question délicate, qui ne peut être passée sous silence, mais dont l'examen sera fait plus opportunément après que j'aurai examiné les conséquences de la *manùs injectio*.

SECTION II.

De la manùs injectio.

Nous voici arrivés au droit commun de l'ancienne Rome. L'action *per manùs injectionem* est le mode de poursuite employé sur la personne du débiteur qui avoue une dette d'argent ou qui s'est laissé condamner *in judicio*, et qui, cependant, n'exécute pas l'obligation. Il faut y joindre aussi celui qui, actionné *per condictionem*, ne s'est pas rendu dans le délai fixé pour recevoir un juge : les lois *Silia* et *Calpurnia* le réputent *confessus* ou *judicatus*, et permettent par conséquent d'exercer sur lui la *manùs injectio*.

A proprement parler, le mot *manùs injectio* est une expression générique qui s'applique à toute mainmise sur une personne. Cette manière d'appréhender au corps les personnes sur lesquelles on prétend exercer un droit, peut se présenter en de-

____

(1) M. J. Tambour, dans son intéressant travail intitulé : *Des voies d'exécution sur les biens des débiteurs dans le droit romain et dans l'ancien droit français*, t. 1er, p. 4, en note.

(2) Gaïus, *Comm.* IV, § 28. — Le texte de la loi des Douze Tables est le § 2 de la douz'ème table, d'après MM. Dirksen et Zell.

hors de notre action de la loi. Ainsi, dans plusieurs textes, même au temps de Justinien, il est question d'une *manûs injectio*, soit du père sur le fils de famille, soit du maître sur l'esclave (1). Enfin, la loi des Douze Tables nous apprend que celui qui, appelé devant le magistrat, refusait de s'y rendre, pouvait être saisi au corps et conduit *in jus, etiam obtorto collo*. Tout cela se passe en dehors de la présence du magistrat : au contraire, l'action de la loi *per manûs injectionem* n'a lieu que *in jure*.

Nous avons vu dans quels cas il y avait lieu à une mainmise solennelle : *æris confessi rebusque jure judicatis* (2). — Les termes sont fort généraux. Cependant, M. de Savigny pense que cette voie d'exécution n'était donnée que pour les dettes d'argent et non pour toutes choses jugées. Mais il ne nous montre pas quelle eût été la voie à suivre dans le cas où la *manûs injectio* n'était pas applicable. — Il semble donc qu'on puisse opposer une fin de non-recevoir à une pareille opinion jusqu'au moment où il sera démontré qu'il existait un système général d'exécution sur les biens sous l'empire de la loi des Douze Tables. Si dans les exemples que nous fournit l'histoire ou que nous présentent les jurisconsultes de l'exécution des jugements, il est surtout question de dettes d'argent, c'est que c'est là, en effet, le cas le plus fréquent qui y donne lieu et que les historiens étaient surtout frappés des effets désastreux du prêt à intérêts, qui causa de plus grands maux à Rome que le sac des Gaulois et les victoires d'Annibal.

Mais ce qu'il faut remarquer, c'est que la *manûs injectio* n'a pas lieu en matière de droit réel. La condamnation, en effet, ne fait pas du défendeur un débiteur, comme il en sera sous le régime formulaire.

Arrivons maintenant à l'examen de cette action de la loi. — Avant que le créancier puisse jeter la main sur son adversaire, la loi proclame une trève de trente jours, pendant laquelle le débiteur cherche tous les moyens de s'acquitter et sollicitera

---

(1) Fragments du Vatican, § 6 ; Digeste, *de In jus vocando*, 10, § 1 ; *de servis exportandis*, 9 ; *De Manumissionibus*, 20, § 2 ; *Qui sine manumissione*, 7.

(2) Loi des Douze Tables, III, 1.

ses amis de lui en fournir : *Æris confessi rebusque jure judicatis triginta dies justi sunto* (1). — C'est ce que la loi des Douze Tables appelle les *dies justi* , ce qu'Aulu-Gelle (2) nous présente comme un armistice, *juris quœdam interstitio.*

Lorsque ce délai est passé sans que satisfaction ait été donnée au créancier, celui-ci peut amener son adversaire devant le magistrat, et alors exercer sa *manûs injectio : Post deindè,* dit la loi des Douze Tables, *manûs injectio esto, in jus dicito* (3). — Le créancier prend le débiteur par quelque partie du corps et dit : « *Quod tu mihi judicatus sive damnatus es, sestertium decem millia quœ dolo malo non solvisti, ob eam rem ego tibi sestertium decem millium judicati manus injicio* (4). — Il est bon de remarquer ici le formidable matérialisme de l'ancien droit romain, où toute puissance se caractérise dans le mot de *manus,* comme pour étreindre plus énergiquement et d'une manière plus palpable celui qui en est l'objet. — Celui-là semble vraiment maître d'une chose qui peut, en imposant sa main sur elle, y imprimer le cachet de sa personnalité. — Et nous allons voir quels sont ici les puissants effets de cette mainmise solennelle. — Le débiteur, à partir de ce moment, cesse d'être traité comme un homme libre : il devient la chose objet du procès, et il ne peut repousser cette main qui s'appesantit sur lui : *Nec licebat judicato manum sibi depellere,* dit Gaïus. S'il veut se défendre, s'il a quelque contestation à élever, il ne peut plus le faire par lui-même : il devra amener un *vindex,* un répondant solvable qui prenne sa cause en mains (5). Dès le moment

____

(1) Table III, § 1.

(2) *Nuits attiques,* XX, 1.

(3) Table III, 2.

(4) Gaïus, *Comm.* IV, § 21. M. Ortolan attire notre attention sur ces deux expressions : *Judicatus, damnatusve* ; elles se réfèrent peut-être, dit-il, la première aux obligations venant de contrats, la seconde aux obligations provenant de délits (selon d'autres, aux legs *per damnationem*). — Ne pourrait-on pas dire que le dernier terme s'applique au plaideur, *confessus in jure,* qui n'est pas *judicatus,* mais *pro judicato habetur.* — Il est certain, d'ailleurs, comme il le fait remarquer, qu'il ne s'agit pas ici de droits réels, cas où il n'y a pas de condamnation et qui ne donne lieu à aucune *manûs injectio.*

(5) Il est difficile de bien préciser quel était le rôle du *vindex.* — Voici

donc où la main a été mise sur un homme, il est traité comme esclave (1).

Si nul ne se présente comme *vindex*, le magistrat prononcera la déclaration solennelle qui l'attribue au demandeur, et celui-ci pourra l'emmener comme prisonnier dans sa maison. — A partir de ce moment, il devient *addictus*. Cependant, les dernières rigueurs de l'addiction ne se font pas encore sentir, et la loi lui laisse de nouveaux délais pour faire appel à la commisération publique ou à l'affection de ses amis. Mais avant de nous occuper de cette nouvelle phase, voyons ce que la déclaration du préteur a produit en lui et quels changements l'addiction a causés dans son état.

Avant d'être *addictus*, le débiteur, condamné par sentence d'un juge ou d'un arbitre, était *adjudicatus*. Comment cette sorte de puissance du créancier se faisait-elle sentir? C'est ce qu'il est assez difficile de déterminer. — Il est vraisemblable qu'elle existait plus en droit qu'en fait et que dans cette période, le débiteur jouissait d'une liberté presque entière. — Seulement, son corps était le gage du créancier, et celui qui l'aurait fait disparaître eût été poursuivi par l'action *furti*. Car Gaïus (Comm. III, § 199) nous dit qu'on peut voler même des personnes libres, et parmi les exemples qu'il donne, il cite préci-

---

ce que dit, à cet égard, M. Bonjean : « Les textes ne s'expliquent pas d'une manière précise sur l'intervention du *vindex*. S'obligeait-il seulement comme caution du débiteur? Ou bien, au contraire, prenait-il si complétement le fait et cause du débiteur, que celui-ci se trouvât entièrement libéré? J'adopte cette dernière opinion comme la plus probable (*Des Actions*, § 160, en note). » *Vindicem dabat, qui pro se causam agere solebat,* dit Gaïus, (*Comm.,* IV, § 21).

(1) Je ne crois pas qu'il faille dire, avec M. Troplong (Préface de la *Contrainte par corps*, p. LXIII), que la mainmise s'opérait avant qu'on fût venu devant le magistrat, n'étant ainsi qu'une manière de *rapere in jus* celui qui en était l'objet. L'ordre dans lequel les choses sont présentées par le texte des Douze Tables : *Post deindè manús injectio esto, in jus dicito,* ne me paraît pas concluant, surtout si l'on réfléchit que ce texte ne nous est peut-être pas parvenu parfaitement pur. D'ailleurs, Gaïus, qui nous a transmis les plus sûrs commentaires sur les Douze Tables, ne nous dit-il pas que toutes les actions de la loi, hormis la *pignoris capio*, s'opéraient en présence du magistrat? Et que serait l'action *per manús injectionem*, sans la *manús injectio*?

sément le vol de l'*adjudicatus*. — Je dois avouer qu'un autre texte de Gaïus (Comm. III, § 189) semble envisager le droit qu'on a sur l'*adjudicatus* comme plus rigoureux que je ne viens de le supposer. Car le jurisconsulte, après avoir dit que le voleur manifeste était, d'après la loi des Douze Tables, frappé de verges, puis attribué à son créancier (*addictus*), ajoute qu'il y avait doute pour savoir si par là il devenait *servus* ou s'il était simplement *adjudicati loco*. — Mais il me semble que, dans ce texte, Gaïus ne se préoccupe que de la question d'ingénuité et non de la plus ou moins grande étendue de droits qu'on aura acquis sur la personne du voleur *addictus* (1).

Quoi qu'il en soit, l'addiction vient donner au créancier des droits très-étendus et que nous allons examiner. En fait, il traite véritablement le débiteur comme un esclave, sauf qu'il n'a pas sur lui, du moins avant l'écoulement d'un certain délai, le droit de vie et de mort. Celui-ci est aussi, en fait, un esclave à l'égard de la société, et Tite-Live nous montre qu'il ne peut, si ce n'est au cas d'extrême besoin, être admis à combattre dans les armées (2). — Il ne faudrait pas pourtant pousser cette dernière idée trop loin. Car la loi des Douze Tables se charge elle-même de nous apprendre que le débiteur *addictus* peut, s'il le veut, se nourrir à ses frais (3) ; elle le regarde donc encore comme étant propriétaire. — Du reste, il est certain qu'en droit il garde son titre d'homme libre et qu'aucune atteinte n'est portée à son ingénuité; qu'enfin, s'il est délivré de ses chaînes, il ne prendra pas la dénomination odieuse d'affranchi. Il est *in servitute*, mais non *servus*, nuance délicate et qui consiste surtout dans la différence que nous venons de voir, celui qui n'est pas *servus* n'était pas marqué de cette tache indélébile qui reste marquée au front de l'esclave, même après son affranchissement. Il faut

---

(1) Les deux textes de Gaïus, que je viens de citer, sont souvent regardés comme s'appliquant à l'*addictus*. J'ai peine à croire que les mots *adjudicatus* et *addictus* puissent se rapporter à une seule personne. On connaît toute la précision du langage juridique des Romains, et surtout l'exactitude ordinaire de Gaïus, qui écrit à une époque qui est au droit ce que le siècle d'Auguste est à la littérature.

(2) XXIII, 14.

(3) *Si volet, suo vivito.*

admirer chez les Romains cette subtilité à distinguer le fait du droit, telle que le droit romain nous présente des esclaves *in libertate* et des hommes libres *in servitute*.

Quintilien, dans une de ses déclamations (la trois cent onzième) suppose un homme, qui, ayant un *addictus*, a donné, par testament la liberté à tous ses esclaves. — L'*addictus* vient réclamer la liberté à ce titre. Sera-t-il écouté? Non, dit l'écrivain. Il n'est pas esclave, et la manumission ne s'applique pas à lui. Il garde en effet son prénom, son nom, son surnom, sa tribu, ce qui est le propre de l'homme libre. Ailleurs, il compare le sort de l'*addictus* et celui de l'esclave. — L'esclave, dit-il, lorsqu'il est affranchi, devient *libertus ;* l'*addictus*, en recouvrant la liberté, est ingénu. L'esclave ne peut arriver à la liberté contre la volonté du maître ; l'*addictus,* au contraire, le peut en payant sa dette. La puissance du maître sur l'esclave n'est pas limitée par les lois ; il en est autrement pour l'*addictus* (1). *Aliud est servum esse, aliud servire* (2).

Je ne crois pas même qu'il faille dire que l'*addictus* tombe sous le *mancipium* de son créancier (3). Sa position change aussi peu en droit qu'elle est empirée en fait. — On cite en sens contraire le § 199 du Commentaire III de Gaïus dont j'ai parlé plus haut et qui parle de l'*adjudicatus*. A la vérité, ce que Gaïus dit, à titre d'exemple, de l'*adjudicatus*, doit s'appliquer à plus forte raison à l'*addictus ;* mais le jurisconsulte n'y dit rien moins que ce qu'on veut lui faire dire et lorsque ailleurs il énumère les personnes soumises au *mancipium*, il ne parle ni des *adjudicati*, ni des *addicti* (voir Zimmern, *Traité des actions,* § 45, n. 15).

Un sort qu'il est nécessaire de comparer avec celui de l'*addictus*, c'est le sort du *nexus*. Qu'est-ce que le *nexus?* Varron (*De linguâ latinâ,* VII, 105) nous répond : *Liber qui suas ope-*

---

(1) Quintilien, *Institut. orat.* VII, 3.

(2) Quintilien, *ibidem,* V, 10. — Quintilien raisonne, à une époque où l'*addictus* ne tombe plus, à aucun moment, dans un esclavage véritable. Mais, ce qu'il dit de l'*addictus* de son temps s'applique à celui de la loi des Douze Tables dans la période que nous examinons.

(3) M. Ortolan, *Institut.,* t. 2, p. 440.

*ras in servitute, pro pecuniâ quam debebat, dabat dùm solveret,
nexus vocatur.* — Il y a donc déjà cette première différence
entre l'*addictus* et le *nexus*, que celui-ci, dans la quasi-servi-
tude à laquelle il est soumis, subit les conséquences d'un contrat qu'il a fait, et qu'il a fait, remarquons-le bien, généralement
pour se soustraire aux extrêmes rigueurs de l'addiction dont
nous aurons à parler plus bas. Du reste, comme l'*addictus*, le
nexus est *in servitute* sans être *servus*. — Il a promis ses services à son créancier, si, à l'échéance de la dette, celui-ci n'est
pas payé. — Lorsque viendra ce moment, le créancier l'emmè-
nera chez lui, le fera travailler comme un esclave jusqu'à ce
qu'il puisse se payer sur son travail de ce qui lui est dû ; mais le
nexus reste homme libre dans la cité (1). Subit-il une *capitis
deminutio ?* On le dit, en citant ce texte de *Festus* : « *Deminutus
capite appellatur qui liber alteri mancipio datus est.* Alors le
nexus tomberait sous le *mancipium* du créancier. Pour le texte
qu'on cite, il faut avouer qu'il est peu concluant, et que le donner comme preuve, c'est traiter la question par la question.
Aussi l'auteur de la dissertation que j'ai citée plus haut (2) croit-
il que les droits du créancier ne s'exercent que dans la mesure
de son intérêt et ne tendent pas à altérer en droit l'état du débiteur, mais bien plutôt à le soumettre en fait à lui donner une
prompte satisfaction. Telle est aussi l'opinion de Schilling, de
M. de Savigny et de M. Giraud (3). Rien en effet, dit-on en ce
sens, ne nous donne lieu de croire qu'un homme libre ait jamais
pu se donner lui-même *in mancipio* (4). — Cela est-il bien exact
et ne voyons-nous pas dans la coemption une femme libre
et sui juris se placer sous le *mancipium* de son mari ? Ne
trouve-t-on pas dans Valère-Maxime (VI, 1, 9) le passage
suivant : « *Propter domesticam ruinam et grave œs alienum nexum* SE DARE *coactus,* » dans Tite-Live, celui-ci : *Cùm*

---

(1) M. Ortolan, *idem*, note 4. Il peut servir dans les armées romaines.

(2) M. J. Tambour, *Des voies d'exécution sur les biens du débiteur,*
t. 1er, p. 22.

(3) En sens contraire sont : MM. Ortolan, Zimmern, Bonjean, Niebuhr.

(4) Schilling, *Traité du droit de gage*, § 210 (notes), traduction de
M. Pellat.

se ob æs alienum paternum **DEDISSET** ? Enfin, il paraît résulter de la lecture de Quintilien (VII, 3) que le *nexus*, contrairement à l'*addictus*, ne sort du pouvoir du créancier que par une manumission et n'en sort que pour être *quasi libertus ;* car, vis-à-vis de celui-ci, il est esclave, et c'est seulement à l'égard de la société qu'il est resté ingénu (1).

Du reste, il est difficile de se faire des idées bien nettes sur ce point, et, peut-être, à cette époque peu avancée du droit, les nuances juridiques n'étaient-elles pas aussi bien établies qu'elles l'ont été par des historiens et des jurisconsultes qui écrivaient à une époque où il ne restait rien du *nexum* et peu de chose de l'addiction.

Quels sont les droits du créancier sur les enfants et le patrimoine du *nexus ?* Ce sont-là des questions qui nous entraîneraient trop en dehors de notre sujet pour que je les examine ici.

Pour l'*addictus*, la sentence qui le frappe n'atteint pas ses enfants, et nous avons vu, avec la loi des Douze Tables, qu'il restait maître de son bien.

Une opinion que je crois devoir combattre tendrait à assimiler complétement le *nexus* à l'*addictus*. C'est celle du savant *Niebuhr* qui pense que le *nexus* n'était remis aux mains du créancier que sur une sentence du magistrat. Le plus souvent le *nexus* n'entendait se livrer qu'à l'échéance de la dette non payée et n'offrait pas dès l'abord au créancier une garantie réelle. Or, M. Niebuhr, partisan de la *capitis deminutio* du débiteur et qui voit dans le *nexum* une mancipation ou une vente de sa personne, retarde les effets de cette vente, non-seulement jusqu'à l'échéance de la dette, mais, comme nous venons de le voir, jusqu'à la sentence du magistrat, qui aurait alors fait du *nexus* un véritable *addictus,* sauf à voir en lui une variété de l'espèce des *addicti*. MM Bonjean et Zimmern partagent cette opinion, mais en rattachant les effets juridiques de la mancipation (la *capitis deminutio*) au moment du contrat ; car les *actus legitimi* n'admettent pas de modalités (2).

---

(1) M. Bonjean, *Des actions*, § 161.
(2) Dig. *De diversis regulis juris antiqui*, L. 77, Papinien.

Ce système est généralement repoussé, car il ne se fonde sur aucune donnée précise. — Je ne sache pas qu'il ait été cité un seul texte d'où l'on puisse véritablement conclure cette nécessité d'une sentence d'addiction après un *nexum?* Sans doute, si le doute s'élève sur l'existence du *nexum*, si le débiteur se soustrait aux conséquences de son obligation, il faudra bien l'amener devant le magistrat et demander à celui-ci de prononcer : alors il y aura addiction. — Mais hors de là, pourquoi veut-on que cette sentence fût nécessaire, lorsque aucun jurisconsulte ou aucun historien n'en contient de mention, et qu'au contraire nous voyons toujours les débiteurs *nexi* se livrer eux-mêmes (*se dare*) à leurs créanciers (1).

Revenons maintenant aux conséquences de l'addiction. Voici l'*addictus*, esclave de fait, remis aux mains de son créancier. Celui-ci l'emmène chez lui. *Ni judicatum facit*, dit la loi des Douze Tables, *aut quis emdo em jure vindicit, secum ducito* (2). — Il le charge de chaînes, et la loi des Douze Tables avec une sollicitude qui ne prouve que trop la dureté des créanciers détermine quel pourra être le poids des chaînes : il ne devra pas excéder quinze livres ; il peut être moindre, bien entendu. Le créancier pourrait même n'attacher l'*addictus* qu'avec des courroies : *Vincito, aut nervo, aut compedibus quindecim pondo ne majore, aut si volet, minore vincito*. Le créancier doit fournir la nourriture à son prisonnier; mais la loi ne l'astreint qu'à lui fournir une livre de farine par jour, et en cela elle marque sa tendance à assimiler le malheureux débiteur à l'esclave : car, s'il faut en croire Saumaise, tel est le *diarium* dû à l'esclave. Du reste, le débiteur, qui reste propriétaire de ses biens, peut, s'il trouve la ration servile insuffisante, se nourrir à ses frais : *Si volet suo vivito; ni suo vivit, qui em victum habebit, libras farris endo dies dato; si volet, plus dato* (loi des Douze Tables, III, 4).

La nouvelle période dans laquelle nous venons d'entrer per-

---

(1) Valère-Maxime, VI. 1, 9 ; Tite-Live, VIII, 28 : *Cùm se ob alienum æs paternum dedisset.*

(2) Table III, 3 ; Gaïus, *Comm.*, IV, § 21.

met encore au débiteur de concevoir quelques espérances. Pendant cette captivité de fait, il peut transiger avec son créancier, preuve nouvelle qu'il ne subit pas encore un esclavage véritable : *erat autem intereà jus paciscendi*, dit Aulu-Gelle (*Nuits Attiques*, XX, 1). Enfin, le créancier doit, dans cette période, qui dure soixante jours, de neuvaine en neuvaine, par trois jours de marché consécutifs, l'amener au forum, sur le lieu du *comitium*, devant le magistrat, et là faire crier par la voix d'un héraut de quelle somme il est débiteur, afin que ceux qui peuvent lui vouloir du bien sachent à quel prix ils pourront le délivrer. — Parfois, cette voix trouvera de l'écho. — Nous voyons *Manlius Capitolinus* payer ainsi les dettes de quatre cents débiteurs pour leur éviter les dernières rigueurs de l'addiction (1), et, s'écrier avec indignation, le jour où l'on amenait ainsi au *forum* un malheureux centurion, prisonnier pour dettes : « Non, je ne puis souffrir, moi, le sauveur du Capitole, qu'un de mes compagnons d'armes soit traité comme un prisonnier des Gaulois et livré aux fers et à l'esclavage » (2).

Mais la générosité d'un Manlius ne vient pas toujours au secours du débiteur. Ses parents, ses amis peuvent l'abandonner, ou peut-être ne sont pas eux-mêmes en état de payer pour lui. Alors approche, pour le malheureux *addictus,* le triste dénoûment du drame. — Au bout des soixante jours, si aucun résultat n'est obtenu, il subit une grande *capitis deminutio* et cesse d'être homme libre. Suivant M. Bonjean (3), il se serait même trouvé esclave sous condition suspensive du jour de l'addiction. — L'idée est ingénieuse ; mais je ne la crois pas romaine. Je ne crois pas surtout que cette rétroactivité ait pu se présenter à une époque où le droit était si peu avancé. — Toujours est-il qu'au bout des soixante jours, il cesse entièrement d'être libre de droit et de fait, et que la loi des Douze Tables donne même formellement au créancier le droit de le mettre à

---

(1) Tite-Live, VI, 20.
(2) Tite-Live, VI, 14.
(3) *Traité des actions*, § 161.

mort ou de le vendre comme esclave au delà du Tibre : — C'est Aulu-Gelle qui nous le dit : *tertiis autem nundinis, capite pœnas dabant, aut trans Tiberim peregrè venumibant* (1). — Pourquoi, si le créancier n'usait pas du droit de mettre à mort le débiteur, devait-il le vendre comme esclave *trans Tiberim ?* M. Zimmern (§ 46, note 14) répond à cela que si l'*addictus* avait été vendu à un citoyen romain, il n'aurait pu devenir esclave et ne serait tombé que sous le *mancipium* de l'acheteur. — Il me semble, malgré le poids de cette autorité, que le débiteur doit être considéré comme esclave après le délai de soixante jours : ce n'est pas un homme libre qu'on va vendre au delà du Tibre, et ce n'est pas par le fait de cette vente qu'il cesse de l'être. — M. Niebuhr (tome IV, page 390, en note, traduction de M. Golbéri) en donne une autre raison : « Le débiteur était vendu au delà du Tibre, dit-il, et non dans le Latium, de peur qu'affranchi, il ne revînt pour faire usage du droit de *municeps*. » — Cette raison se comprend mieux. —M. Troplong (Préface de la *Contrainte par corps*, p. LXXXVI) ajoute « qu'il eût été impolitique de jeter dans les rangs serviles de Rome des hommes animés d'un esprit de ressentiment, » et qui, pourrait-on dire encore, eussent trouvé, parmi les plébéiens de nombreux amis prêts à seconder leurs projets de vengeance.

Le droit de mettre à mort le débiteur est aussi écrit dans la loi des Douze Tables, et, par un raffinement de barbarie, cette loi ajoute que s'il y a plusieurs créanciers, ils pourront se partager le corps du débiteur, en ayant soin de remarquer que s'ils ne le coupent pas dans l'exacte proportion de leurs créances, on ne devra pas les poursuivre à raison de ce fait. — Aulu-Gelle, de qui nous tenons ces notions, cite, de peur de n'être pas cru sur parole, les propres termes de la loi en ce qui touche cette dernière disposition : « *Tertiis nundinis partes secanto ; si plus minusve secuerint, sine fraude esto.* »

Malgré le soin qu'a pris Aulu-Gelle de nous faire voir que cette mesure barbare n'était rien moins qu'une fiction, elle a

---

(1) XX, 1.

trouvé des incrédules ; et des jurisconsultes de premier ordre, concevant sur ce point un doute qui les honore à certains égards, se sont mis l'esprit à la torture pour voir dans la loi des Douze Tables ce qui ne s'y trouve pas et n'y pas voir ce qui y est écrit avec le caractère de la plus parfaite évidence. De ce nombre sont Heinecius (*Antiquités romaines,* III, 30), Anne Robert (*Rerum judic.* lib. II, c. 6), Héraldus (*De rer. jud. auctoritate,* II, 25, § 6), enfin Bynkershœck (1), qui a longuement et soigneusement développé cette thèse. — Il est curieux de voir, à cet égard, jusqu'à quel point le parti pris peut aveugler des hommes d'ordinaire clairvoyants et les induire à ne voir dans les textes que ce qu'ils se sont promis d'y voir à l'avance. — *Capite pœnas dabant,* dit Aulu-Gelle en parlant des débiteurs. — *A priori,* il semble impossible d'échapper à la précision de ces termes. Cependant, Bynkershœck trouve un moyen de s'y soustraire en le traduisant ainsi : les intérêts seront payés avec le capital. — Dans plus d'un texte, *caput* est employé, en effet, dans le sens de capital, et *pœnæ* comme signifiant des intérêts. — Mais comment ne pas s'écrier ici avec M. Troplong : « Comment ! tout cet appareil formidable, cette vocation en justice, cette addiction, ces chaînes et ces cachots, tout cela aura été mis en œuvre pour arriver... au paiement des intérêts ! » (2).

D'autres alors cherchent une explication plus raisonnable de ce texte, sans y vouloir voir la seule possible. — *Caput,* dit-on, c'est la personne juridique du débiteur ; c'est sur elle seule que s'exécutera la sentence : il perdra la liberté et subira une grande *capitis deminutio.* — Ceci est plus ingénieux ; mais comment le faire cadrer avec la disposition qui suit : *partes secanto ?* Coupera-t-on la liberté par morceaux ? Et puis, si *caput* devait vraiment ici s'entendre de la liberté, il me semble qu'Aulu-Gelle ne dirait pas : *capite pœnas dabant* AUT *trans Tiberim, venumibant ;* mais bien *et trans Tiberim venumibant,* et ne mettrait pas en opposition les deux idées destinées

---

(1) Observations, I, 1.
(2) M. Troplong, Préface de la *Contrainte par corps,* p. LXXV.

alors à se combiner. — Il est vrai que, dans le système de nos adversaires, on n'admet qu'à moitié le témoignage d'Aulu-Gelle, et qu'on lui retire, par exemple, toute confiance, lorsqu'il dit sans ambages : *partiri corpus addicti sibi hominis permiserunt.* — Sur quoi donc s'opérera le partage dans leur opinion ? Sur la fortune du débiteur ou sur le prix de sa vente. Soit ; supposons-le un instant. — Mais alors, comment expliquer que, si le partage n'est pas équitablement fait, la loi vienne dire : *sine fraude esto.* — « Cela seul, dit M. Niebuhr (1), aurait dû écarter de la tête de toute personne sensée l'idée de la *sectio bonorum.* » — Aussi, dit-il encore : « Toute tentative pour écarter, au moyen de l'interprétation, ce qu'il y a dans la loi d'inhumain est un contre-sens et pèche contre la vérité » (2). Je le crois, et j'ai peine à comprendre comment Montesquieu a pu dire (3) : « L'opinion de quelques jurisconsultes que la loi des Douze Tables ne parle que du prix du débiteur vendu est très-vraisemblable. » Vraisemblable ! sans doute, si l'on ne consulte que son bon sens et sa raison ; mais, en présence des textes, elle est insoutenable (4).

D'ailleurs, dans l'antiquité, d'autres témoignages viennent se joindre à celui d'Aulu-Gelle pour nous forcer à reconnaître que la rigueur de la loi des Douze Tables est bien réelle. C'est d'abord Quintilien qui, cherchant un exemple des lois contraires à la nature, n'en trouve pas de meilleur à citer que le nôtre. « *Sunt enim quædam non laudabilia naturâ, sed jure concessa ; ut in duodecim Tabulis corpus inter debitores dividi licuit.* » Puis il ajoute à la gloire des Romains, « *quam legem mos publicus repudiavit.* » Tertullien nous apporte aussi son témoignage : « *Sed et judicatos, in partes secari creditoribus*

______

(1) Niebuhr, traduction de M. Golbéry, t. 4, p. 391, en note.

(2) Tome 4, p. 391.

(3 *Esprit des lois*, L. XXIX, ch. 2, en note.

(4) Voir le commentaire de Cujas sur le titre du Code, *De cessione bonorum ;* Niebuhr, *loc. cit.* ; M. Blondeau (*Institut.*), Appendice, 1, p. 431 ; G. Hugo, *Histoire du droit romain*, 1, § 149 ; M. Michelet, *Histoire romaine*, t. 1er ; M. Giraud, *Histoire du droit romain*, L. des Douze Tables, Appendice, p. 472 ; M. Laferrière, dans l'introduction de son *Histoire du droit français*, p. 135, en note.

leges erant. » Et lui aussi, il ajoute : « *Consensu tamen publi-co crudelitas posteà erasa est, et in pudoris notam capitis conversa, est bonorum adhibitâ præscriptione; suffundere ma-luit hominis sanguinem quam effundere.*

On voit, d'après le rapport de Quintilien et de Tertullien, que la rigueur de la loi des Douze Tables fut réprouvée et rejetée par les mœurs, Aulu-Gelle en dit autant ; mais de plus il s'efforce de justifier cette disposition cruelle par l'excès même de sa cruauté. Il suppose, en effet, dans ses *Nuits attiques*, l'entretien d'un philosophe et d'un jurisconsulte , et comme le premier s'étonne de rencontrer une pareille loi dans le vieux droit de Rome, le jurisconsulte la justifie en disant que , précisément parce qu'elle est d'une dureté excessive, il n'arrivera jamais qu'on s'expose à en subir l'application : « *Nihil profectò immitiùs, nihil immaniùs : nisi ut reipsa apparet, eo consilio tanta im-manitas pœnœ denuntiata est ne ad eam unquam pervenire-tur* (1). » Il faut convenir qu'une pareille loi était bien protec-trice de la foi privée et que le crédit devait être grand là où l'on n'empruntait que sous de pareilles conditions ; mais de-vait-on punir si durement les débiteurs malheureux, et celui qui emprunte avec la presque-certitude de pouvoir rendre ne peut-il être placé, par un funeste concours de circonstances , dans l'impossibilité de remplir son obligation ? Faut-il croire, d'ailleurs, que cette loi n'a jamais eu qu'un caractère commi-natoire ? M. Laferrière (2) le pense. Je sais bien qu'Aulu-Gelle dit aussi : « *Dissectum esse antiquitùs neminem equidem neque legi, neque audivi.* » Mais je ne puis croire que cette loi n'ait jamais été appliquée. On craint peu la voix qui menace, si le bras ne frappe jamais. Une telle loi, restée sans application , n'aurait eu d'autre effet que de rendre odieux le nom de ceux qui l'ont écrite. Je crois donc que, pour être salutaire, cette terrible menace dut quelquefois être suivie d'effets. On peut sup-poser du moins que, lorsque les décemvirs eurent à édicter les Douze Tables, l'usage en avait déjà fait justice, et que s'ils main-

---

(1) *Nuits attiques,* XX, 1.
(2) Voir l'avant-dernière note.

tinrent dans leur Code une disposition condamnée par les mœurs, c'est par ce respect des vieilles lois qui distinguait les Romains, et qui, de nos jours, a fait établir de si fréquents parallèles entre eux et nos voisins d'outre-Manche. D'ailleurs les décemvirs patriciens, qui rédigèrent les dix premières Tables, devaient être les derniers à reconnaître l'abandon d'une coutume qui leur avait permis d'exercer une si terrible domination sur les plébéiens, presque tous pauvres et endettés. Du reste, Niebuhr, qui croit que notre loi ne fut pas sans application, fait remarquer que « les tribuns auraient indubitablement interposé leur autorité contre un furieux qui se serait obstiné à refuser des conditions acceptables dans la seule vue d'éteindre dans le sang du débiteur la colère que lui inspirait la perte de son argent (1). »

Ce qui est certain, c'est que, lors des discordes civiles qui armèrent la plèbe contre ses impitoyables créanciers, il n'est plus même question de la vente au delà du Tibre, et que l'esclavage, mais l'esclavage dans Rome, vint remplacer l'état de choses de la loi des Douze Tables. C'était assez cependant pour indigner et soulever le peuple qui voyait, chaque jour, renfermer, emmener comme esclaves de braves citoyens qu'on avait vus combattre pour la défense de la république. C'est par troupeaux, nous dit Tite-Live, qu'on emmenait tous les jours les *addicti* hors du forum ; les maisons des nobles regorgeaient de ces infortunés, et la demeure de chaque patricien était devenue une prison privée (2).

Voilà donc quelles étaient les conséquences de cette *manûs injectio* dont nous avons à suivre l'histoire ; elle va maintenant nous apparaître, avec une certaine variété d'aspects, dans des lois qui ont admis l'extension de ce moyen d'action en dehors des cas prévus par la loi des Douze Tables. Gaïus nous cite, dans une énumération qui n'est pas limitative, d'abord les lois *Publilia et Furia de Sponsu* (an 659 de Rome), qui introduisirent une *manûs injectio* dite *pro judicato*. En effet, ne supposant

---

(1) Niebuhr, *Histoire romaine* (trad. de M. Golbéry, t. 4, p. 392).

(2) *Gregatim quotidiè de foro addictos duci, et repleri vinctis nobiles domos, et ubicumque patricius habitat, ibi carcerem privatum esse.*

pas de jugement obtenu, cette mainmise s'opérait en modifiant un peu la formule. Au lieu de dire : *Quod tu mihi judicatus sive damnatus es*, le créancier dénonçait la cause de l'obligation et ajoutait : *ob eam rem tibi pro judicato manum injicio*. — Cette *manûs injectio pro judicato* a , du reste, les mêmes effets que la *manûs injectio* ordinaire. — La loi *Publilia* l'accorde au *sponseur* qui a payé pour le débiteur principal , si celui-ci ne l'a pas remboursé dans les six mois. — Pour la loi *Furia, de Sponsu*, elle établit qu'on ne pourra exiger des sponseurs plus que leur part virile et soumet à la *manûs injectio* , pour la restitution, le créancier qui ne se serait pas conformé à ses ordres. — *Et denique*, dit Gaïus, *complures aliœ leges in multis causis talem actionem dederunt* (1).

Puis le jurisconsulte nous parle d'une *manûs injectio* qu'il nomme *pura*, et qui était donnée, par exemple, en vertu des lois *Furia testamentaria* et *Marcia* (2). La première de ces lois l'accorde contre celui qui a reçu à titre de legs ou de donation à cause de mort plus de mille as, à moins qu'il ne se trouve dans un de ces cas d'exception prévus par la loi ; la seconde, contre les usuriers, pour les forcer à rendre les intérêts illégalement perçus (3). Cette *manûs injectio* est dite *pura*, parce que, après avoir énoncé la cause qui y donne lieu, le créancier dira simplement : « *Ob eam rem tibi manum injicio* » sans ajouter *pro judicato* (4). — Ici, il y a cette différence avec les deux mainmises que nous venons de voir, que le débiteur pourra repousser la main jetée sur lui et se défendre sans l'intervention d'un vindex : *Manum sibi depellere et pro se lege agere licebat* (5), dit Gaïus. Enfin, c'est une loi dont le nom est resté illisible dans Gaïus, qui étendit l'adoucissement de la *manûs injectio pura* à tous les cas où cette action de la loi

---

(1) Gaïus, *Comm.*, IV, § 22.

(2) La date de ces lois, ainsi que celle de la loi *Publilia*, est restée inconnue.

(3) Gaïus, § 23.

(4) Gaïus, § 24 : *Nec me prœterit, in formá legis furiœ testamentariœ, pro judicato verbum inseri, cùm in ipsá lege non sit quod videtur nullá ratione factum.*

(5) Gaïus, § 24.

était donnée *pro judicato*, sauf un seul, celui de la loi *Publilia*, en faveur du sponseur qui a payé pour le débiteur principal. — L'obligation de donner un *vindex* reste donc pour ce cas-là et celui de la loi des Douze Tables (*æris confessi rebusque jure judicatis*). — Et Gaïus ajoute qu'il reste encore de son temps un reflet de cette obligation dans la caution *judicatum solvi* que doit fournir celui contre qui on agit par l'action *judicati* ou l'action *depensi* (1).

En ce qui touche le nom de la loi qui introduisit l'adoucissement dont nous venons de parler, on en est réduit aux conjectures. M. de Savigny propose de lire la loi Aquilia. Mais M. Ortolan fait observer (2) que cette loi se place par conjecture en l'an 468 de Rome et ne se trouverait alors pas postérieure à la plupart des lois dont nous avons parlé, la loi *Furia, de sponsu*, par exemple, étant de l'an 659. — Or, Gaïus nous dit : *posteà, lege... permissum est*, etc. — Il faut donc renoncer à connaître sûrement le nom de cette loi.

On peut se demander pourquoi cette extension donnée à la *manûs injectio* par des lois postérieures aux Douze Tables, lorsqu'au moyen d'une sentence du juge on devait toujours aboutir à ce résultat. Mais c'était un moyen de simplifier la marche des choses dans des cas où la faveur accordée au créancier ou la défaveur pesant sur le débiteur motivaient cette courte procédure. — En effet, il pouvait y avoir doute sur l'existence du droit : ce doute eût pu s'élever même lorsqu'il y avait eu jugement ; mais, dans tous ces cas, il n'y avait pas lieu à une nouvelle action ; le débat se vidait devant le magistrat saisi de la *manûs injectio*. — Il y avait donc avantage, même quand la question était sujette à procès et introductive d'instance à jouir du bénéfice de la *manûs injectio*.

Mais toutes ces rigueurs du droit primitif devaient s'adoucir et s'émousser avec le temps. Depuis longtemps déjà, des voix s'étaient élevées par intervalle, réclamant la liberté des débiteurs, et Servius Tullius, avant de monter au trône, avait adressé au peuple romain les paroles suivantes : « Je ne souffrirai

---

(1) Gaïus, § 25.
(2) M. Ortolan, *Institut.*, t. 2, p 342, note 3.

pas que ceux qui emprunteront soient emmenés en prison pour leurs dettes, et je porterai une loi pour empêcher de prendre, pour garantie des prêts, le corps même des débiteurs, regardant comme suffisant pour les créanciers de s'emparer de leurs biens » (1). — Du reste, il ne paraît pas que cette promesse ait en rien été suivie d'exécution. — Mais Denys d'Halicarnasse nous fait voir le consul Servilius (an 257 de Rome) et le dictateur Valérius (259) promettant à ceux qui voudront marcher à l'ennemi dans une circonstance critique, que leurs créanciers ne pourront saisir leurs personnes, leurs biens, leurs enfants (2). — Ceci, du reste, ne paraît s'appliquer qu'au *nexum* et non à l'addiction ; car il est question d'une exécution sur les biens et d'un droit d'emmener les enfants qui n'existe que dans le *nexum.* — Encore n'étaient-ce là que des mesures de suspension et non d'abolition. Le *nexum* ne fut complétement proscrit qu'en 429, par la loi *Petilia.* M. de Savigny prétend même que cette loi ne l'abrogeait pas entièrement. J'aime mieux en croire Tite-Live, qui nous dit : *ita nexi soluti cautumque in posterum ne necterentur : eo anno plebi Romanæ velut aliud initium libertatis factum est, quod necti desierunt »* (VIII, 28). — Mais l'addiction ne cesse pas de subsister ; et, vers la même époque, nous voyons, lors du désastre de la bataille de Cannes, les *judicati* et les *addicti* être en si grand nombre qu'on crut devoir, par une mesure exceptionnelle, les appeler aux armes en les rendant à la liberté. (3)

Un reste de l'addiction devait même survivre à l'action *per manûs injectionem,* qui disparut dans le naufrage des actions de la loi, soit sous le coup de la loi *Æbutia* (4), soit sous celui des deux lois *Juliæ* (2). Mais, comme les préteurs vinrent changer la marche des choses et, par une heureuse diversion, appliquer à l'exécution sur les biens ce que la loi des Douze Tables avait dit de l'exécution sur la personne, l'addiction de-

---

(1) Denys d'Halicarnasse, liv. IV, ch. 9
(2) Liv. IV, ch. 29 et 41 ; Tite-Live, liv. II, 24.
(3) Tite-Live, XXIII, 14.
(4) M. Ortolan la place en 577 ou 583.
(5) En 708 ou 709 et en 729.

vait y perdre son caractère, et l'emprisonnement du débiteur n'eut plus pour effet d'altérer son ingénuité et d'en faire un esclave véritable (1). Il n'y a même plus là ce qu'on peut appeler une addiction, c'est-à-dire l'attribution d'une personne à une autre; mais un laissez-emmener (*duci jubere*), dont il est notamment fait mention dans la loi Rubria *Galliæ cisalpinæ*, chap. 22 *in fine*.

Mais avant d'étudier cette grande révolution, il convient que nous voyions si elle trouve des précédents dans l'époque où nous sommes encore placés, et si en dehors de la *pignoris capio*, il existait alors un système d'exécution sur les biens du débiteur.

SECTION III.

Appendice au régime des actions de la loi. — De la supposition d'une exécution sur les biens en dehors de la pignoris capio.

Trouvons-nous sous ce régime quelque chose qui ressemble à un système d'exécution sur les biens? Assurément, s'il a existé un système pareil à cette époque, il faut convenir qu'il y en a peu de traces. Gaïus n'en fait aucune mention. — On voit parfois des aspirations à un semblable état de choses, comme dans le discours de Servius Tullius que j'ai cité plus haut. — Que le *nexum*, où l'on voit généralement une variété de la mancipation, ait cette conséquence d'engager le patrimoine avec le débiteur et les fils de famille avec le patrimoine, cela se conçoit. Mais ce que j'ai à rechercher ici, c'est si le pouvoir du magistrat allait jusqu'à faire ce que n'avait pas fait la convention. — Le texte de la loi des Douze Tables, qui permet au débiteur *addictus* de se nourrir à ses frais, paraît s'opposer à ce qu'on admette l'attribution des biens du débiteur au créancier comme conséquence de l'addiction. — Mais n'avait-on aucune action sur ses biens? M. Giraud (2) croit que les magistrats durent frapper les biens, parce que, dit-il, ils avaient un pouvoir suffisant pour le faire. Il cite le magistrat,

---

(1) Ce progrès résulte de la loi *Papyria de nexis*.
(2) Dissertation sur les *nexi*.

convoquant le sénat, qui frappe d'une amende, avec prise de gage, les sénateurs qui ne se rendent pas à la convocation (1); puis Servilius défendant les poursuites sur les biens des plébéiens qui le suivirent contre les Volsques. — Pour ce dernier texte, dont j'ai parlé plus haut, il semble se rapporter au cas de *nexum* ou de convention. Quant au droit des magistrats d'atteindre les biens, il ne saurait être contesté, puisque c'est en vertu de ce droit qu'ils devaient arriver à faire prévaloir le système nouveau que nous allons examiner; mais rien ne prouve qu'ils en aient usé au profit des particuliers, et il faudrait qu'on citât plus d'un exemple pour nous autoriser à le croire.

Du reste, la question n'offre qu'un médiocre intérêt, en ce qu'il est peu vraisemblable que le débiteur ne commence pas par faire l'abandon de tous ses biens pour satisfaire, au moins en partie, le créancier et échapper, s'il se peut, aux rigueurs de l'addiction. — Il faut alors reconnaître qu'à côté de ce moyen d'action si puissant, un système d'exécution sur les biens n'aurait eu presqu'aucune espèce d'utilité. On comprend donc que le système nouveau, qui eût été impuissant et sans effet sous l'empire des actions de la loi, n'ait dû apparaître que pour supplanter l'ancien et satisfaire à des besoins impérieux en ouvrant une voie d'amélioration et de progrès.

CHAPITRE II.

DES VOIES D'EXÉCUTION DES JUGEMENTS SOUS LE RÉGIME DE LA PROCÉDURE FORMULAIRE ET DE LA PROCÉDURE EXTRAORDINAIRE.

Il appartenait aux préteurs dont la mission fut, en ce qui est du domaine du droit, si noblement remplie, d'apporter un remède à l'état de choses que nous venons d'examiner. On s'étonnerait du pouvoir immense accordé aux préteurs en législation, si l'on ne voyait que ceux-ci, dans toutes les corrections qu'ils ont si utilement apportées au droit civil, n'ont fait que céder à l'impulsion du vœu commun et appliquer des mesures

______

(1) Au!u-Gelle, XIV,7.

dont la nécessité était énergiquement constatée, en sorte que, même par la voix du préteur, c'était encore le peuple qui se régissait lui-même. Il en fut ainsi pour l'admission de la *proscriptio bonorum* (vente des biens par affiches).

S'il faut en croire Gaïus (1), le préteur Publius Rutilius en fut l'introducteur. En cela, suivant l'habitude des Romains, il n'attaqua pas de front la loi des Douze Tables : au contraire, il s'y conforma autant qu'il le pouvait faire dans un mode de procéder qui n'atteignait que les biens là où l'ancienne loi frappait la personne. Les formes, les délais furent presque entièrement conservés. Seulement, ce ne fut plus du corps du débiteur que les créanciers prirent possession ; ce ne fut plus ce corps qu'il vendirent *trans Tiberim*. — Les créanciers furent envoyés par le préteur, en possession du patrimoine du débiteur pour le faire vendre. En un mot, et, pour employer le langage de M. Ortolan (2), la personnalité juridique, c'est-à-dire l'ensemble de tous les droits actifs ou passifs qu'avait le débiteur, a pris la place de la personnalité physique (3). Le préteur avait, du reste, trouvé un précédent dans ce qu'on nommait la *sectio bonorum*, vente de biens *per universitatem* admise de longtemps, non par le droit prétorien, mais par le droit civil lui-même, contre celui qui, sur une accusation publique criminelle a été condamné à une peine entraînant attribution de ses biens au trésor public (*publicatio*). Le préteur devait alors envoyer les questeurs en possession de l'universalité des biens du condamné. Ces biens étaient vendus *sub hastâ*. Les acquéreurs en étaient des successeurs *per universitatem ;* et comme ils achetaient pour revendre en détail, on les appela *sectores* (4). Ces *sectores* étaient vus d'assez mauvais œil pour que Cicéron ait pu dire

---

(1) Gaïus, *Comm.*, IV, § 35.

(2) *Instituts*, t. 2, p. 512.

(3) Cujas, au titre du Code *Qui bonis cedere possunt*, dit : *Hic quidem ordo edicti, id est exsequendi judicati est proximus ordinis Duodecim Tabularum…. secabatur corpus in partes ; secantur tantùm bona et fama debitoris, ex edicto.*

(4) *Sectores… qui spem lucri sui secuti, bona condemnatorum semel auctionabantur proque is pecunias pensitabant singulis* (Asconius, ad Ciceron., Verrin, I, 23) ; Gaïus, *Comm.* IV, § 145 et 146.

d'eux dans le discours pour Sextus Roscius Amérinus (§ 29) : « *Nescimus per ista tempora, eosdem fere sectores fuisse collorum et bonorum ?* »

C'est en combinant cette pratique avec les formes de la *manûs injectio* que le préteur devait arriver à créer la *bonorum proscriptio.* — C'est ce progrès que constate Tertullien dans un médiocre jeu de mots que nous avons vu ci-dessus : *Suffundere maluit hominis sanguinem quàm effundere.* — La personne du débiteur est presque réputée morte : on lui donne un successeur ; elle subit une *capitis deminutio* et une *capitis deminutio* infamante (1).

Toutefois l'addiction n'est pas sans laisser encore quelques vestiges à notre époque, mais la nouvelle forme sous laquelle elle s'offre à nous est bien différente de celle qu'elle nous a présentée. Le débiteur n'est plus destiné à tomber sous le coup de l'esclavage. Un ordre du préteur, un *duci jubere*, autorisera seulement le créancier à l'emmener et à le détenir chez lui pour le faire travailler jusqu'à l'acquittement de sa dette ; mais il ne sera esclave ni de fait, ni de droit. Il y a donc un progrès à constater ; mais les prisons privées sont une des grandes plaies des empires romain et grec.

Puis César, ou Auguste, ayant introduit le bénéfice de la cession de biens, le débiteur put éviter la contrainte corporelle et l'infamie attachée à la *proscriptio* ou à l'*emptio bonorum*. Pour cela, il devait faire l'abandon de tous ses biens à ses créanciers. A la différence de l'*emptio bonorum*, qui est une sorte de faillite avec concordat, la cession de biens ne met pas le débiteur qui peut en user à l'abri des poursuites postérieures de ses créanciers ; mais il ne peut plus être condamné que *in quantum facere potet.*

Enfin, un sénatus-consulte, dont parlait déjà Gaïus, et qui admettait pour les personnes *claræ*, comme un sénateur ou sa femme, la vente des biens en détail (*distractio bonorum*), de manière à leur éviter la honte d'avoir un successeur universel et de subir une *capitis deminutio*, eut pour fortune de devenir

---

(1) Paul., Digeste, *Pro socio*, 1. 65, § 12 : *Cùm in ejus locum alius succedat, pro mortuo habetur.*

le droit commun, après n'avoir été qu'un privilége, et remplaça la *proscriptio bonorum* quand la procédure formulaire eut disparu. — La *distractio bonorum* ne libérait pas le débiteur au delà de ce qu'elle fournissait aux créanciers.

Mais comme le patrimoine du débiteur peut être assez considérable pour qu'il ne soit pas nécessaire de le vendre en masse au profit de ses créanciers et que la non-exécution peut provenir d'une mauvaise volonté plutôt que d'une impossibilité de payer, le préteur dut inventer un troisième moyen d'agir sur les biens du débiteur, qui consiste dans la prise de gage d'un objet particulier, non plus au profit de la masse des créanciers, mais dans l'intérêt d'un seul : cette voie d'exécution, qui a un certain rapport avec notre hypothèque judiciaire, est le *pignoris prætorium*. Mais ce gage n'est pas constitué sans l'intervention du magistrat, comme dans la *pignoris capio*.

Tous ces moyens n'aboutissent qu'à procurer une somme d'argent au créancier. Nous aurons à voir si, dans les actions réelles, le demandeur ne peut pas arriver à se faire mettre en possession de son droit, même sous le régime formulaire, où toute condamnation porte sur une somme d'argent. — Enfin, avant de passer aux voies d'exécution, il faudra, en toute condamnation pécuniaire, attendre l'écoulement d'un délai légal, accordé au débiteur pour chercher les moyens d'arriver à une exécution amiable.

Nous venons d'énumérer les différents moyens d'exécution que nous aurons à examiner dans cette nouvelle période. Nous y confondons presque la procédure formulaire et la procédure extraordinaire. Le passage de l'une à l'autre se fait en effet peu sentir en notre matière. Cela se comprend. Qu'importe la disparition du *judex* là où le magistrat est seul mis en réquisition ; et c'est ce qui a lieu lorsqu'il s'agit d'exécuter une sentence dont l'existence et la validité ne sont pas contestées. — Au contraire, si une contestation s'élevait à cet égard, il y aurait lieu à procéder par l'action *judicati*, et, sur ce point, il importerait de distinguer les deux époques. Sous le régime formulaire, lorsque le jugement qu'il s'agit d'exécuter est contesté, et qu'un nouveau procès devient nécessaire, le préteur délivrera une formule prescrivant au juge d'examiner s'il y a eu jugement

ou, si la contestation porte sur sa validité, si ce jugement renferme les conditions nécessaires pour avoir force et entraîner
exécution. Mais, comme il ne faut pas que de tels procès puissent se produire à l'infini, le défendeur qui aura nié à tort
l'existence de la sentence devra être condamné au double :
l'action *judicati* est une de celles *quœ inficiatione duplantur.*
—De plus il ne sera admis à se défendre qu'en fournissant la
caution *judicatum solvi.* — Cette obligation a remplacé celle
de présenter un *vindex* que nous avons vu se produire dans la
manûs injectio.

Sous Justinien, il n'y a plus à distinguer l'instance *in jure*
et le *judicium.* Mais la peine du double reste applicable à la
dénégation d'une sentence, et le défendeur est toujours astreint
à fournir la caution *judicatum solvi.*

Il ne faut pas confondre cette action *judicati* avec l'exécution
d'une sentence non contestée, qui fait l'objet de notre étude.
— Mais nous devons remarquer que souvent nous rencontrons
les mots *judicati agere* appliqués non pas à l'action *judicati*,
mais à la poursuite de l'exécution.

Entrons maintenant dans l'examen détaillé des voies d'exécution. Nous diviserons cette étude ainsi qu'il suit :

SECTION Ire. — *Des délais accordés aux débiteurs pour s'exécuter.*
SECTION II. — *De la contrainte corporelle.*
SECTION III. — *De la* bonorum proscriptio.
SECTION IV. — *De la cession des biens.*
SECTION V. — *De la* bonorum distractio.
SECTION VI. — *Du* pignus prætorium in causâ judicati.
SECTION VII. — *Des voies d'exécution dans les actions réelles et les
condictions.*

SECTION Ire.

Des délais accordés au débiteur pour s'exécuter.

Avant tout, il convient de parler du délai pendant lequel
on ne peut agir, ni sur la personne, ni sur les biens, comme
le dit la loi 7, *De re judicatá*, au Digeste : *Intra constitutos dies
quamvis judicati agi non possit, multis tamen modis judicatum
liberari posse hodiè non dubitatur, quia constitutorum dierum
spatium pro judicato, non contra judicatum per legem con-*

stitutum est. — Il faut remarquer, dans ce texte de Gaïus, l'emploi particulier du mot *judicati agere :* il s'agit ici de l'exécution du jugement et non de l'action *judicati.* Le délai s'accorde d'ailleurs aussi bien à celui qui a fait un aveu *in jure* qu'à celui qui est *judicatus :* « *confessi utique post confessionem tempora quasi ex causâ judicati habebunt,* » dit Ulpien (L. VI, § 6, *De confessis*). C'est l'application du principe général : *Confessus in jure pro judicato habetur.*

Le délai se transmet aux héritiers et aux autres successeurs, à titre universel : c'est ce que nous dit Modestin, l. 29, *De re judicatâ.* Il faut remarquer enfin qu'il ne fait pas obstacle à la compensation : admettre un principe contraire, ce serait favoriser la mauvaise foi du débiteur (1).

Avant Justinien, s'il faut en croire sa Constitution 3, *De usuris rei judicatæ,* au Code, le fidéjusseur n'avait pas de délai, après avoir été condamné, et comme il aurait pu recourir immédiatement contre le débiteur principal, qui ne pouvait aussi lui opposer de délai, celui-ci ne jouissait pas en réalité du répit que lui accordait la loi. — Justinien corrige cette anomalie et lui accorde les mêmes délais qu'au débiteur principal.

Enfin, Justinien qui a montré une grande tendance à protéger les débiteurs, décide même que les intérêts ne courront pas pendant le délai dont nous parlons. C'est dans la Constitution 2, *De usuris judicatæ* qu'il nous le dit : « *Eos qui condemnati solutionem pecuniarum, quas dependere jussi sunt, ultra quatuor menses à die condemnationis, vel, si provocatio fuerit porrecta, à die confirmationis sententiæ connumerandos distulerint, centesimas usuras exigi præcepimus* » (2). Il ne résulte d'ailleurs pas de ce texte qu'une fois le délai passé, le débiteur ne doive pas les intérêts du jour de la sentence ; mais ce qui donne lieu de croire qu'il en doit être ainsi, c'est qu'une Constitution du Code Théodosien (C. unique, *De usuris rei jud.*), qui semblait poser le contraire, ne se retrouve plus dans le Code de Justinien et qu'on y rencontre au contraire la Consti-

---

(1) Voir l'art. 1292 du Code civil.

(2) Il est question ici d'un délai de quatre mois. — C'est qu'en effet, comme nous le verrons plus bas, le délai a subi des modifications.

tution 1 qui dit : « *Qui post legitimum tempus placitis non obtemperaverit, usuram centesimam temporis,* QUOD POSTEA FLUXERIT, SOLVAT. »

Le délai de la loi des Douze Tables se maintint pendant toute la durée de la période classique du droit. Mais il est question d'un délai de deux mois dans une constitution de l'an 380 (1). Voici ce que dit cette Constitution, qui donne lieu à quelques difficultés : « *Qui post judicii finem, exceptis duobus mensibus quibus per legis solutionem nonnunquàm est concessa dilatio...*»

Les termes de cet édit sont assez obscurs et l'on discute même sur la manière d'en écrire certains mots. — Le texte en étant présenté comme je viens de le faire, on peut, je crois, le traduire ainsi : « Celui qui à partir du jour de la sentence et après le délai de deux mois qui est accordé *dans certains cas par la grâce de la loi...,* etc. Alors cette Constitution ferait allusion à une loi plus ancienne qui aurait doublé le délai de la loi des Douze Tables. C'est ce que je suis porté à croire. Quant au mot *nonnunquàm* (dans certains cas), il ferait allusion à ce que nous avons vu plus haut, le fidéjusseur ne pouvant invoquer le délai et le débiteur se trouvant privé du bénéfice par contre-coup. Cette opinion est en partie celle de Godefroy, qui rapporte l'augmentation de délai à une Constitution de Constantin donnant un délai de deux mois pour la *restitutio in integrum ;* mais il se croit obligé de lire dans le texte : « *Per leges solutionum.* » Puis il explique le *nonnunquàm* par le droit qu'avait le préteur d'abréger le délai quand les créanciers le demandaient (C. 2, *De re judicatâ*). — On répond à tout cela qu'il est bien conjectural de rapporter à une Constitution de Constantin qui fixe un délai de deux mois pour la *restitutio in integrum* l'important changement dont il s'agit ; qu'alors il faut plutôt voir dans la Constitution de Gratien, Valentinien et Théodose simplement une fixation de maximum dans le droit accordé au préteur d'allonger le délai. Ici, le *nonnunquàm* trouve une explication facile, et les mots *per legis solutionem* voudraient dire

---

(1) Cette constitution est émanée de Gratien, Valentinien et Théodose. Elle se trouve au Code Théodosien *De usuris rei judicatœ*, l. 1).

que par là le magistrat affranchit le débiteur du délai rigoureux de l'ancien droit (1).

Il est vrai que l'attribution de l'augmentation de délai à la Constitution de Constantin n'est pas de nature à satisfaire l'esprit. Cependant, je crois devoir me ranger à la première opinion, et ce qui m'y décide pleinement, ce sont les termes de la Constitution par laquelle Justinien porta, pour tout le monde, le délai à quatre mois (2). L'empereur paraît n'avoir aucun doute sur ce point ; et si les données historiques du droit de Justinien peuvent inspirer quelque défiance lorsqu'il s'agit de se reporter au temps de la jurisprudence classique, je ne crois pas qu'il en doive être ainsi lorsque Justinien nous parle d'un état de choses assez rapproché de sa vie. — Je termine cette discussion en citant les termes de la Constitution : « *Quum antiquitas pessimo exemplo reis quidem condemnatis laxamentum duorum mensium præstabat, fidejussores autem eorum eodem uti beneficio non concedebat, ut liceret victoribus, relictis propter legem condemnatis personis, a fidejussoribus eorum vel mandatoribus statim pecunias vel res in condemnatione positas exigere, hujus modi acerbitatem resecantes, sancimus quadrimestres inducias, quas dedimus condemnatis, etiam ad fidejussores eorum et mandatores extendi, ne legi fiat derogatum.* » Et pour nous faire voir qu'autrefois le débiteur principal souffrait de ce que le délai n'était pas accordé au fidéjusseur, Justinien ajoute : « *Quùm enim interventor solvere compellebatur, et ipse reum coercebat ad invitam solutionem, nullum condemnatus habebat sensum nostræ humanitatis, quia per medium fidejussorem statim pecunias persolvere compellebatur.* »

Ce délai légal, ces *dies justi*, pour parler comme la loi des Douze-Tables, sont, nous l'avons dit, accordés au débiteur pour se mettre en mesure de satisfaire à la condamnation. Sous l'empire du régime formulaire, où toutes les condamnations, même en matière de droit réel, sont pécuniaires, il jouera donc son rôle après toute sentence. Seulement, nous savons que, dans

---

(1) M. Zimmern, *Traité des actions*, § 77.
(2) Code, *De usuris rei judicatæ*, C. 3, § 1.

les actions arbitraires, le juge, avant la sentence, ordonnera au débiteur, par un *jussus*, d'opérer la restitution. Ce *jussus* pourra-t-il s'exécuter *manu militari?* Je serais porté à le croire. — Quoi qu'il en soit, il y aura là un délai, mais dont la fixation sera laissée à l'appréciation du juge. C'est seulement après la sentence prononcée, sur la non-exécution du *jussus*, que s'ouvrira le délai légal.

Dans le système de la procédure extraordinaire, les constitutions de droits réels ne donnent pas lieu à une condamnation pécuniaire. Aussi Cujas (sur la l. 3, *De executione rei judicatœ*, au Code) et Voet (*De re judicatâ*, n° 31) déclarent-ils ces délais inapplicables au cas d'actions réelles. On n'a pas besoin de délai pour restituer un corps certain dont on a la possession. Il y a la même raison pour admettre cela, lorsque, par *condictio*, on est tenu de transférer la propriété d'un corps certain dont on est détenteur.

D'après ce que nous avons vu en passant, nous savons déjà que le délai légal pouvait être allongé ou restreint par le magistrat : *Qui pro tribunali cognoscit*, nous dit Ulpien (l. 2, *De re judicatâ*, au Digeste), *non semper tempus judicati servat, sed nonnunquàm arctat, nonnunquàm prorogat pro causœ qualitate et quantitate, vel personarum obsequio, vel contumaciâ, sed perrarò intrà statutum tempus sententiœ exsequuntur, veluti si alimenta constituantur, vel minori viginti quinque annis subveniatur.* — On voit, à la lecture de ce texte, que la restriction du délai a un caractère exceptionnel (*perrarò*) et ne doit avoir lieu que dans le cas où elle paraîtra éminemment équitable.

Dans les circonstances où notre loi suppose cette abréviation de délai, le magistrat statue *extra ordinem.* Est-ce à dire qu'il ne puisse l'accorder sur une sentence du juge ? Cela n'est pas probable, si la sentence est muette sur ce point. Mais si le juge a fixé un délai, comme nous allons voir qu'il peut quelquefois le faire, on ne peut donner au magistrat le droit d'en abréger la durée ; car le préteur ne peut modifier la sentence émanée de lui-même (L. 14 et l. 42, *De re judicatâ*). — Il y a lieu de croire que le préteur peut n'accorder le délai que sous la condition de donner caution ; car la loi 24, *De judiciis et ubi quisque,* le dit en parlant du débiteur *confessus in jure*, qui est généralement assimilé au *judicatus*. — Il a le droit d'accorder une prorogation sur le délai qu'il a précédemment fixé (l. 31, *Eodem*).

Le juge lui-même a le droit d'allonger le délai de la loi. Le texte d'Ulpien, qui nous l'apprend (l. 4, § 5), écrit pour le juge du système formulaire, trouve quelque application sous le régime de la procédure extraordinaire, où le magistrat peut encore quelquefois donner des juges (l. 2, *De pedanei judicibus,* au Code).

Mais on discute pour savoir si le droit de raccourcir le délai, qui, nous l'avons vu, a un caractère d'exception, appartient au juge comme au magistrat. — On comprend peu la discussion en présence de la loi 4, qui dit : « *Si quidem minorem diem judex statuerit tempore legitimo, repleatur ex lege quod sententiæ judicis deest.* » Toutefois, Doneau (sur les lois 2 et 4) reconnaît les mêmes droits au juge et au magistrat. Il invoque la généralité des lois 4 et 31 de notre titre, et il croit que *judex* s'applique aussi bien au magistrat qu'au juge ; et pour mettre d'accord le texte que nous venons de citer avec la loi 2, qui permet au magistrat de raccourcir le délai légal, il suppose qu'au cas de la loi 4, le magistrat ou le juge a restreint le délai légal, sans ajouter qu'il n'en pourrait être accordé un plus long. Alors, dit-il, le débiteur pourra toujours invoquer le bénéfice de ce délai, qu'il tient, non du jugement, mais de la loi. Quelle subtilité ! N'est-il pas meilleur d'admettre la distinction que nous avons faite entre le juge et le magistrat, d'autant plus qu'on trouve rarement chez Ulpien le mot de *judex* employé pour désigner même le magistrat.

Enfin, les rescrits impériaux peuvent aussi accorder des délais, mais seulement, nous dit une Constitution de Gratien, Valentinien et Théodose (c. 4, *De precibus imperat.,* au Code de Justinien), si une caution satisfaisante est donnée au créancier.

Nous rencontrons sur ce point, au Code Théodosien, une constitution de Constantin qui a donné lieu à bien des explications différentes. En voici la teneur : *Quoties, rescripto nostro præjudicium vel moratoria præscriptio remittitur, aditus supplicandi pandatur. Quod autem totius negotii cognitionem tollit et vires principalis negotii exhaurit, sine gravi partis alterius dispendio convelli non potest. Nec præscriptionis igitur peremptoriæ relaxatio petatur.* — Les glossateurs y voient le droit pour le prince d'accorder des délais, mais non de libérer le débiteur ; Cujas, celui de faire remise au créancier d'un terme conventionnel, sans pouvoir priver le débiteur d'une exception péremptoire (II, obs. 10); selon Ant. Favre, la Constitution décide que le prince peut priver le débiteur du délai légal. Enfin, d'après Godefroy, il faut y voir qu'on peut faire rapporter un rescrit accordant un délai, mais non fixant le fond du droit. Ce dernier sens s'accorde avec l'édition de Justinien, qui nous présente le mot « permittitur » à la place de « remittitur ». En cela faut-il croire que Justinien a modifié la disposition de Constantin, ou bien simplement corrigé une expression qui manquait de netteté ? Ce dernier avis me semble le plus vraisemblable, et je crois que, même sous l'empire du Code Théodosien, l'explication de Godefroy est la meilleure.

Après l'écoulement du délai accordé par la loi, le magistrat, le juge ou l'empereur, le créancier peut agir. Le doit-il pour conserver son droit ? Et a-t-il à craindre qu'on ne lui oppose quelque prescription ? D'après Ulpien, *judicati actio perpetua est et rei persecutionem continet. Item hæredi et in hæredes competit* (l. 6, § 3, *De re judicatâ*). Toutefois, Paul, dans ses sentences (au titre *De effectu sententiarum et finibus litium*, l. 5, t. v, § 8), semble contredire cette opinion. Il dit : *Res olim judicata post longum silentium in judicium deduci non potest, nec eo nomine in duplum revocari.* Puis il ajoute que ce *longum silentium* sera, comme pour la prescription, dix ans entre présents, et vingt entre absents. Qu'est-ce à dire alors ? Faut-il ne voir dans cette prescription de dix et vingt ans qu'une présomption de renonciation, admettant la preuve contraire ? Ou y a-t-il là une véritable limitation de l'action proposée par Paul et n'offrant qu'une opinion personnelle au grand jurisconsulte ? Dans le doute et la contradiction qu'il paraît y avoir entre ces deux textes, il vaut peut-être mieux repousser entièrement l'opinion de Paul, les textes de ses sentences n'ayant rien moins qu'un caractère officiel. — Du reste, il ne peut guère être douteux que la prescription trentenaire introduite par Théodose dût s'appliquer ici comme en toutes matières.

SECTION II.

De la contrainte corporelle.

Quelles que furent les modifications introduites dans les voies d'exécution des jugements par le droit prétorien, la contrainte corporelle du créancier vis-à-vis du débiteur ne disparut pas complétement. Nous voyons le préteur décerner des sortes de mandats d'arrêt, des *duci jubere* qui permettent au créancier de s'emparer de la personne de son débiteur et de l'emmener chez lui pour le contraindre à acquitter sa dette par le travail (1). L'ingénuité du débiteur n'en subit aucune atteinte, et il n'est esclave ni de droit, ni de fait.

Cependant un tel état de choses était encore bien défectueux, et il était dangereux de mettre ainsi le débiteur à la merci de son créancier. D'ailleurs, bien qu'il ne dût pas être traité comme esclave, un contrôle était trop difficile à exercer pour que l'observation de cette disposition fût, en fait, pleinement garantie. Aussi, les empereurs durent-ils défendre les prisons privées. Je serais porté à croire qu'il en fût ainsi de très-bonne heure, quand je vois Paul nous parler des *judicati et confessi, et qui ideò in carcerem duci jubentur quod jus dicenti non obtemperaverint*, à propos des magistrats qui, abusant de leur pouvoir, ont fait jeter illégalement des citoyens dans une prison publique, *in publica vincula* (Paul, Sentences, V, 26, §§ 1 e 2). — Puis, l'empereur Alexandre-Sévère dit, en parlant des effets de la cession de biens, *rei judicati detrahantur in carcerem* (*Qui bonis cedere possunt*, au Code, l. 1) ; et le mot *carcer*, employé seul, ne s'applique généralement qu'à la prison publique (2).

Je crois pouvoir citer enfin, dans le même sens, une Consti-

---

(1) Aulu-Gelle, XX, 1 : *Addici namque nunc et vinciri multos videmus.*

(2) V. la loi 224, *De verborum significatione*.

tution de Dioclétien et de Maximien, insérée au Code (l. 12, *De obligationibus et actionibus*) : « *Ob æs alienum servire liberos creditoribus jura compelli non patiuntur.* » Elle me paraît défendre cet asservissement des hommes libres dans la maison d'un particulier. C'est l'opinion de Cujas (V. Cujas sur ce texte), et je la crois préférable à l'opinion contraire, qui prend le mot *liberos* dans le sens d'enfant du débiteur. Est-il vraisemblable en effet qu'il soit ici question d'un assujettissement des enfants du débiteur au créancier, lorsque, sous l'empire même des actions de la loi, la déclaration d'addiction ne produisait pas cet effet. Du temps de Dioclétien, l'asservissement du fils du débiteur aurait-il la moindre raison d'être ? J'aime donc mieux croire que cette Constitution est dirigée contre l'établissement des prisons privées.

Il faut remarquer alors le changement qui s'opère dans l'idée de la contrainte corporelle. Elle ne se présente plus comme un profit pour le créancier consistant dans le droit d'obliger le débiteur à travailler pour son acquittement : c'est maintenant de la gêne qui lui est imposée que le créancier tirera l'espoir que lui, ses parents ou ses amis, trouvent le moyen de solder ce qu'il doit.

Ce qui n'est du reste que trop certain, c'est que les prisons privées continuèrent de subsister, puisque nous en voyons mention même dans le Digeste : « *Fieri enim poterat ut quis in vinculis præsens esset, vel in publica, vel in privata vincula ductus* (IV, 6, 1, 23, Ulpien). Et la loi, 34 au titre *De re judicatâ* s'exprime ainsi : « *Si victum vel stratum inferri quis judicato non patiatur, utilis in eum pœnalis actio danda est, vel, ut quidam putant, injuriarum cum eo agi potuit.* »

D'ailleurs, même dans la prison publique, les condamnés étaient soumis à des tortures qui avaient pour but de leur arracher un argent que souvent ils n'avaient pas ; c'étaient, nous dit Constantin, *plumbatarum verbera, aut pondera, aliaque ab insolentiâ judicum reperta supplicia.*—Pour faire cesser un pareil état de choses, il change l'emprisonnement des débiteurs en *custodia militaris* (l. 2, au titre *De exactoribus tributorum*, au Code). — D'après la place de cette disposition, Cujas croit, avec assez de vraisemblance, qu'elle ne s'appliquait qu'aux débiteurs du fisc, tandis que Pothier l'applique à tous les débiteurs.

En Orient, Zénon proscrit les prisons privées, soit en ville, soit à la campagne, et déclare coupable du crime de lèse-majesté tout particulier qui conservera de telles prisons, ou tout officier, qui, ayant connaissance d'un pareil fait, ne l'aura pas poursuivi (l. 1 au Code, *De privatis carceribus*). Mais cette Constitution fut si peu observée, que Justinien dut la renouveler (l. 2), en confiant le soin de la faire appliquer aux présidents de province et aux évêques.

Il faut d'ailleurs constater que les prisons publiques de l'empire d'Orient ne se conformaient pas encore à la pensée d'Ulpien, qui veut qu'il n'y ait dans l'emprisonnement d'autre gêne que la perte de la liberté, et dit : « *Carcer ad continendos homines, non ad puniendos haberi debet* (l. 8, § 9, *De pœnis*). » Le contraire résulte de cette loi de Justinien qui nous apprend que la cession de biens a lieu « *salvâ videlicet existimatione et omni corporali cruciatu remoto* (C. 8, *Qui bonis cedere possunt*, au Code). » Cet aveu, qui échappe au législateur, nous montre combien, même dans cette dernière période, l'emploi de la contrainte corporelle laissait à désirer.

Notons enfin la novelle de Justinien qui supprima la contrainte par corps contre les femmes (1).

Nous devons nous demander maintenant le rôle que joue cet emprisonnement du débiteur dans les voies d'action contre lui. Est-ce un système parallèle à celui de l'exécution sur les biens, reste du droit civil existant indépendamment de la procédure prétorienne de la *bonorum proscriptio?* N'est-ce au contraire qu'une phase de cette procédure? MM. Ortolan, Levieil de la Marsonnière et Zimmern (2) se rangent à ce dernier avis. La raison qui les y détermine, c'est que la loi *Rubria Galliæ Cisalpinæ*, porte dans ses chapitres 21 et 22 les dispositions suivantes : « *Prætor cosque duci, bona eorum possideri, proscribique, venire que jubeto.* » Ils en concluent que l'emprisonnement du débiteur est le prélimi-

---

(1) *Novelle*, 134, ch. 9.

(2) Ortolan, *Instilut.*, t. 2, p. 512 ; M. Zimmern, § 76 ; M. Levieil, p, 68 et 71, *Histoire de la contrainte par corps*.

naire indispensable de la mise en possession des créanciers et de la vente des biens. — Mais de ce que cette loi parle du *duci jubere* à côté de la *bonorum proscriptio*, est-ce à dire qu'elle en fasse deux modes de procéder inséparables ? On peut dire qu'en cela elle enumère les attributions du préteur faisant exécuter les sentences ; rien de plus. D'ailleurs Gaïus parle de la vente des biens sans faire allusion à aucun emprisonnement préalable. Il en est de même de Cicéron qui dit, dans son plaidoyer pour Quintius : « *Postulat a Burrhieno prætore Nævius ut ex edicto bona possidere liceat ; jussit bona possideri.* » Et là il doit si peu être question d'une contrainte corporelle que Quintius est absent. — Il semble donc plus naturel de voir là deux voies d'exécution différentes ayant chacune ses cas d'application. Cette opinion est celle de Cujas (au titre, *Qui bonis cedere possunt*). Il s'exprime en ces termes : « *Quod judicatus nihil aut parum habuerit in bonis, ut altero judicatum exsequi possit, tunc alio modo fit exsecutio, quod etiam ex XII Tabulis, puta judicato detruso in carcerem, licet huic rei, ut hodiè fit, in contrahendo, se nominatìm non obstrinxerit.* » L'idée de Cujas est donc que l'intérêt du créancier décidera lequel des deux modes de procéder il conviendra de mettre en usage. Contre celui à qui l'on ne connaît pas de biens, on emploiera la prison, pour le forcer à produire de l'argent caché, ou pour engager ses amis à payer pour lui ; contre celui qui a un patrimoine la *bonorum proscriptio*, dont nous allons parler. Ce n'est pas à dire que contre ce dernier on ne puisse user de la contrainte par corps. Ce que du moins je ne crois pas devoir admettre, c'est que la contrainte corporelle fût inséparable de la procédure d'exécution sur les biens et surtout qu'elle en fût le préliminaire obligé.

SECTION III.

De la bonorum proscriptio.

Nous savons que le droit prétorien eut l'habileté d'être novateur sans le paraître, et de créer des institutions nouvelles en paraissant se conformer aux institutions primitives. C'est ainsi que de la fusion de la *manùs injectio* et de la *sectio bonorum*, toutes deux appartenant au droit civil, le préteur fit sortir la *bonorum proscriptio,* dont la nécessité ne pouvait pas d'ailleurs être contestée à une époque où les actions de la loi, et surtout la *manûs injectio, in odium venerant* (1).

Nous avons vu que Gaïus en attribuait l'introduction à un préteur du nom de Publius Rutilius. Comme l'histoire mentionne deux préteurs de ce nom, qui vécurent l'un à la fin du vi^e siècle, l'autre au commencement du viie siècle de Rome, il est difficile de préciser l'époque de l'apparition de cette institution. Ce que nous savons du moins, c'est qu'elle existait au temps de Cicéron, qui, dans sa plaidoirie *pro Quintio,* que j'ai eu déjà occasion de citer, en parle assez longuement.

Comme le préteur sut calquer son institution nouvelle sur l'ancienne action de la loi, c'est ce que nous verrons en avançant dans notre étude. Quant à la *sectio bonorum,* dont nous avons vu plus haut très-brièvement le mécanisme, elle diffère de la *bonorum proscriptio* sur plusieurs points :—d'abord, c'est une institution de droit civil, et elle attribue la propriété *ex jure Quiritum* à l'acheteur des biens (2) ; nous verrons au contraire que l'*emptor bonorum* du droit prétorien a seulement *in bonis* le patrimoine dont il se porte acquéreur. — Puis l'institution prétorienne s'applique généralement à des personnes insolvables. Aussi l'acheteur des biens, qui devient débiteur des créanciers de l'exproprié ne s'engage-t-il qu'à leur payer un dividende. Au contraire, il n'apparaît rien de semblable dans la *sectio bonorum* qui est une peine : une somme d'argent déterminée faisait le prix de la vente (3); — mais l'interdit *sectorium* donné aux *sectores* pour se faire mettre en possession des biens est rapproché par Gaïus de l'interdit *possessorium*, accordé à l'acheteur des biens du système prétorien (G. c. IV, § 146).

Pour arriver à cette sorte de faillite dont nous avons à parler, les créanciers ont à se faire envoyer en possession des biens. — Les envois en possession sont de plusieurs sortes. Ici,

---

(1) Gaïus, *Comm.* IV, § 30.

(2) Varron, *De re rusticâ,* II, 10.

(3) Cic., *Philippica secunda,* ch. 29 : *Appellatus es de pecuniâ quam pro sectione debebas.*

c'est celui que les jurisconsultes désignent par les mots : *rei servandæ causâ* (l. 1, *Quibus ex causâ, in possessionem eatur*, Ulpien). Parlons donc d'abord de cette *missio in possessionem*.

§ 1ᵃʳ. — *De l'envoi en possession accordé aux créanciers.*

L'envoi en possession des biens *rei servandæ causâ* a lieu dans un assez grand nombre de cas, qui ne laissent pas que d'avoir une certaine analogie entre eux. — Mais sans nous embarrasser ici de détails inutiles, nous n'avons à nous occuper que du cas de condamnation judiciaire ou de *confessio in jure.*

Si quidem vivi bona veneant, dit Gaius, *jubet ea prœtor per dies continuos XXX possideri.* — Et comme ce n'est qu'après un second délai de trente jours, que la vente peut avoir lieu, remarquons dès l'abord que le préteur a conservé le délai de soixante jours qui suivait l'addiction sous l'empire de la loi des Douze Tables.

L'envoi en possession sera accordé par les magistrats supérieurs ; en effet, la compétence des magistrats municipaux ne va pas jusque-là (l. 1, *De jurisdictione*, au Dig.). Mais parmi les magistrats supérieurs, quel est celui qui aura compétence ? *Is qui possidere jubetur, eo loco jussus videtur cujus cura ad jubentem pertinet :* c'est ainsi que Paul s'exprime (l. 12, § 1, *De rebus auct. jud.*). Ce texte ne me paraît laisser aucune obscurité : s'il y a des biens situés dans plusieurs provinces, il faudra demander l'envoi en possession aux divers magistrats de ces provinces. — Cet avis, qui était celui de Cujas et de Pothier, me semble devoir encore être suivi. En vain, objecte-t-on qu'il faut une certaine unité dans l'envoi en possession, qui se fait de tout le patrimoine et non de ses parties séparées. Pour cela, on va jusqu'à supposer que le texte que je viens de citer, qui est précédé dans le Digeste d'un *principium* relatif à notre envoi en possession, en a été rapproché à tort, et qu'il s'applique à cette sorte d'envoi en possession définitif qui apparaît au cas de *damnum infectum :* on insiste alors sur les mots *possidere jubetur,* qui sont généralement appliqués en ce cas. — Mais comment supposer, puisque cet envoi en possession s'applique à un immeuble déterminé, qu'on ait été demander l'envoi en possession sur un immeuble d'une province au magistrat d'une autre ? Il vaut mieux dire que le premier décret accordé sur ce point sera seul accordé sur une connaissance approfondie de la cause, et que les autres le seront sur une sorte de lettre rogatoire, comme il en était autrefois chez nous des *exsequatur*. Il est assez probable que la chose devait se passer ainsi (1).

Ce n'était sans doute pas sur simple requête, mais à l'audience que le préteur accordait l'envoi en possession ; car il y avait à examiner le droit des réclamants et à soulever les objections qui pouvaient donner lieu à l'action *judicati* (2).

L'envoi en possession a lieu pour la masse des créanciers. Aussi, demandé par un seul, il pourra être invoqué par tous les autres et il leur profitera. C'est ce que nous voyons exprimer par Ulpien (l. 5, § 2, *Ut in possess. leg.*) : « *Quum creditores rei servandæ causâ mittuntur in possessionem, is qui possidet, non sibi, sed omnibus possidet.* » Puis Paul (l. 12, *De rebus auct. jud. principium*) vient confirmer cette idée et nous dire que, lorsqu'un créancier a obtenu cet envoi en possession, les autres n'ont pas à le demander. Que si pourtant, dit-il, on découvre que cette personne n'était vraiment pas créancière, ou si, satisfaite par le débiteur, elle renonce à sa possession, les autres créanciers peuvent se faire envoyer en possession. Paul trouve dans ce texte l'occasion de nous faire voir, en passant, quelle est la nature du droit des créanciers : ils n'obtiennent pas même une possession pouvant conduire à l'usucapion : ils acquièrent moins un droit qu'ils n'en ôtent un au créancier ; celui-ci subit un dessaisissement ; c'est là le côté saillant de l'envoi en possession. — En effet, le jurisconsulte répond à l'objection qu'on pourrait faire qu'on n'acquiert pas par une personne libre : ici, dit-il, il n'y a pas acquisition. Le créancier accomplit les prescriptions du préteur, et ce fait peut profiter à autrui.

Sous Justinien, le principe est maintenu ; mais ce prince

---

(1) Vcët, au lit. *De re judicatâ*, n° 40.

(2) L. 71, *De regulis juris. Omnia quæcumque causæ cognitionem desiderant, per libellum expediri non possunt.*

crut devoir restreindre un droit qui faisait profiter même les plus négligents des créanciers de la diligence des autres. Il décide donc que, pour profiter de l'envoi en possession demandé par d'autres, on devra notifier son titre aux premiers créanciers dans un délai de deux ans, si l'on demeure dans la même province (*in quâ et possessores rerum commorantur*), de quatre ans dans le cas contraire, et en leur remboursant leurs frais, dont le montant sera attesté par serment. — Il faut remarquer que la Constitution dont il s'agit (l. 10, *De bonis auctor. jud. principium*, § 1) ne s'occupe que de l'envoi en possession des biens du débiteur qui cherche à se soustraire aux recherches de ses créanciers (*qui latitat*) ; mais il n'y a aucune raison pour ne pas généraliser ce principe, d'ailleurs parfaitement conforme à l'équité en quelque espèce de possession de biens que ce soit,

Ici se présente une question très-intéressante. Il s'agit de savoir si le créancier à terme ou conditionnel peut profiter de l'envoi en possession que les autres ont demandé. — Nous trouvons sur ce point plusieurs textes qui paraissent en opposition, mais qu'on est parvenu à concilier, et, je crois, d'une manière satisfaisante. — En effet, tandis qu'Ulpien (1) dit : *si in diem vel sub conditione debitor latitet, utquàm dies vel conditio veniat, non possunt bona ejus venire*, et qu'il compare le débiteur à terme ou sous condition à celui qui n'est pas débiteur ou qui a le bénéfice d'une exception, puisque, dit-il, *convenire nondùm potest*, Paul, au contraire, s'exprime ainsi (2) : « *In possessionem mitti solet creditor et si sub conditione pecunia ei permissa sit ;* » mais, dans un autre texte du même titre, Paul paraît se contredire lui-même, disant : « *creditor autem conditionalis in possessionem non mittitur, quia is mittitur qui potest bona ex edicto vendere* (3). — Comment concilier ces textes ? On l'a essayé de différentes manières. Suivant Cujas, rien n'est plus facile (4) : il me semble que j'en dirais

---

(1) L. 7, § 14, *Quibus ex causis in possessionem eatur.*
(2) L. 6, *Principium, cod. tit.*
(3) L. 14, § 2.
(4) Cujas, au liv. 2 des *Questions de Paul : Nihil est quod tam facilè explicari possit.*

presque autant en adoptant une opinion contraire. D'après lui, et Pothier partage son opinion, il sera accordé un envoi en possession au créancier à terme ou sous condition ; mais cet envoi restera sans effet, et il ne pourra jouir d'une mise en possession effective. Enfin, c'est un envoi et ce n'en est pas un, comme le jurisconsulte le dit lui-même : *Si igitur initium spectes, mittuntur ; si finem vel effectum, non mittuntur.* — Il faut convenir que cette explication ne satisfait que médiocrement. Si je ne me trompe, ce qui a pu induire en erreur les illustres savants dont je parle et ceux qui se sont rangés à leur avis, c'est l'idée que les créanciers dont il est question ne devaient pas avoir le droit de provoquer la vente : *is in possessionem mittitur*, dit Paul, *qui potest bona ex edicto vendere.* Mais s'ensuit-il qu'ils ne puissent obtenir une possession effective, et même, si d'autres créanciers provoquent la vente, en profiter ? En aucune façon. Je ne puis donc adopter cette opinion, malgré l'autorité de ceux qui la présentent. — D'autres conciliations ont été proposées. Celle de Doneau me semble parfaitement naturelle et bien conforme aux différents textes. — Il faut distinguer, dit-il, si le créancier à terme ou conditionnel est seul ou si d'autres ont déjà demandé l'envoi en possession. — S'il est seul, *nondùm conveniri potest debitor.* Que si, au contraire, d'autres ont déjà demandé à être envoyés en possession, il a de justes craintes à faire valoir, et il pourra intervenir. C'est à peu près ce qui se passe chez nous au cas de faillite et de déconfiture.

L'envoi en possession est accordé sur l'ensemble des biens du débiteur. Cela comprendra donc les esclaves ; mais, à cet égard, des exceptions sont faites par l'usage en faveur de certaines affections qu'on croit devoir respecter : la concubine du débiteur et ses enfants naturels ne seront pas compris dans les biens possédés (l. 38, *De rebus auct. jud.*). Il en sera de même des statues élevées à la gloire du débiteur, si elles sont sa propriété (l. 29, *eodem tit.*).

Du reste, le caractère de généralité que nous présente l'envoi en possession paraît s'être perdu sous Justinien. Il n'y aurait d'ailleurs pas de quoi s'en étonner ; la vente alors ayant cessé de se faire en masse. La Novelle 53, chap. 4, § 1, dit du moins, au cas d'un débiteur qui se cache, que le créancier devra être envoyé en possession des biens en proportion de ce qui lui est dû. — Ici encore, bien que le texte de la novelle parle du débiteur *qui latitat*, il semble bien qu'il y ait un principe général. Il faut remarquer en effet que le cas de *latitatio* est celui qui, sous Justinien, donne lieu le plus fréquemment à l'envoi en possession.

Nous avons déjà entrevu plus haut que le droit des créanciers n'était rien moins qu'un droit de propriété (C. 6, *De bonis auct. jud.*). Ce n'est même pas un droit de possession, à proprement parler ; car il ne pourrait les conduire à l'usucapion (C. 8, *eodem*). Il en serait ainsi même au cas de cession de biens où le débiteur leur fait volontairement l'abandon de son patrimoine (l. 4, *Qui bonis cedere possunt*). C'est pourquoi Ulpien nous dit qu'ils n'ont pas les interdits possessoires, *quia non possident* (l. 3, § 8, *Uti possidetis*).

Il faut cependant que leur droit soit sauvegardé. Ce sera par l'interdit qu'on désigne par les mots : *ne vis fiat ei qui in possessionem missus erit*. — Le Digeste lui consacre un titre que nous allons brièvement analyser. Presque tous les développements qu'on peut donner sur cet interdit sont en germe contenus dans la formule qu'en donne le préteur : *Si quis dolo malo fecerit quominùs quis permissu meo ejusve cujus ea jurisdictio fuit, in possessione bonorum sit in eum in factum judicium quanti ea res fuit, ob quam in possessionem missus erit, dabo* (l. 1, pr.).

Comme on le voit d'après la formule, en dépit du nom qui lui est donné, cet interdit n'exige pas qu'il y ait eu violence (l. 1, § 3). Mais comme il demande qu'on ait agi *dolo malo*, si celui qui a empêché la mise en possession de se faire ou de se continuer se croyait propriétaire ou du moins se croyait en droit de s'opposer à la mise en possession, l'interdit ne sera pas donné (l. 1, § 4). L'interdit ne pourra être donné non plus contre une personne qui n'est pas *doli capax* (§ 6).

Les mots *quanti ea res fuit*, etc., nous montrent que si l'on n'avait pas d'intérêt véritable à être mis en possession, on ne jouira pas de l'interdit, comme si l'on n'est pas créancier ou qu'on puisse être repoussé par une exception (§ 5).

Ayant un caractère pénal, l'action ne passe pas l'année et ne sera donnée contre les héritiers que *in id quod pervenit* (§ 8).

Ulpien nous montre que l'on peut toujours opter entre cet interdit et la mise en action de son droit d'envoi en possession même *per manum militarem*. On comprend alors que l'interdit n'offrirait qu'une médiocre utilité contre le débiteur. Aussi les jurisconsultes supposent-ils toujours l'intervention d'un tiers (l. 3, pr.).

L'action n'offre pas un caractère pénal du côté du créancier ou de ses héritiers qui ne peuvent agir que dans la mesure de leur intérêt. Il suit de là qu'ils ne pourront cumuler cette action avec la poursuite du débiteur, à moins sans doute qu'ils n'aient pas obtenu par elle le montant de leur créance, ce qui arrivera lorsque la valeur des biens soustraits à leur poursuite y sera inférieure. C'est là l'opinion commune ; mais ce n'est pas celle de Cujas. — A l'appui de cette opinion, on apporte un texte qui, malheureusement, ne fait que greffer sur une controverse une controverse. Je veux parler de la loi 51, *De re judicatâ* (§ 1), l'un des textes les plus obscurs du Digeste. En voici les termes : *Si quis creditorem missum in possessionem rei servandæ causâ non admiserit, si venditor præstiterit creditori quanti ejus interfuit, quæsitum est an debitor liberetur ? Et puto improbum esse eum qui velit iterùm consequi quod accepit.* — C'est sur le mot *venditor* que les débats surgissent. On dit qu'il faut supposer qu'il y a lieu à intenter l'action Paulienne contre un acheteur. Alors le *venditor* serait le débiteur. Mais, en ce cas, comment comprendre la difficulté supposée dans le texte ? — On propose alors de lire *vetitor* au lieu de *venditor* : ce serait celui qui s'est opposé à la mise en possession. Mais on objecte que le mot n'est pas latin, et le texte est de Paul. — Une opinion plus hardie supprime ce mot *venditor* et aboutit à donner à la phrase le sens précédent. Une quatrième enfin remplace par le mot d'*emptor* celui de *venditor*. Je me sens porté à l'adopter ; car sa hardiesse est justifiée par le texte des Basiliques qui supposent que le débiteur, après avoir repoussé le créancier envoyé en possession, a rendu le bien et que l'acheteur a désintéressé le créancier. D'ailleurs, en rapprochant

le paragraphe 1er de la loi 51 du *principium*, il paraît bien
que le trouble dont l'envoyé en possession est victime doive
provenir du débiteur lui-même. En somme, il me semble que
cette loi prouve l'impossibilité de cumuler les deux actions
dont je parlais plus haut, lorsque par l'une d'elles on a obtenu tout ce qu'on aurait intérêt d'obtenir.

On peut obtenir l'envoi en possession, lors même qu'il n'y
a rien à posséder ou rien qu'on puisse posséder sans débat,
comme si, nous dit Gaïus (l. 12, § 2, l. 13, *De rebus auct, jud.*),
le fonds du débiteur est incendié ou occupé par des brigands.
Enfin la détention matérielle est encore impossible, et pourtant
l'envoi en possession pourra avoir lieu, au cas où le débiteur
n'aura pour tous biens que des droits incorporels. Cet envoi
en possession sera, dans tous ces cas, tout au moins le préliminaire indispensable de la vente.

Lorsque les créanciers ont été mis en possession effective (1), ils ont acquis sur les biens un droit de gage dit *pignus
prætorium,* qu'il ne faut pas confondre avec le droit du même
nom que nous verrons s'introduire avec le Bas-Empire et qui
est précisément destiné à supplanter la possession de biens en
matière d'exécution des jugements. — Le droit de gage dont
nous nous occupons actuellement se produit en toute espèce
de possession de biens : *ex quâcumque causâ magistratus in
possessionem aliquem miserit, pignus constituitur* (l. 26, *De
pignorat. auct.*). Comme la *missio in possessionem*, ce droit
peut porter même sur les biens incorporels. Il serait assez vraisemblable que ce droit constituât une cause de préférence pour
les créanciers actuels vis-à-vis de ceux qui n'acquerront des
droits que postérieurement (2) ; mais il y a silence des textes
sur ce point.

On se demandait si ce gage donnait un droit de suite. Justinien (C. 2, *De præt. pign.*) lève le doute en permettant aux
créanciers de recouvrer la possession perdue même par leur
faute.

____

(1) L. 26, § 1, *De pignorat. act. — Sciendum est ubi jussu magis-
tratûs pignus constituitur, non aliàs constitui, nisi in possessionem ventum
fuerit.*

(2) V. les art. 493 et 517 du Code de commerce.

4.

Une fortune commune résulte, pour les créanciers, de l'envoi en possession. Si donc l'un d'eux se faisait payer au détriment des autres pendant cette période, il commettrait un dol, et, au moyen de l'action Paulienne, ses cocréanciers pourraient le forcer à rapporter à la masse ce qu'il a reçu.

Au point de vue du débiteur, nous avons vu l'effet principal de l'envoi en possession, c'est son dessaisissement. L'administration de ses biens passe à ses créanciers. Mais ceux-ci ne jouissent pas des fruits (l. 7 pr., *Quibus ex causis in poss.*).

Un autre effet pour le débiteur est à signaler : c'est une certaine méfiance qui pèse sur lui. Pour plaider comme défendeur, il devra fournir la caution *judicatum solvi* (Gaïus, C. IV, § 102).

Cicéron, dans son *pro Quintio*, plaide la cause d'un débiteur qui voit ses créanciers envoyés en possession de ses biens. Il nous fournit donc des renseignements sur la matière qui nous occupe, et particulièrement il cite l'édit qui règle la conduite des envoyés en possession : *Qui ex edicto meo in possessionem venerint, eos ità videtur in possessione esse oportere : quod ibidem rectè custodire poterunt, id ibidem custodiant ; quod non poterunt, id auferre et abducere licebit. Dominum invitum detrudere non placet.* — Éviter les déplacements d'objets inutiles et ne pas expulser le débiteur, voilà ce que le préteur prescrit aux créanciers.

Il ne leur impose pas l'inventaire : il le leur permettra, et encore ne sera-ce généralement que celui des créances. Labéon ne les autorise à demander un second inventaire que s'ils jurent qu'ils ne le font pas par esprit de chicane (*non calumniæ causâ se postulare*) ; mais il n'en permet pas plus de deux (l. 15, *De reb. auct. jud*).

Pour avoir une bonne administration, il ne convient pas de morceler le droit d'agir entre tous les créanciers. On devra donc nommer un administrateur qui prend en mains les intérêts communs (l. 14, pr., et l. 15, *De reb. auct. jud.*, pr.). Vraisemblablement, ce sera l'un des créanciers, celui sans doute qui aura la plus grosse créance ; mais il n'est pas nécessaire que ce soit même un des créanciers (l. 2, § 4, *De curat. bon. dando*). Il recevra, le plus souvent, une confirmation du magistrat (l. 2, p. 2, *De curat. bon. dando*). La loi que je cite ici est même conçue en termes impératifs ; mais la loi 5, *eod.*, nous fait voir que la nomination faite sans la confirmation du préteur est loin d'être sans effets. Cette loi parle, il est vrai, de la vente des biens ; mais elle doit s'appliquer *à fortiori* au simple cas d'administration. — En général, le curateur doit accepter ses fonctions. Il faudrait des circonstances très-pressantes pour qu'il en fût investi malgré lui, et alors c'est l'empereur qui seul pourra lui imposer cette charge (l. 2, § 3, *eod.*).

Le curateur nommé se met à la place du débiteur dessaisi, agit pour lui, répond aux actions utiles intentées contre lui-même, donne en son propre nom les cautions *judicatum solvi et de rato* (l. 2, § 1). Il paie les dettes dont le retard rendrait exigible une clause pénale (l. 1, § 2).

Les actes faits par lui, dans la mesure de son mandat, obligent tous les créanciers, quand il a été confirmé dans sa nomination par le magistrat, sur le choix de la majorité. Ceux qui ont été présents à sa nomination ont contre lui l'action *mandati*, les autres l'action *negotiorum gestorum*. — Si les créanciers l'ont nommé sans faire confirmer leur choix, ceux qui ont concouru à sa nomination ont contre lui l'action *mandati*. Les autres n'ont d'action que contre eux : c'est l'action *negotiorum gestorum*, si ceux-ci connaissaient l'existence de ces créanciers ; une action *in factum*, dans le cas contraire. Paul (l. 22, § 10, *mandati*) nous donne toutes ces solutions d'après Trébatius, Ofilius et Labéon. — Ajoutons un texte de Julien, qui permet au créancier omis, lors de la nomination du curateur, de s'adjoindre à lui (l. 5, *De curat. bon. dando*).

Si plusieurs curateurs sont nommés, on n'est pas forcé de limiter leur part respective dans l'administration ; mais alors il y a action *in solidum* contre chacun, même contre celui qui n'a rien fait ou rien touché, sauf contre le curateur qui aurait été nommé malgré lui *imperatoris arbitrio* (l. 2, § 5, *eod.*). L'administration peut aussi se diviser, et la responsabilité avec elle, comme si chaque curateur se charge des biens situés dans une seule province (l. 2, § 2).

Les créanciers peuvent d'ailleurs ne pas nommer de curateur, s'ils n'y voient point d'inconvénients. C'est ce que suppose le *principium* de la loi 9, *De rebus auct. jud.,* où sont rapportés les termes de l'édit.

Si le débiteur avait loué les biens ou vendu les récoltes, ses actes ne pourraient être attaqués que s'il y a lieu à l'action Paulienne. Sinon, les créanciers pourront louer les biens ou vendre les récoltes. S'ils ne peuvent s'entendre, au cas où il n'y a pas de curateur, le préteur désignera celui qui devra se charger de ce soin (l. 8, *De rebus auct. jud.*).

Du reste, ce n'est pas seulement un droit pour les créanciers de faire valoir les biens, mais un devoir. Ils seraient responsables des pertes de revenus causées par une administration négligente, tant du moins que durerait leur possession ; car ils peuvent à leur gré y renoncer (l. 9, § 6, *De rebus auct. jud.*).

Les créanciers doivent compte de ce qu'ils ont recueilli à l'occasion de leur gestion (l, 9, § 1). Ils répondent des détériorations causées par leur dol, et sans doute par une *culpa lata* (§§ 5 et 8). Mais ils se feront rembourser des dépenses faites de bonne foi, quel qu'en ait été le résultat (§ 2).

Le débiteur n'a pas contre les créanciers l'action *negotiorum gestorum*, puisque ceux-ci agissaient dans leur intérêt (§ 4). Il a une action *in factum*, ou, au besoin, *de dolo* (§§ 4 et 8). La première est perpétuelle et passe contre les héritiers ; l'action *de dolo* est annale et ne se donne après ce temps et contre les héritiers que *in id quod pervenit.*

Le nom de curateur, que j'ai donné à l'administrateur des biens possédés par la masse des créanciers est celui que lui donne le Digeste. Faut-il ne voir en lui que l'ancien *magister* dont parle Gaïus ? Il est, en effet, question dans les Instituts de Gaïus d'un *magister*, sorte de syndic de faillite, chargé de présider à la vente des biens. Quant au *curator*, Gaïus ne nous en parle pas. C'est pourquoi l'on se demande si le *curator* du temps de Justinien a supplanté le *magister* dans l'administration des biens avant la vente, comme il l'a fait dans la vente des biens. — Des écrivains sérieux ont cru que le curateur avait existé de tout temps à côté du *magister :* les deux rôles sont, en effet, fort différents, et Paul nous dit, dans la loi 1, *De curat. bonis dando : Curator bonis constituendus erit, aut bona vendenda.* — Un curateur ne sera donc pas toujours nommé ; mais il semble que souvent la nécessité en était bien évidente (1) ; car le *magister* n'est précisément nommé qu'après le délai pendant lequel les créanciers doivent posséder les biens (Gaïus, C. III, § 79). — On cite enfin , en ce sens, un texte de Paul qui ne semble guère avoir pu être l'objet d'une interpolation de Triborien. C'est celui-ci : *Tres curatores constituerunt, qui apud Græcos* επιμεληται, *id est curatores vocantur* » (l. 46, § 1, *De admin. et periculo tutoris* (2).

Supposons maintenant que le délai de trente jours, pendant lequel les créanciers doivent être mis en possession, est écoulé. — Il va falloir procéder à la vente des biens qui exige un nouveau délai.

Mais avant de passer à cette seconde période, qui a un caractère définitif, il semble probable qu'on devait procéder à un nouvel et plus sérieux examen de titres. Cela expliquerait un passage du *pro Quintio*, où Cicéron, qui prétend que l'adversaire de Quintius a fait saisir ses biens sans titre sérieux, lui demande pourquoi, après s'être fait envoyer en possession, il n'a pas poussé les choses jusqu'à la vente (23 et 24).

§ 2. — *De la vente des biens.*

Ici va s'ouvrir un nouveau délai de trente jours, qui, joint à celui que nous venons de voir, rappelle le délai des soixante jours qui précédaient pour l'*addictus* la mise à mort ou la vente au delà du Tibre. Nous tenons ces détails de Gaïus Comm. III, § 79). — Le Digeste au contraire ne nous parle plus de délais ; mais comme le droit du Bas-Empire tend à favoriser de plus en plus les débiteurs, il est probable que ces armistices, qui retardaient et permettaient d'éviter la triste extrémité de la vente des biens, ne firent que s'augmenter en fait et furent abandonnés à la libre appréciation des magistrats.

Au début de notre période, Gaïus nous montre les créanciers

---

(1) L. 14, *De rebus auct. jud.*

(2) M. Tambour, *Des voies d'exécution sur les biens des débiteurs,* t. 1, p. 187.

se faisant autoriser à nommer un *magister*, qui dirigera la vente des biens, puis à apposer des affiches dans les lieux les plus fréquentés de la ville. Pour l'affiche (*proscriptio*), il est· probable qu'elle avait été posée déjà au commencement de l'autre période. D'abord, le public avait intérêt à connaître le dessaisissement qui frappait le débiteur : il fallait que les créanciers qui n'avaient pas demandé l'envoi en possession fussent prévenus et pussent prendre leurs mesures. Enfin, le texte de Gaïus paraît s'y conformer : *Si quidem vivi bona veneant, jubet ea præter per dies continuos XXX possideri, tum proscribi.* — C'est même là le seul moment où l'affiche aurait dû être posée, d'après M. Giraud (des *nexi*). Je ne crois pas qu'il faille aller si loin, et l'idée d'une double affiche dans un double but me paraît devoir être adoptée.

Cette affiche, qui se nomme *libellus*, *titulus*, parfois même *album* (Table d'Héraclée, V, 15 et 18), était, d'après la formule que nous en donne Théophile (1), surtout à l'adresse des acheteurs, sans compter les avantages de l'affiche de la période précédente et l'avis donné par là aux amis du débiteur qui voudraient payer pour lui. Cette formule est la suivante : *Ille debitor noster in eâ causâ est, ut bona ejus divendi debeant. Nos creditores patrimonium ejus distrahimus. Quicumque emere velit, adesto.*

Occupons-nous maintenant de la nomination du *magister* qui coïncide avec la *proscriptio bonorum vendendorum*. Gaïus, Théophile et Cicéron (*ad Atticum*, I, 1) ne paraissent pas supposer qu'il puisse être pris en dehors de la masse des créanciers : c'est une différence à constater entre le *magister* et le curateur de la précédente période. Mais on peut en nommer plusieurs (2). Une autre différence avec le curateur, c'est que celui-ci, nommé par le créancier, est confirmé par le magistrat, tandis que le *magister* est élu par les créanciers préalablement autorisés du préteur à procéder à la nomination.

Les pouvoirs du *magister*, qui consistaient à diriger la vente, devaient varier suivant les cas : je suppose qu'en le

---

(1) Théophile, Sur les Instituts, *De successionibus sublatis.*
(2) Cic., *pro Quintio*, 15.

constituant dans ses pouvoirs, les créanciers devaient lui imposer une sorte de charte qui lui donnait des droits plus ou moins étendus et dont il promettait de ne pas s'écarter. C'est ainsi que Cicéron dit : *A magistris, quàm contenderem de proferendo die, probaverunt mihi sese quominùs, id facerent, et compromisso et jurejurando impediri (ad Famil. XII, 30)*.

Le *magister* était-il chargé de l'administration ? On peut dire que non, si l'on croit que les fonctions de curateur ne cessaient pas avec la période d'envoi en possession.

Gaïus ne parle pas de la *lex bonorum vendendorum* dont Théophile nous entretient. C'est un cahier des charges que rédigent les créanciers pour faire connaître aux acheteurs leurs conditions. L'acheteur des biens ne s'engageait pas à payer une somme déterminée. Il offrait de payer aux créanciers une part plus ou moins considérable de leurs créances, un dividende, moyennant quoi les biens du débiteur lui étaient attribués. Lorsque les acheteurs étaient en nombre, c'était donc au plus offrant que revenaient les biens. — La *lex bonorum vendendorum* était une mise à prix, un minimum proposé aux acheteurs par les créanciers et qu'ils espéraient voir dépasser par eux dans la chaleur des enchères. Théophile nous donne l'exemple d'un de ces cahiers des charges : *Ea quicumque emerit, creditoribus in dimidiam partem* (ou plus ou moins) *eorum quæ ipsis debentur, respondere debet, sicut cui centum aurei debentur accipiat quinquaginta, et cui ducenti, accipiat centum.* — Il ne peut pas être douteux que les créanciers dussent indiquer dans la *lex bonorum vendendorum* les différents biens du débiteur et le montant de leurs créances, avec la détermination des créances privilégiées (1).

Comment était-il procédé à cette vente ? Était-ce par enchères publiques ? Oui, le plus souvent, bien que cette vente n'ait pas les caractères officiels de la *sectio bonorum*, vente *sub hastâ*, qui donnait à l'acheteur le *dominium ex jure Quiritium*. Cependant il faut croire que le *magister* eût pu traiter à l'amiable avec les acheteurs, puisque Théophile dit de lui : « *De cætero ille cum iis qui emere vellent contrahebat.* »

---

(1) Celles-ci étaient sans doute payées en totalité.

Nous avons dit que l'acheteur sera le plus offrant enchérisseur. Mais que dire si les offres sont égales ? Sur ce point, le Digeste nous offre un texte de Gaïus très-remarquable (l. 16, *De reb. auct. jud.*). On y préfère les créanciers à toute autre personne, et entre les créanciers celui à qui il est dû la plus forte somme ; mais si aucun créancier n'est parmi les acheteurs, le parent du débiteur sera préféré à un étranger. — Il est rare de voir le droit romain tenir ainsi compte de la cognation.

Il est assez à présumer que l'attribution des biens à l'acheteur fermait le délai accordé aux créanciers pour se faire connaître. Autrement il eût été frustré, puisqu'il n'avait pas acheté sans comparer le montant des dettes avec la valeur des biens. Sans doute, il encourait une *alea*, cette valeur des biens n'étant pas facile à déterminer ; mais cette chance, il n'entendait la courir que sur des données certaines, sinon justement appréciées. D'ailleurs les créanciers avaient été prévenus par des affiches et pouvaient s'imputer à eux-mêmes leur négligence.

Si nous nous arrêtons un moment pour reporter nos regards en arrière, il nous est impossible de ne pas reconnaître bien des points de ressemblance entre cette procédure et celle de la *manûs injectio*. Les délais sont les mêmes ; la vente du patrimoine, et même, comme nous allons le voir, de la personne juridique, a seulement remplacé la vente de la personne physique. — Enfin les affiches apposées avant la vente, *in celeberrimis locis*, ne sont pas sans rappeler ce qui se passait autrefois, où le débiteur était conduit au forum, un jour de marché, tandis qu'un héraut annonçait au peuple pour quelle somme il avait été attribué à son créancier. Il était impossible de mieux paraître respecter l'ancien droit en l'abandonnant.

Mais si nous regardons au fond des choses, la ressemblance est bien plus frappante entre cet état de choses et notre procédure de faillite. — Syndic provisoire (*curator*), syndic définitif (*magister*), dessaisissement, dividende, peut-être même hypothèque au profit de la masse actuelle des créanciers (*pignus prætorium*), presque tout s'y retrouve. — Peu de nos modernes institutions ont si bien gardé l'empreinte de l'influence romaine. Rien n'est pourtant plus commun que de dire que le droit commercial n'a rien emprunté à l'antiquité. C'est en effet la partie du droit où les peuples modernes ont le plus créé ; mais ici , tandis que le droit civil empruntait au Bas-Empire la *bonorum distractio*, le droit commercial conservait la *proscriptio bonorum*, et presque toute l'Europe commerçante est encore régie par l'édit du préteur romain.

La vente achevée, quels effets produira-t-elle ? Le *bonorum emptor* succède à la personne du débiteur. Celui-ci est réputé mort. Il y a comme une succession. C'est en traitant des acquisitions à titre universel que Gaïus parle de la *bonorum venditio*. S'il n'est pas héritier, l'acheteur des biens est du moins *hæredis loco* et se rapproche de celui à qui une succession est déférée par le droit prétorien (*bonorum possessor*). — Quoi qu'il en soit, il n'est pas *dominus ex jure Quiritum* des biens du débiteur, il les a seulement *in bonis*, et c'est par l'usucapion qu'il en acquerra la propriété Quiritaine.

Il succède aux droits et obligations du débiteur , mais il n'est pas soumis aux dettes *ipso jure*, malgré l'engagement qu'il a pris vis-à-vis des créanciers. C'est du moins ce que paraît nous dire Gaïus dans ce passage qui, à la vérité, ne nous est pas parvenu entier : *Item quæ debita... aut ipse debuit, neque bonorum possessor , neque bonorum emptor ipso jure debent* (1). Aussi, pour faire restreindre à la quote-part qu'il leur a promise l'action des créanciers, il est probable que l'exception *pacti conventi* était nécessaire , car la fiction qui le faisait réputer héritier du débiteur ne s'accommodait pas à cette restriction des engagements (2).

Que, s'il veut exercer les droits du débiteur, deux sortes d'actions lui sont offertes par le préteur. Gaïus nous les fait connaître (*Comm.* IV, § 35) : ce sont les actions Rutilienne et Servienne. La première vient du préteur, qui passe pour l'introducteur de la *bonorum venditio*. Elle consiste en ce que l'intention se référant au nom du débiteur exproprié, la condamnation soit rédigée au profit de l'acheteur des biens ; en sorte que si un droit est reconnu exister au profit du premier, il soit attribué

---

(1) Gaïus, *Comm.* IV, § 81.
(2) M. Tambour. *Des voies d'exécution sur les biens des débiteurs,* t. 1, p. 221, note 2.

au second : c'est ce qui avait lieu au cas où un mandataire agissait en justice, le débiteur étant condamné envers le mandataire à tout ce qu'il devait au mandant. L'action Servienne est plus franche dans sa fiction : elle condamne le défendeur à payer au demandeur tout ce qui lui serait dû, s'il était héritier du débiteur exproprié. C'est la formule employée pour l'héritier du droit prétorien, le *bonorum possessor*.—Ces deux actions, d'après les termes mêmes dont se sert Gaïus, sont aussi bien réelles que personnelles (*Quod illius esset vel illi dare oporteret*) (1).

Le *bonorum emptor* a encore le bénéfice d'un interdit nommé *possessorium*, qui a le caractère d'un interdit *adipiscendæ possessionis*, et qui ne lui servirait pas si, ayant acquis la possession, il était venu à la perdre. Par là, il avait donc les moyens de se faire mettre en possession, tandis que les actions que nous venons de voir supposent le débat engagé sur le fond du droit. Cet interdit est rapproché par Gaïus de deux autres qui ont en effet les mêmes caractères : c'est d'abord celui que le préteur donne à l'acheteur des biens vendus par la *bonorum sectio, sub hastâ*, et qui se nomme *sectorium ;* puis celui qu'on désigne par les premiers mots de l'édit qui l'accorde, l'interdit *quorum bonorum*, accordé au *bonorum possessor* (Gaïus, *Comm.* IV, § 144-146).

Un autre effet de la vente des biens par l'acheteur est dans la déduction. D'après les expressions de Gaïus, ce cas n'aurait pas été le seul où la déduction se serait produite, mais nous n'en connaissons pas d'autres. La déduction est donc introduite dans les actions intentées par l'acheteur des biens contre un débiteur de l'exproprié qui se trouve en être en même temps créancier ; de telle sorte que celui-ci ne doive être condamné qu'à ce qu'il reste devoir, déduction faite de ce qui lui est dû. Il y a bien là ce

---

(1) On peut se demander pourquoi, en matière réelle, le *bonorum emptor* n'aurait pas intenté l'action Publicienne, donnée à ceux qui ont les choses *in bonis*, mais n'ont pas encore usucapé. Mais d'abord cette action suppose une possession préalable, et la fiction consiste seulement à regarder comme accomplie une usucapion qui ne l'est pas. Enfin, l'acheteur ne pourrait même pas invoquer la possession du débiteur : car il ne le représente que par fiction (*si hæres esset*) : il lui faudrait du moins alors enter une fiction sur une fiction et intenter donc une Publicienne utile !

que nous appellerions une compensation ; mais, en droit romain, il faut bien distinguer cela de la compensation applicable à l'*argentarius*, car celui-ci doit compenser lui-même, et le compte fait, n'agit que pour l'excédant, sous peine de plus-pétition. Ici, au contraire, c'est seulement dans la *condemnatio* que se produit l'obligation de compenser. — Enfin, cette déduction n'exige pas que les dettes soient de même nature, à l'inverse de ce qui se passe pour l'*argentarius*, qui ne peut compenser que *pecunia cum pecuniâ, vinum cum vino, triticum cum tritico*, et encore, ajoute Gaïus, peut être seulement si le vin et le froment dus sont de même qualité. — Autre différence : on fait entrer en déduction même ce qui est dû à terme. — Enfin, ce qui exposait à la plus-pétition dans la compensation du banquier, c'est qu'il la devait présenter dans l'*intentio*. Mais ici le calcul ne se fait que dans la *condemnatio* et n'offre pas un pareil danger ; et le commentateur nous fait remarquer cette particularité, que l'*intentio* étant certaine, la *condemnatio* ne l'est pas (Gaïus, *Comm.* IV, § 65-68).

Il semble que ce *bonorum emptor* courait de grands risques, si l'on pense, et cela est assez probable, que les hypothèques subsistaient en entier après le *bonorum prescriptio*. Ce fait, rendant ses opérations bien plus aléatoires, puisque les hypothèques étaient occultes en droit romain, devait refroidir singulièrement les enchères. Il se peut qu'il ait eu un moyen d'obliger les créanciers hypothécaires à se faire connaître ; mais nous n'avons pas le droit de le supposer, en présence du silence complet que gardent les textes sur ce point.

Un droit qu'il faut, je crois, reconnaître à l'acheteur des biens est celui de faire déclarer nulles certaines créances dont la date est antérieure à la *bonorum venditio*, lorsqu'on y peut voir un concert frauduleux où le débiteur, près d'être dépouillé de ses biens, fait intervenir un tiers pour frustrer ses créanciers. Accorder ce droit au *bonorum emptor*, c'est, en réalité, sauvegarder avant tout l'intérêt de ces derniers, puisque cette garantie permettra à l'acheteur de s'avancer plus hardiment dans ses propositions. — Ce droit me paraît résulter de la L. 25, *De rebus auct. jud.*, qui n'offre pas, il est vrai, de grandes clartés, mais où je ne puis voir un autre sens que celui-ci.

Occupons-nous maintenant du débiteur exproprié. Il se trouve avoir un successeur de son vivant, et subit une sorte de mort civile (1), au moins quant aux droits qui lui compétaient antérieurement. En effet, il est *capite minutus*, et ce mot même semble rappeler les sinistres exécutions de la loi des Douze Tables (2). Bien plus, il est infâme, *secabatur corpus in partes*, dit Cujas au titre : *Qui bonis cedere possunt ; secantur tantùm bona et fama debitoris ex edicto.* — Et Cicéron, emporté peut-être par son ardeur oratoire au delà des justes limites, place le malheureux débiteur au-dessous des morts ; car, dit-il, ne lui fait-on pas des funérailles de son vivant et sous ses yeux (*vivo videntique*) ? et des funérailles sans pompe, sans le cortége ordinaire des amis qui les honorent (*pro Quintio*, 15) ? Aussi, celui qui a fait afficher la vente des biens d'une personne, sachant bien ne pas être son créancier, peut-il être poursuivi par l'action d'injure, comme ayant cherché à porter atteinte à sa considération (Gaïus, *Comm.* iii, § 220).

La vente des biens pouvait se faire sous le nom d'un défunt. Aussi les Romains, qui redoutaient à un degré extrême ce déshonneur, avaient-ils coutume, en mourant insolvables, d'instituer un esclave héritier nécessaire. Par là, les créanciers étaient frustrés de la valeur de l'esclave ; et, pour qu'on ait admis ce résultat à se produire légalement, il faut reconnaître, comme nous venons de le voir, que rien n'était plus précieux pour un Romain que d'éviter la honte d'une vente de biens faite sous son nom. — En pareil cas, en effet, la vente se faisait contre l'esclave ; et, par un effet singulier, c'est lui qui était frappé d'infamie. — Ce dernier résultat avait paru si étrange et si inique, que Sabinus, ainsi que nous l'apprend Gaïus, se refusait à l'admettre, mais son avis n'avait pas prévalu (Gaïus, *Comm.* ii, § 154).

Revenons au débiteur vivant. Il a perdu tous les droits qu'il avait acquis antérieurement ; c'est sur la tête de l'acheteur des biens qu'ils sont allés se fixer. Il ne peut donc agir pour des droits

---

(1) Paul, L. 5, § 12, *Pro socio.*

(2) A la vérité, je crois que le mot de *capitis deminutio*, qui s'applique même à un changement de famille, comme au cas d'adoption, se réfère seulement au retranchement d'un chapitre dans le registre des censeurs ; je fais seulement remarquer ici un rapprochement de mots singulier.

nés à son profit antérieurement à la vente (*ex ante gesto*) : *bonis per curatorem ex senatu-consulto distractis, nullam actionem ex ante gesto fraudatori competere*, tel est le texte d'un rescrit d'Antonin et de Varus (l. 4, *De curat. bonis dando*), et ce qui est vrai, au cas de la *distractio bonorum*, l'est bien plus encore pour la *bonorum venditio*. Enfin, la loi 40, *De operis libertorum*, qui suppose un cas de *bonorum venditio*, dit la même chose. Les biens d'un patron sont vendus ; il n'aura d'action que pour les *operæ* par lui demandés à son affranchi (*quæ præterierunt*) depuis la vente. On voit, du moins, que le droit aux *operæ* n'a pas passé à l'*emptor bonorum* : c'est en effet un droit tout personnel. — Quant aux services demandés antérieurement à la vente des biens, le patron n'a donc plus droit à les réclamer. Le texte, cependant, paraît faire une exception au cas où il n'a pas de quoi se nourrir. Mais Pothier n'admet même pas cette exception. Au lieu de rapporter les mots : *et si alere se possit,* au second membre de phrase où l'action *ex ante gesto* est refusée en principe, il joint ces quelques mots au commencement et réunit ensemble les mots *et si*, de manière à dire que le patron jouira d'une action pour les services demandés à l'affranchi depuis la vente, bien qu'il ait des ressources pour vivre. — Il me semble qu'il vaut mieux laisser le texte tel qu'il est. Bien que cette exception puisse sembler moins d'accord avec les principes, cela se conforme si bien avec le devoir de reconnaissance imposé à l'affranchi, que je ne vois pas qu'il y ait là rien qui nous doive étonner.

Mais une question qui présente plus de difficulté est de savoir si la *bonorum venditio* avait cet effet de libérer le débiteur de ses anciennes obligations. — Nous ne trouvons guère sur cette question que des textes qui la traitent en passant et qui semblent se contredire. — C'est d'abord une loi du Digeste, qui ne paraît pas admettre qu'il puisse y avoir d'action *ex ante gesto* contre le débiteur qui a essuyé une *bonorum proscriptio* (l. 25, § 7, *Quæ in fr. cred.*). Puis Gaïus, au contraire, en traitant du bénéfice de séparation accordé à l'esclave, héritier nécessaire, termine son explication par ces mots : *Cùm cœterorum hominum quorum bona venierint pro portione, si quid*

posteà adquirant, etiam sæpius eorum bona veniri soleant
(C. VII, § 155). — Il faut commencer par faire remarquer,
avec M. Pellat, que ces mots *pro portione* ne s'appliquent pas
à une vente pour partie, Gaïus parlant à une époque où la
vente se faisait de tous les droits et actions du débiteur, mais
à une vente n'ayant fourni aux créanciers qu'une partie de ce
qui leur était dû. D'ailleurs, si les biens n'avaient été vendus
que pour partie, que signifieraient les mots : *si quid posteà adquirant ?* — Cette observation faite, il nous reste à expliquer
l'opposition au moins apparente des deux textes. Des commentateurs en ont trouvé la conciliation suivante. L'action *ex ante-
gesto,* ont-ils dit, ne pourra sans doute pas être intentée contre
le débiteur qui s'est vu dépouillé par une *bonorum venditio ;*
mais l'exécution pourra se continuer sur les biens acquis depuis la vente. — A cela, il y a beaucoup à dire. A quel titre
la plupart des créanciers, car la plupart n'ont en leur faveur
ni *confessio in jure*, ni sentence, et n'ont fait que profiter de
l'envoi en possession demandé par d'autres ; à quel titre,
dis-je, viendront-ils provoquer une nouvelle vente de biens ?
Peut-on admettre qu'ils agiront en vertu du premier envoi en
possession ? Mais, de ce côté, leur droit semble bien épuisé :
je ne pense pas que l'envoi accordé une fois par le préteur
puisse ainsi se mettre en réserve pour être utilisé à nouveau
sans autorisation du magistrat. Dira-t-on qu'ils mettent en
mouvement les créanciers qui tiennent de la sentence ou de
l'aveu *in jure* un titre exécutoire pour venir une seconde fois
profiter de l'envoi en possession obtenu par ceux-ci ? Mais
alors ils seront donc à leur merci, et, par un concert frauduleux avec ces derniers, on pourra paralyser leur action. — Il y
a, je crois, dans ce système des difficultés d'application inextricables. — On dit alors que, pour ceux qui n'ont pas en leur
faveur de titre exécutoire, l'action n'est pas éteinte de plein
droit, qu'ils peuvent agir, sauf l'exception qui sera accordée
au débiteur, *s'il n'a pas acquis de nouveaux biens* (1). Il me
semble que c'est là supprimer le texte du Digeste ou peu s'en
faut. On s'étonne que la *venditio*, fait qui émane de l'autorité

---

(1) M. Tambour, t. 1, p. 223.

du préteur, puisse éteindre complétement et de plein droit des obligations reconnues par le droit civil. Mais je ne crois pas que l'on puisse dire que c'est ici l'autorité du préteur qui aurait cet effet. Le débiteur, par la vente de biens qui, il faut se le rappeler, est une application lointaine et modifiée, mais encore une sorte d'application de la loi des Douze Tables, le débiteur est réputé mort : « Pro mortuo habetur », nous dit Paul (L. 65, § 12, *pro socio*). Il est alors *capite minutus*, et ce changement de personne qui s'opère en lui doit, d'après les effets mêmes du droit civil, produire l'extinction de ses dettes. Il en est ainsi au cas d'adrogation, où le préteur, pour corriger les effets iniques du droit civil, est obligé, si l'adrogeant refuse de payer les dettes de l'adrogé, d'admettre la fiction que l'adrogation n'a pas eu lieu, afin de faire revivre les dettes éteintes et d'en poursuivre le paiement sur les biens de l'adrogé. — J'aimerais donc mieux admettre comme règle que le droit des créanciers s'éteint avec la *venditio*, sauf au préteur à corriger les effets de la *capitis deminutio* dans certains cas, auxquels font allusion ces mots de Gaïus : *sæpius eorum bona veniri soleant*. Je crois que ces cas assez fréquents sont ceux où l'on peut reprocher au débiteur de la mauvaise foi à l'égard de ses créanciers. J'invoquerais ici une loi de Paul, qui s'exprime ainsi : « *Si quis dolo fecerit ut bona ejus venirent, in solidum tenetur* » (L. 51, *De re jud.*). Dans ce cas, s'il survient des biens au débiteur après la *bonorum venditio,* il pourra être poursuivi, comme s'il n'était pas *capite minutus*.

Nous voici au bout des explications à donner sur le système de la *bonorum venditio*. Cette voie d'exécution devait tomber avec la procédure formulaire et être remplacée par la vente en détail des biens du débiteur (*bonorum distractio*). Mais avant de passer à ce nouveau changement, il convient de parler de la cession de biens, applicable aux deux régimes, mais qui prit naissance sous le premier, puisqu'elle apparut au commencement de l'empire et peut-être même sous la république.

SECTION IV.

De la cession de biens.

Le bénéfice de la cession de biens, qui exempte le débiteur de l'exécution sur la personne et de l'infamie résultant de l'exécution sur les biens, vient d'une certaine loi Julia dont la date laisse quelque incertitude. Certaines personnes l'attribuent à César, qui, oublieux des services que lui rendirent les nombreux créanciers qu'il avait su intéresser à sa fortune, montra toujours une grande sollicitude pour le sort des débiteurs. Ce qui les autorise à penser ainsi, c'est une loi Julia *de datione in solutum*, émanée de César, loi fort arbitraire, qui permet au débiteur de se libérer par une dation en paiement très-préjudiciable aux créanciers, en fournissant, au lieu d'argent, des immeubles estimés sur leur valeur avant la guerre civile (1). On croit que la loi qui autorisa cette banqueroute légale fut aussi celle qui introduisit le bénéfice de cession de biens. Cette opinion est très-conjecturale. La loi de César est une de ces lois de circonstances qui prétendent forcer la main au crédit et lui prêter une vie factice, au moins pour quelque temps. Le bénéfice de la cession de biens, admis encore par nos lois, n'a rien, au contraire, qui ne s'accorde avec un état de choses normal et légitime. Je crois donc qu'on peut le rapporter à une époque plus calme de l'histoire romaine, en l'attribuant à une des lois *Juliæ judiciariæ*, émanées d'Auguste et placées, par conjecture, en 708 et 709.

Un passage de Varron sur la loi Pétilia nous fait connaître l'apparition d'une idée à peu près semblable dans l'ancien droit. *Omnes, qui bonam copiam jurarunt, ne essent nexi, dissoluti.* —Il semble donc qu'on aurait mis une condition à la libération des *nexi :* cela ne paraît pas tout à fait d'accord avec ce que nous avons vu que Tite-Live disait de la loi Pétilia. Mais encore comment fait-il entendre ces mots : *Omnes qui bonam copiam jurarunt ?* La traduction de Varron par M. Nisard porte : « Et il

---

(1) Suétone : *César*, 42, *Tibère*, 48 ; César, *De bello Gallico*, III, 1 ; Tacite, *Annales*, VI, 11.

fut établi que ceux qui affirmeraient par serment qu'ils sont en état de parvenir à se libérer cesseraient d'être obligés (p. 539). » — C'est aussssi le sens adopté par Niebuhr (t. IV, p, 389, trad. de M. Golbéry). Mais alors, c'eût été rendre la libération des *nexi* impossible ; et entendu ainsi, le texte de Varron contredirait formellement les paroles de Tite-Live : *Eo anno velut aliud initium libertatis plebi romanæ factum est, quod necti desierunt.* J'aime donc mieux, avec d'autres auteurs recommandables, regarder le mot *jurare* comme synonyme d'*ejurare* et croire qu'on obligeait les *nexi,* pour sortir de leurs chaînes, à affirmer sous serment qu'ils étaient hors d'état de payer leurs dettes. — Le sens que donne M. Giraud au passage de Varron est encore différent. D'après lui les *nexi* devaient promettre d'abandonner leur fortune entière, quelle qu'elle fût, à leurs créanciers. C'eût été alors presque une véritable cession de biens.—Ceci me semble impossible, si l'on admet que le *nexum* engage le patrimoine avec la personne. —Pour moi, qui me sens porté à me ranger à cette opinion, j'aime mieux m'en tenir à la version qui oblige le *nexus* à juger qu'il est hors d'état de se libérer, croyant que ce serment a trait aux ressources cachées qu'il pourrait vouloir dérober à la connaissance de son créancier. —Après la loi Pétilia, le *juramentum bonæ copiæ* ne disparaît pas. Devint-il alors un moyen d'éviter la contrainte corporelle résultant des jugements en abandonnant ses biens avec serment qu'on s'était dépouillé de tout ce qu'on possédait ? Je le croirais. Toujours est-il que celui qui avait usé de cette affirmation solennelle, ce qui ne constituait sans doute pas un droit, mais une tolérance du créancier, était exclu des fonctions municipales : ce fait est mentionné dans la table d'Héraclée.

Si l'on admet tout ce que nous venons de dire, la loi Julia eût érigé en droit pour le débiteur ce qui n'était dû auparavant qu'à la bonne volonté du créancier. Encore n'en fut-il d'abord ainsi que pour l'Italie ; et ce ne fut que par des constitutions impériales que ce droit fut étendu aux provinces (l. 4 au Code, *Qui bonis cedere possunt*).

L'exécution sur la personne dont on évite par là les rigueurs, et l'exécution sur les biens à l'infamie de laquelle la cession de biens soustrait le débiteur, ne peuvent résulter que d'une condamnation ou d'une *confessio in jure.* C'est alors en pareil cas seulement que la cession de biens devait se produire dans le principe. Mais nous trouvons un texte au Digeste qui ne paraît pas restreindre à l'aveu *in jure* et à la condamnation les cas d'application de la cession de biens, et ce texte est d'Ulpien ou du moins il porte son nom : c'est la loi 8 *de cessionibus bonorum*, qui dit : « *Qui cedit bonis, antèquam debitum agnoscat, condemnetur, vel in jus confiteatur, audiri non debet.* » D'après cette loi, l'aveu extrajudiciaire suffirait à faire admettre la cession de biens. Mais on se demande alors quels sont les cas où la cession de biens reste impossible (*audiri non debet*), puisque le seul fait de vouloir faire cession de biens contient évidemment une reconnaissance de la dette. — Dira-t-on qu'il faut que la reconnaissance ne porte pas seulement sur l'existence, mais aussi sur l'étendue de la dette ? Mais on comprend difficilement cette condition. Ne sera-t-il pas toujours temps, après la vente des biens qui suivra la cession, de régler la liquidation ? Les glossateurs donnent de ces mots « *antèquàm debitum agnoscat* » une explication qui ne satisfait encore pas. Le créancier, disent-ils, peut avoir intérêt à faire constater le montant de sa créance au moyen de preuves qu'il a actuellement en mains. — Sans doute, il peut y avoir intérêt, mais qui l'empêchera de le faire ? La cession y est-elle un obstacle pour qu'on doive la retarder ici ? — Il semble donc plus naturel de croire qu'il y a là une correction malheureuse du texte d'Ulpien, opérée par les rédacteurs du Digeste. Probablement ils voulurent supprimer la condition d'une sentence ou d'un aveu *in jure* imposée à celui qui veut faire cession de biens ; mais, au lieu de garder le silence sur ce point et de mettre de côté le texte d'Ulpien, ils y ajoutèrent le membre de phrase qui nous embarrasse et qui ne sert qu'à présenter l'innovation avec le plus d'obscurité possible.

La constitution 6, *Qui bonorum ced. possunt*, nous fait voir que la cession de biens était dans le principe accompagnée de certaines formalités. Nous ignorons quelles elles étaient. Elles devaient consister sans doute dans une certaine publicité. Théodose, supprimant toute autre formalité, assujettit encore la cession de biens à une *professio voluntatis*, qui est sans doute une déclaration devant le magistrat. Mais Justinien supprima même cette dernière condition; car la loi 9, *De cessionibus bonorum*, qu'il présente sous le nom de Marcien, est ainsi conçue : « *Bonis cedi non tantum in jure, sed etiam extra jus potest. Et sufficit per nuntium et per epistolam id declarari.* Il est peu vraisemblable que ce texte soit tiré des Instituts de Marcien; car alors, on ne comprendrait pas comment Théodose aurait pu dire qu'il voulait supprimer les formalités admises par les lois antérieures.

Malgré tous ces textes législatifs, je suis porté à croire que la cession de biens resta dans l'usage, entourée de certaines formes humiliantes et d'une certaine publicité. En effet, je ne pourrais autrement comprendre la novelle 135 de Justinien, dans laquelle cet empereur réprime l'abus de pouvoir de quelques magistrats qui contraignaient des débiteurs malheureux à faire cession de biens; il déclare alors que les débiteurs ruinés sans leur faute et par des malheurs imprévus pourront écarter toutes poursuites en laissant leurs créanciers exercer leurs droits et jurant sur l'Evangile qu'il sont au bout de leurs ressources. Il semblerait que Justinien ne fait ici que substituer la cession de biens à la cession de biens. Aussi pensé-je que c'est à quelques exécutions restées en usage qu'il arrache les débiteurs malheureux sans imprévoyance. Ce qui m'autorise à le croire, c'est que l'empereur dit qu'il les veut soustraire à l'opprobre et aux affronts (*contumeliæ opprobrio*).

Je ne pense pas que la demande d'envoi en possession fût nécessaire pour la cession de biens. Gaïus, il est vrai, après avoir énuméré les cas où il y a lieu à la vente des biens tant des morts que des vivants et y avoir compris la cession de biens (*Comm.* III, 77) dit d'une manière générale : « *Si vivi bona veneant, jubet ea prætor per dies continuos triginta possideri* (78). Mais comme il ne procède que par généralité, je ne crois pas qu'on puisse tirer de là la preuve que le préteur doive autoriser la possession des biens que le débiteur abandonne à ses créanciers.

La cession de biens, nous l'avons déjà vu, a pour effet de soustraire le débiteur aux voies d'exécution corporelles (C. 1, *Qui bonis ced.*). De plus, la vente qui la suit n'entraîne pas pour lui la note d'infamie (C. 1, *Ex quibus causis infamia*; C. 8, *Qui bonis ced.*).

Il faut maintenant nous occuper de ses effets en ce qui touche les droits du créancier sur les biens et leurs poursuites postérieurement à la vente, qui ne libère pas le débiteur au delà de ce que les créanciers ont reçu.

Pour le droit des créanciers sur les biens abandonnés, c'est celui qui résulte d'un envoi en possession, droit qui se résume en une détention protégée par un *pignus prætorium* et un interdit dont nous avons déjà parlé. Les empereurs Dioclétien et Maximien disent en effet : « *Non creditoribus suâ auctroitate dividere hæc bona, et jure domini detinere permissum est* (C. 4, *Qui bonis*). Ils ajoutent même qu'aucune prescription n'est possible. — Il en serait autrement, disent-ils, s'il est démontré que l'intention des parties a été de faire une dation en paiement.

Le droit conféré aux créanciers est même si loin d'être irrévocable, que le débiteur peut reprendre ses biens en leur payant ce qu'il leur doit (C.1, *Qui bonis*). —Ne le peut-il même pas à des conditions plus faciles ? On pourrait le croire d'après les lois 3 et 5 *De cessione bonorum*, où Paul et Ulpien disent que celui qui a fait cession de biens peut revenir sur cet acte avant la vente, en déclarant qu'il est prêt à se défendre. Que faut-il entendre par ces mots? Est-ce à dire que celui qui a fait cession de biens pourra se rétracter si facilement que la seule déclaration qu'il offre de se défendre en justice l'autorisera à reprendre ses biens. Je crois que les mots *se defendere* doivent être fort resteints. Ils comprennent d'abord sans doute le cas où le débiteur offre de payer ; puis celui où il opposerait une compensation, ce qui se confond presque avec le cas précédent; enfin celui où il aurait fait par erreur une cession de biens en raison d'une créance à laquelle il eût pu opposer une exception perpétuelle. — Hors de ces cas en effet, on ne comprend pas comment le débiteur pourrait se défendre, c'est-à-dire contester l'existence d'une dette dont la cession de biens elle-même constitue une véritable reconnaissance.

Quel est le droit acquis à l'acheteur dans la vente des biens qui suit la cession? Je pense qu'il en est de même que dans toute autre vente des biens, et qu'il a seulement *in bonis* les choses qui en font l'objet. — Mais M. Blondeau se croit, sur un bien faible indice, autorisé à lui supposer le *jus dominii ex jure quiritum.* Gaïus, après nous avoir dit quel était le droit de l'*emptor bonorum* sur les biens qu'il a acquis, indique exceptionnellement un cas où le *dominium* lui est attribué ; mais ici le manuscrit est altéré, et ce cas est resté inconnu. — M. Blondeau se fonde sur ce que la cession de biens est consacrée par un texte législatif pour prétendre que c'est là l'exception à laquelle Gaïus devait se référer. — Il y a là une simple conjecture. — Pour les formes de la vente de biens, elles sont les mêmes que ci-dessus.

La cession de biens doit être un abandon complet du patrimoine, exception faite seulement pour les quelques biens que nous avons vus être soustraits même à la *bonorum venditio.* —Elle exige des biens actuels, et celui qui n'a pas de biens présentement ne pourrait faire cession de ses biens à venir. Toutefois les fils de famille, à qui Justinien permet la cession de biens, même sur leur pécule profectice, pourront, dit-il, user de ce droit quand même ils n'auraient actuellement aucun bien, *etsi nihil in proprium habeant* (C. 7, *Qui bonis cedere possunt*).

Il faut remarquer du reste que la cession de biens ne libère le débiteur que jusqu'à concurrence des sommes que les créanciers en retirent, *Qui bonis cesserint, nisi solidum creditor receperit, non sunt liberati.* On a donc action contre lui ; cela ne peut faire de doute, et le § 40, *De actionibus* aux Instituts en porte la preuve formelle. Mais encore celui qui a fait cession de biens ne peut-il être de nouveau poursuivi qu'autant qu'il a acquis des biens d'une certaine importance, non pas *modicum aliquid,* dit Ulpien (l. 6, *De cess. bon.*), mais bien *facultates quibus prœtor moveri possit* (Modestin, l. 7). Ces derniers mots nous montrent que le magistrat ou le juge est appelé à juger quand l'action intentée le sera justement. Si donc le débiteur qui a fait cession n'a rien acquis *quo moveri possit,* la demande sera repoussée par l'exception *nisi bonis cesserit.* Le jurisconsulte Ulpien, dans la loi 6, donne des conseils au juge appelé à décider cette question.

Au cas mêmeoù il a acquis des biens assez considérables pour permettre de nouvelles poursuites, le débiteur qui a fait cession de biens jouit du moins du bénéfice de compétence et ne peut être condamné que *in id quod faccre potest* (Instituts, § 40, l. 4, *De cessione bonorum*, pr.). Et à qui peut-il opposer ce bénéfice ? A tous les créanciers antérieurs à la cession de biens, soit à ceux à qui il a cédé ses biens, soit à ceux qui, primés par des priviléges ou s'étant endormis dans une fatale négligence, n'en auraient rien reçu. Je ne pense pas qu'on puisse dire qu'il serait en droit de l'opposer même aux créanciers postérieurs à la cession, bien que cela ait été soutenu par un auteur allemand (1). Les termes de la constitution 4, *De bon. auct.*, me semblent se refuser à ce que ce bénéfice, pas plus que l'exception : *nisi bonis cesserit*, puisse être opposé aux créanciers postérieurs. — La loi 4, § 1er, *De cessione bonorum*, dit, à la vérité : « *Sabinius et Cassius putabant eum, qui bonis cessit, ne quidem ab aliis quibus debet, posse inquietari* » ; mais cette loi qui me semble assez conforme au sens que lui donne M. Thibaut, se retourne contre son système en ce que les expressions qui y sont employées indiquent bien que l'opinion de Sabinus et de Cassius n'avait pas prévalu.

Les commentateurs se sont demandé si la cession de biens n'était accordée qu'au débiteur malheureux et de bonne foi. L'opinion commune, qui admet l'affirmative, est celle qui me semble devoir être adoptée. — On commence par déclarer dans ce système qu'on ne comprendrait pas la persistance de l'emprisonnement pour dettes en face de l'admission de la cession de biens, persistance qui est attestée par Aulu-Gelle *addici nunc et vinciri multos videmus.* — A cela il est répondu assez justement, je crois, que la cession de biens avait des limites nécessaires, qu'ainsi elle n'était pas permise à ceux qui n'avaient pas de biens ou qui en avaient si peu que cet abandon eût été dérisoire. — Mais on cite alors la l. 25, § 7, *Quæ in fraud. cred.*, de Vénulius, où l'on suppose la mauvaise foi du débiteur et où on lui refuse évidemment le droit à la

---

(1) M Thibaut, que réfute M. de Vangerow § 174, rem. 2, 8°).

cession de biens ; — l'on répond que la l. 25, § 7 suppose
que le débiteur n'a pas de biens, qu'il est donc de toute évidence que la cession n'est pas possible. — Ceci me semble
encore vrai. — Enfin, l'affirmative invoque la constitution 1,
Qui ex lege Juliâ, au Code Théodosien, dans laquelle les empereurs Gratien, Valentinien et Théodose distinguent nettement des autres débiteurs ceux qui sont ruinés sans leur
faute, accordant le droit à la cession à ceux-ci seulement, et
voulant forcer les autres au paiement ou du moins les punir
congruâ atque dignissimâ suppliciorum acerbitate. — Il est
vrai que la rédaction semble indiquer que cette loi s'applique surtout aux débiteurs du fisc, aux contribuables.—Elle
s'exprime ainsi : « *Ne quis omninò fisci debitor, vel alienæ
rei in auro atque in argento diversisque mobilibus reten-
tator ac debitor*, etc.— Si ces mots « *alienæ rei* » s'appliquent
à toute espèce de débiteurs. on ne s'explique pas, dit-on,
que la loi commence par ces mots : *Ne quis omnino fisci debitor*.
Pourquoi énoncer une espèce à côté du genre entier ? Alors
on applique le mot d'*alienæ rei detentor ac debitor*, aux
officiers comptables chargés de la perception des droits du
fisc. Godefroy lit même, au lieu d'*alienæ rei, æternæ rei*, mot
qui sert souvent à désigner le Trésor impérial. — Tout cela
est fort conjectural et il vaut peut-être mieux dire que les
empereurs Gratien, Valentinien et Théodose ont étendu à tous
une loi faite pour les débiteurs du fisc, ce qui expliquerait
l'étrange rédaction de leur constitution. — Du reste cette loi
me semble plutôt restrictive de droit qu'extensive ; car je crois,
ainsi que je le dirai plus bas, que la cession de biens entre
particuliers n'était défendue qu'aux débiteurs de mauvaise foi,
tandis que cette constitution paraît la défendre même aux débiteurs simplement imprévoyants. — Mais cette constitution
ne fut pas insérée dans le Code de Justinien, d'où l'on peut
conclure qu'elle doit être regardée comme abrogée. — Sous
Justinien, ce qui me détermine à croire que la cession de
biens était refusée au débiteur de mauvaise foi, c'est le texte
de Paul qui forme la loi 51, *Principium* au titre : *De re judicatâ*,
qu'il me semble impossible d'expliquer dans l'autre système ;
Si quis dolo fecerit ut bona ejus venirent, in solidum tene-

tur. — Celui dont les biens ont été vendus par suite de sa mauvaise foi sera poursuivi pour le tout, c'est-à-dire, ne pourra opposer le bénéfice de compétence. N'est-ce pas dire qu'il ne jouit pas du bénéfice de cession de biens ? J'ai déjà invoqué ce texte pour prouver que l'action des créanciers n'était pas toujours éteinte par la *capitis deminutio* qui suit la vente de biens forcée. En effet il indique une action contre celui qui a été atteint par cette voie d'exécution : il me semble qu'il indique aussi qu'il n'aurait pu faire cession de biens, puisque sa mauvaise foi l'aurait fait poursuivre *in solidum.*

Enfin, Justinien me paraît aller plus loin dans la Novelle 135, accordant au débiteur, ruiné par des malheurs qu'il n'a pu prévoir, une sorte de cession de biens plus douce que celle du droit commun qu'il nomme *miserabile cessionis bonorum auxilium.* Celle-ci restera encore pour les débiteurs qui ne se trouvent coupables que d'un peu d'imprévoyance.

Il faut noter, au Code, une constitution de Justinien (L. 8 , *Qui bonis*), qui consacre un droit d'option donné aux créanciers entre une cession de biens et un délai de cinq ans. Cette option est offerte aux créanciers par l'empereur, lorsque le débiteur lui en adresse la demande. Si les créanciers ne s'accordent pas sur le choix, ce n'est pas la majorité en nombre qui l'emporte, ce sont les plus grosses sommes. La majorité ne l'emportera que lorsque les sommes seront égales de part et d'autre. Que si l'égalité du partage est parfaite entre les sommes et le nombre, c'est le délai qui sera accordé, comme la moins dure extrémité. Les créanciers hypothécaires concourent à la délibération comme les autres et sans différence. Justinien indique, du reste, que, dans l'attribution des parts, le juge devra observer les droits de préférence des créanciers entre eux (*suam vim singulis creditoribus habentibus, quam legum præstabit regula*). Enfin, il nous fait observer que le délai de cinq ans ne pourra fonder aucune prescription au préjudice des créanciers.

SECTION V.

De la bonorum distractio.

Cùm extraordinariis judiciis posteritas usa est, ideò cum ipsis ordinariis judiciis etiam bonorum venditiones expiraverunt. C'est ainsi que les Instituts nous apprennent que la vente en masse des biens du débiteur disparut avec le système formulaire. N'y a-t-il là qu'une coïncidence chronologique ? ou ces deux faits ont-ils entre eux un rapport rationnel ? — Théophile rattache le changement opéré dans les voies d'exécution à la disparition des *conventus*, ces tournées que faisait le préteur dans les diverses parties d'une province. On peut dire, en effet, que du moment que le magistrat, astreint à la résidence par le rôle plus complet qui lui était assigné, ne fut plus en rapport si direct et si fréquent avec beaucoup de ses administrés, il devint nécessaire de renoncer à un mode de procédure qui exigeait qu'on recourût fréquemment à son autorisation.

La vente des biens en détail se substitue donc au système que nous venons d'examiner ci-dessus. Le mot *distractio bonorum* indique, en effet, cette division du patrimoine, qui n'est plus considérée comme un ensemble de droits et d'obligations ainsi que dans la *bonorum venditio.* — Cette révolution juridique ne fut, comme la première, que l'extension d'un mode de procéder exceptionnel à tous les cas où il y avait lieu de faire vendre les biens d'une personne. Ainsi la *distractio bonorum* n'était pas inconnue aux jurisconsultes de l'époque formulaire. Dans les nombreux textes du Digeste qui nous en parlent, nous en trouvons de Nératius et de Gaïus. — Celui de Gaïus nous apprend dans quels cas, de son temps, la vente prenait ce caractère d'une vente en détail. C'était une faveur accordée à la qualité des personnes ; car la *bonorum distractio* n'entraînait pas l'infamie. On procédait donc ainsi à la vente des biens d'une *clara persona,* comme le sont, dit Gaïus, un sénateur ou sa femme (L. 5 , *De curatoribus fur.*). C'est un sénatus-consulte qui l'avait ainsi réglé : il déclarait qu'alors un curateur à la vente des biens serait nommé par le préteur à Rome ou le président dans les provinces. De qui émane ce sénatus-consulte? Quelle est sa date? On ne peut le dire exactement. — Le jurisconsulte Nératius en parle dans une loi, où il suppose que cette vente en détail n'est qu'une faculté laissée aux créanciers (l. 9, *eodem*). Cela semblerait assez naturel si, dès l'abord, cet usage s'était introduit pour la vente des biens de tous les débiteurs. Mais comment expliquer cela en partant de ce principe, que la vente en détail s'accorda en considération de la personne du débiteur : « *ut honestiùs ex bonis ejus, quantùm potest, creditoribus solveretur.* » Devait-il alors dépendre de la volonté des créanciers que la vente fût ou non infamante pour le débiteur? D'ailleurs, Gaïus ne parle pas de cette option. Pour s'expliquer le choix offert aux créanciers dont nous parle Nératius, on a besoin de supposer que le sénatus-consulte, en dehors du cas où il s'agissait d'une *clara persona*, avait non plus prescrit, mais permis aux créanciers de certaines personnes de poursuivre la vente *per distractionem*. Resterait à savoir quelles étaient ces personnes ; mais les données nous font complétement défaut sur ce point. — Nératius remarque que, lorsque les créanciers auront fait option, ils ne pourront plus revenir sur leur choix et abandonner le mode choisi pour procéder par l'autre, quand même le curateur pour la *distractio bonorum* viendrait à mourir. Alors il en faudra nommer un autre. Cette fonction de confiance est personnelle et ne passe pas aux héritiers.

Nous aurons peu de chose à dire du *curator* préposé à la *bonorum distractio;* car, comme sous Justinien, il se confond le plus souvent avec le *curator* chargé de l'administration des biens pendant la *bonorum possessio*, ce que les textes du Digeste nous ont dit de celui-ci s'appliquera à celui-là. Ce n'est peut-être pas à dire que ce soit le même personnage qui remplisse les fonctions de curateur à l'administration des biens et à la vente, bien que cela dût arriver souvent ; mais du moins les textes législatifs sont presque les mêmes pour l'un et pour l'autre.

On peut nommer plusieurs curateurs. Qui les nommera? Gaïus (l. 5, *De curat. furioso*) paraît dire que ce seront les préteurs et présidents. Il me semble qu'il y a là une lacune à combler par ce qu'Ulpien nous a dit du curateur à l'administration (l. 2, *De cur. bon. dando*). Le magistrat ne fait que confirmer la nomination qui émane d'une délibération des créanciers. — Sous Justinien, au moins, je ne crois pas qu'on puisse distinguer entre un curateur et l'autre. — La loi 5, *de cur. bonis dando,* nous a même fait croire que les créanciers pourraient nommer les curateurs en s'entendant entre eux, sans l'intervention des préteurs, *privato consilio*, ce qui n'avait d'influence que sur les rapports des uns avec les autres. Peut-être même faut-il dire que les créanciers pouvaient vendre par eux-mêmes et sans nommer de curateurs, comme nous avons vu qu'il en était de l'administration.

Le délai concédé entre l'envoi en possession et la vente s'est bien augmenté depuis Gaïus. Justinien, dans la constitution où il permet aux créanciers qui n'ont pas demandé l'envoi en possession d'en profiter en réclamant dans deux ou quatre ans (C. 10, *De bonis auct.*, § 1), paraît supposer que la période de possession se prolongera jusque-là. Il faut croire cependant que les créanciers pourraient obtenir du magistrat de vendre avant un temps aussi long. D'ailleurs, dans ce texte, Justinien suppose un envoi en possession contre un défendeur *qui latitat*. Au cas d'exécution d'un jugement, on peut croire que la vente ne sera pas retardée à ce point.

Nous avons dit que dans cette voie d'exécution l'intervention du préteur n'était plus aussi fréquente que dans l'autre. Doit-il pourtant autoriser à procéder à la vente ? Cela paraît être, d'après les mots : *Qui ex sententiâ judicis res vendiderunt* (L. 10, § 1, *De bonis auct.*). Quant au mode de vente, il est difficile de dire quel il pouvait être en face du silence des textes. Les enchères étaient sans doute mises en usage, comme moyen productif de vente. Rien, du reste, n'indique que la vente à l'amiable soit proscrite. Justinien semble même autoriser le partage des biens entre les créanciers quand il dit aux Instituts : *Bona à creditoribus possideantur, vel distrahantur, vel inter eos dividantur (De hæredum qualitate et differentiâ, § 1).* Mais ceci ne peut sans doute avoir lieu que si l'on ne trouve pas d'acheteurs.

Lorsque les curateurs avaient à rendre compte de la vente

aux créanciers, ils pouvaient être poursuivis par les actions que nous avons vu exister contre eux en ce qui touche l'administration des biens. Ils avaient à payer d'abord les créanciers privilégiés, puis, sur ce qui restait, les créanciers chirographaires à contribution. L'ordre des priviléges est expliqué dans le titre du Digeste : *De rebus auct. jud.* — Si nous supposons, ce qui est rare, qu'après le paiement des créanciers, il reste encore de l'argent, cet excédant sera déposé dans le trésor de l'église du lieu. L'acte de dépôt, sur l'attestation de celui qui a fait la vente, est dressé par des notaires (*tabularii*). Ce reste est destiné aux créanciers qui viendraient à se présenter plus tard. Ils auront alors à justifier de leurs droits devant le magistrat. Puis ils se feront délivrer ce qui leur est dû par les trésoriers de l'église. Tout cela nous est révélé par la Constitution 10, *De bonis auct. jud.* — Il ne peut pas être douteux que, si aucun nouveau créancier ne se présente, le débiteur ne puisse reprendre l'excédant du prix provenant de la vente de ses biens.

Le produit de la vente doit toujours d'ailleurs être déclaré au *defensor civitatis*. La déclaration sera enregistrée (*gestis intervenientibus insinuari*) en présence des notaires et du trésorier de l'église, celui qui a fait la vente ayant préalablement déclaré l'avoir faite le plus avantageusement possible (même Constitution).

Enfin, une Constitution de Léon n'autorise la vente des biens que jusqu'à due concurrence, lorsqu'il apparaît que l'aliénation de tout le patrimoine n'est pas nécessaire (C. 6, § 4, *De his qui ad eccl.*).

Voilà ce qui sera fait pour les biens qu'on doit vendre. Quant aux actions qui entrent dans le patrimoine du débiteur, elles seront exercées par les curateurs, à qui le préteur donnera des actions utiles, et les sommes ou valeurs touchées viendront se joindre au prix ou à la masse des biens (l. 2, § 1, *De cur. bon. dando*).

De ce que la vente a lieu en détail, il résulte nécessairement qu'il ne peut plus être question pour l'acheteur d'une possession de biens *loco hæredis;* il devient propriétaire *ex jure Quiritium;* il a droit à une garantie qu'il est inutile d'examiner ici :

car elle suit vraisemblablement les mêmes règles que celle dont nous verrons l'explication dans la section suivante.

L'introduction de la *bonorum distractio* eut encore d'autres effets. — La vente, cessant d'affecter les caractères d'une succession, le débiteur ne dut plus être regardé comme mort et comme *capite minutus :* toutefois, le Digeste conserve le texte de Paul relatif à la dissolution de la société dont fait partie celui dont les biens sont vendus et que nous avons vu plus haut. On le conçoit, puisque le débiteur est en fait dépouillé de tous ses biens, ce qui produit pour ses associés d'aussi désastreux effets que la *bonorum proscriptio*.

La *bonorum distractio* n'entraîne pas l'infamie du débiteur : nous avons vu qu'elle avait été introduite dans ce but. Du moins elle devait porter quelque atteinte à la considération du débiteur ; car Justinien dit, en traitant de la cession de biens, qu'elle aura lieu, « *salvâ existimatione.* »

Il faut dire, en sens inverse, que le débiteur à qui l'on ne donne plus de successeur et qui n'est plus *capite minutus* reste tenu de ce qui est encore à payer aux créanciers pour parfaire leurs droits et n'est libéré par la vente de ses biens que jusqu'à concurrence de ce qui est attribué à ceux-ci. — Cependant il est dépouillé de tous les droits qui, pour lui ont pris naissance avant la vente, et cela a été décidé alors même que la *bonorum distractio* était un droit exceptionnel et tout de faveur ; car nous le voyons écrit dans une disposition de Marc-Aurèle (l. 4, *De curat. bon. dando*). Pourquoi en est-il ainsi dans ce système ? C'est que tous les droits qui compètent au débiteur jusqu'au jour de la vente doivent être compris dans l'envoi en possession accordé aux créanciers. Dès lors le débiteur ne peut plus exercer lui-même ses actions. Ce droit revient aux curateurs chargés d'administrer pour la masse des créanciers.

Les textes ne nous parlent pas des créanciers hypothécaires. Il est probable que la vente était sans influence à leur égard.

SECTION VI.

Du pignus prætorium in causâ judicati.

Les deux modes d'exécution que nous venons de voir se succéder l'un à l'autre, la *bonorum proscriptio* et la *distractio bonorum* sont de véritables procédures de faillite ou de déconfiture. Leur utilité apparaît évidemment lorsque des poursuites sont exercées contre un insolvable. Il ne faut pas alors qu'un créancier obtienne, au détriment des autres, plus que ce qui lui serait attribué par une juste contribution. Aussi, avons-nous vu, en pareil cas, toute la masse des créanciers venir exercer ses droits et un partage se faire. Mais si nous supposons qu'un créancier ne puisse obtenir paiement volontaire d'un débiteur parfaitement solvable, faudra-t-il donc qu'il aille convoquer tous les autres créanciers, qu'un envoi en possession général soit obtenu, et que, pour une somme très-modique peut-être, tout le patrimoine du débiteur soit mis en vente? S'il en eût été ainsi, il faudrait avouer que jamais procédure d'exécution n'eût été plus défectueuse que celle des Romains. — C'est cependant ainsi que les choses eussent dû se passer pendant plusieurs siècles, s'il fallait admettre, avec certaines personnes, que l'exécution sur des objets particuliers du patrimoine du débiteur ne date que d'un rescrit d'Antonin le Pieux. C'est en effet le premier monument juridique que nous connaissions qui parle du *pignus in causâ judicati captum* (1), Mais dans sa disposition l'empereur ne paraît pas innover ; il semble au contraire se référer à un usage reçu pour le consacrer et le réglementer. Et d'abord cette disposition est un rescrit, et l'on sait que cette forme est celle sous laquelle se présente la volonté impériale pour commenter, expliquer, appliquer des droits existants, et non pour en créer. De plus, le rescrit dont il s'agit est adressé à un proconsul : serait-il donc admissible que cette mesure d'un caractère général résultât d'un acte fait pour une seule province? Avant donc la volonté impériale, plaçons l'autorité du préteur qui dut combler cette lacune dès les premiers temps de

---

(1) Ce rescrit est relaté par Callistrate, 1. 31, *De re judicatâ.*

la procédure formulaire. — Nous avons vu, dans notre premier chapitre, que les magistrats romains avaient le droit de saisir des gages pour assurer l'exécution de leurs ordres. Comment pourrait-on douter qu'ils en aient usé lorsque l'exécution sur la personne eut disparu et qu'il n'exista plus qu'une exécution sur la masse des biens, d'une heureuse organisation sans doute au cas de déconfiture du débiteur, mais dont l'application eût été absurde, lorsqu'il fallait agir contre des débiteurs, qui, suivant les expressions de Callistrate *per contumaciam magis quam quia non possint explicare pecuniam, differant solutionem*. — Je crois donc que les préteurs inventèrent ce mode de procéder parce qu'ils ne pouvaient pas ne pas l'inventer. — D'ailleurs, quoi qu'on puisse dire, les textes sont loin d'y être contraires. Une Constitution s'exprime ainsi : « *Pignora ex auctoritate præsidis capta* » (C. 3, *Si in causâ jud.*). Enfin, la l. 1, § 3, *De insp. ventre* appelle ces sortes de gages des *prætoria remedia*.

Le préteur dut arriver à créer cette voie d'exécution en combinant les principes du gage conventionnel avec ceux de la *pignoris capio :* il est évident du reste que le créancier ne se fera pas justice à lui-même comme dans l'ancienne action de la loi.

Voici comment ici l'on procédera. Le créancier s'adresse au magistrat compétent. Celui-ci, sur cette demande, donne l'ordre à un de ses agents (*apparitores, officiales, viatores, exsecutores*) de saisir quelque objet d'entre les biens du débiteur en valeur suffisante pour remplir les droits du créancier (l. 31, *De re jud.;* C. 1, *Si in causâ jud.*).— Cette saisie se fera dans un ordre réglé qu'Ulpien nous fait connaître. On commence par saisir les meubles ; en cas d'insuffisance des meubles, les immeubles ; puis les créances (l. 15, § 2, *De re jud.*). Le texte d'Ulpien donne lieu à quelques difficultés. Certaines éditions, en conformité avec les Basiliques, portent : *Primò quidem res mobiles et animales;* mais, d'après une autre version, on lit : *res mobiles animales,* ce qui supposerait qu'on dût commencer par les esclaves et les animaux. Doneau donne une raison de cet ordre. A cause de la nourriture, dit-il, les animaux sont plus dispendieux à conserver. Cependant, l'autre texte semble préférable ; car on passe ensuite aux immeubles ; et alors les meubles corporels inanimés se trouveraient omis. Malgré la raison de Doneau, on ne verrait même pas bien la raison d'établir des catégories de meubles.

On peut saisir l'argent du débiteur, même quand il est déposé chez d'autres personnes, comme chez un *argentarius*, même l'argent renfermé dans un coffre. Ulpien dit aussi qu'on peut prendre jusqu'à l'argent du pupille qui a été placé dans une cassette pour servir à l'acquisition d'un immeuble, sans qu'il soit besoin de permission du préteur, *citrà permissum prætoris*. Les immeubles d'un pupille, au moins les immeubles ruraux et suburbains, ne peuvent être vendus *sine decreto prætoris :* on aurait pu croire qu'ici il y avait comme une vente d'immeubles. — Comme pour saisir il a toujours fallu une permission du magistrat, l'objection soulevée ici nous fait voir que cette permission permettait la saisie sans préciser les biens sur lesquels elle devait s'exercer.

Pour le droit de saisir les créances du débiteur, il paraît avoir fait quelque difficulté ; mais il est consacré par plusieurs textes législatifs : c'est d'abord la loi 4, au Code, *Quando fiscus vel privatus ;* puis la loi 2, *Eodem*, qui consacre le même droit en constatant même qu'il pourra être exercé, pourvu seulement qu'il y ait des contestations élevées à propos des autres biens.

L'intérêt de la culture, combiné avec celui du recouvrement des impôts, a fait admettre des restrictions au droit de saisie. Ainsi Constantin prohibe la saisie des esclaves, animaux et instruments attachés à la culture d'un fonds faite sans celle du fonds lui-même, sous des peines que le juge arbitrera (C. 7, au Code, *Quæ res pignori*). Honorius et Théodose vont encore plus loin : *Pignorum gratiâ aliquid, quod ad culturam agri pertinet, auferri non convenit.*

Caracalla avait auparavant décrété que la solde des militaires ne pourrait être saisie qu'à défaut de tous autres biens (l. 4, *De exsecutione rei judicatæ*).

Disons enfin, en ce qui touche les créances, que la saisie n'était sans doute valable qu'après une notification au débiteur. Les textes ne le disent pas ; mais il n'est guère douteux qu'on puisse l'induire de ce qui est dit du gage conventionnel sur une créance (C, 4, au Code, *Quæ res pignori*).

Nous avons vu, en passant, comment, lorsque des contestations s'élèveront sur le droit de saisir tels objets déterminés, on devra porter la saisie sur les autres objets qu'on trouve dans les biens du débiteur (C. 2, au texte, *Quando fiscus vel privatus;* l. 15, § 4, au Dig., *De re jud.*). Mais si cette ressource manque, comment régler le débat? Ulpien (l. 15, § 4, *De re jud.*) nous indique un rescrit impérial qui désigne celui qui procède à l'exécution pour prononcer sommairement sur la revendication de propriété faite par un tiers ; non que sur le droit réclamé la question doive être jugée au fond, mais seulement en ce qui touche l'incident de la saisie : on ne portera donc pas atteinte au droit qu'a ce tiers de faire valoir ses prétentions *jure ordinario;* mais on ne lui accordera pas non plus un droit définitif. Seulement, si son droit paraît sérieux, on suspendra la poursuite. Je crois que l'examen de ses prétentions devra être d'autant moins approfondi qu'il lui sera plus favorable. — Si cet examen tourne contre lui, qu'en adviendra-t-il ? Il me semble qu'on devra procéder à la vente de l'objet, sauf son droit contre le débiteur pour faire reconnaître sa propriété et en obtenir la valeur.

Relativement au saisissant, il faut que la question soit définitivement jugée. — Doneau, cependant, n'admet pas cette décision. Il croit que les mots : *ut tantum capioni res judicata proficiat* ne s'appliquent pas à la saisie, mais au droit que la sentence accorderait ici au saisissant, de procéder à fin d'usucaper, le mot *capio* ne signifiant pas, comme nous le croyons, *pignoris capio*, mais *usucapio*. — Alors, tant qu'il n'y aurait pas eu usucapion, le revendiquant pourrait s'opposer à la vente par une réclamation opérée *jure ordinario.* Outre que ce résultat est étrange, il découle d'une interprétation arbitraire, le mot *usucapion* étant substitué à l'expression *capioni*. De plus, il y a là ceci d'anormal que le jugement, qui ne fait que constater un droit et qui ne l'attribue pas, servirait de juste titre pour arriver à l'usucapion. — Il vaut mieux, je crois, s'en tenir à la version commune, celle de Cujas. — Le principe est que la sentence dont nous nous occupons ne doit en rien atteindre le fond du droit : *omnibus integris.* Toutes choses doivent rester entières à cet égard. Il faut donc admettre, je crois, que la possession même ne doit pas être par là attribuée au tiers qui l'emporterait sur le saisissant. Autrement, le débiteur en souffrirait, devenant demandeur et ayant à supporter le fardeau de la preuve. Je ne crois pas que les mots : « *eum cui res restituta est* », appliqués au tiers doivent influer pour nous faire admettre un si grand démenti à la règle que les choses doivent rester entières et que la sentence n'intervient que relativement à l'incident soulevé dans la saisie. Ce qui peut nous confirmer dans cette croyance, c'est le texte des Basiliques qui traduit ces mots simplement par ceux-ci : « Ὁ δοκή-ϛης νικαν. »

Nous avons dit que la décision impériale dont parle Ulpien donne le droit de juger cette affaire sommaire à ceux qui sont chargés de procéder à l'exécution (*Qui rem judicatam exsequuntur*). Que faut-il entendre par là ? Je crois qu'il s'agit des *exsecutores*. En effet, une autre loi d'Ulpien (l. 82, *De judiciis et ubique*) nous fait voir que parfois les magistrats déléguaient leurs pouvoirs à ces agents, et je crois que s'ils ont dû le faire, ç'a été dans des cas urgents comme le nôtre, ainsi que le dit Ulpien à cette loi : *Non nisi re urgente.* — Le texte de la loi 15, *De re judicatâ*, s'y conforme. Car, disant : « *Et, si cognoverint ejus fuisse qui condemnatus est, rem judicatam exsequentur* », il paraît bien supposer que les juges de cette affaire sont les *exsecutores* qui en prescrivent l'exécution.

Au lieu d'un droit de propriété, le tiers peut réclamer un droit d'hypothèque. Le paragraphe suivant de la loi 15 (§ 5) suppose ce cas. Alors la saisie ne se trouve pas arrêtée par cette contestation ou plutôt cette réclamation. — On devra seulement trouver un acheteur qui désintéresse d'abord le créancier hypothécaire et paie le reste de son prix au saisissant. Le créancier hypothécaire, fait remarquer Ulpien, ne pourra se plaindre, puisque la vente ne peut être faite qu'à la condition de le désintéresser complétement.

Que si la contestation s'élève sur une créance, le § 9 de la même loi nous dit qu'il en sera autrement que pour la revendication d'un meuble corporel — Devant la déclaration du débiteur prétendu qu'il ne doit rien à celui contre qui s'exerce la saisie, on devra s'arrêter. Ulpien trouve cette décision du rescrit fort équitable et ne cherche même pas à la justifier. On en a donné ce motif qu'ici le débiteur prétendu, qui se montre aussi récalcitrant, ne s'exécutera pas de bonne grâce : il faudra donc agir par voie d'exécution forcée et greffer une procédure de cette sorte sur une première. — On a voulu éviter cette complication, qui ne se présente pas lors d'une saisie d'objet corporel, l'objet qui est aux mains du saisissant pouvant facilement être vendu. — On pourrait, à la vérité, vendre la créance ; mais ces ventes sont assez peu productives, surtout quand ce droit est litigieux. — Quelle ressource restera-t-il donc au créancier, si son débiteur ne possède rien ? Il pourra, se plaçant en dehors de la voie d'exécution que nous étudions ici, se faire envoyer en possession du patrimoine de son débiteur et, à ce titre, exercer ses actions.

Lorsque l'objet est valablement saisi, un droit est acquis au créancier : désormais, l'aliénation de cet objet n'est plus possible au débiteur; il ne peut, par ses actes, nuire aux droits des créanciers. Mais l'hypothèque conventionnelle antérieurement constituée conserve tous ses effets. — Ce droit de gage constitué au profit du saisissant a pour point de départ la prise de possession de l'objet, acte indispensable pour lui donner naissance (l. 26, § 1, *De pig. act.*), et dont la date établit les droits de préférence entre plusieurs saisissants. — Cette nécessité d'un nantissement met une différence entre ce gage et celui qui résulte de la convention, lequel peut exister sans possession sous le nom d'hypothèque. — Il ne faut pas confondre non plus ce droit qui peut, à juste titre, être appelé gage prétorien (c'est le nom que lui donne Deneau), avec le *pignus prætorium*, que nous avons vu être accordé à la masse des créanciers envoyée en possession des biens du débiteur. Ici, en effet, à l'inverse de ce qui se passait là-bas, les principes sont : chacun pour soi, et : *prævalet jure qui prævenit tempore* (C. 2, *Qui pot. in pign.*). Le créancier saisissant ne dépouille pas seulement le débiteur; il se crée à lui-même un titre de préférence vis-à-vis des autres créanciers. — Une dernière différence avec les deux espèces de gages dont nous venons de parler, c'est, enfin, que celui dont nous nous occupons, n'attribue pas la possession au créancier lui-même. Ce sont les agents du magistrat qui, sur l'ordre de celui-ci, s'emparent de l'objet et en conservent la possession jusqu'à la vente. — La constitution 2, *de præt. pignore*, paraît diviser le gage en deux espèces, le gage conventionnel et le gage prétorien. — Il importe, néanmoins, comme nous venons de le voir, de distinguer entre eux le *pignus prætorium* simple et le *pignus prætorium in causâ judicati*, qu'on appelle quelquefois, en langue moderne, *pignus judiciale*.

La loi, ne voulant pas que l'on vende l'objet saisi sans avoir laissé au débiteur le temps de s'y opposer en acquittant ce qu'il doit, fixe un certain délai pendant lequel, après la saisie, il sera sursis à la vente. Ce délai a été fixé à deux mois par Antonin le Pieux. — Ce qui a lieu sans préjudice du délai légal qui doit précéder la saisie, comme toute exécution *ex causâ judicati*, et qui a son principe dans les *dies justi* de la loi des Douze Tables.

La vente ne sera pas faite par le créancier, mais par les agents du magistrat (Const. 2, *Si in causâ judicati*). Il n'est peut être pas absolument nécessaire qu'elle soit faite aux enchères : c'est du moins ainsi qu'elle s'offre à nous dans les textes qui la supposent. La loi 3, au Code, *De exsecutione rei judicatæ*, parle même de vente faite en présence du signe symbolique de la lance : « *res soli quæ pignori datæ sunt diu subhastatas* » (Const. d'Antonin). — Le créancier était admis à se porter enchérisseur, si aucun acheteur de l'objet ne se présentait ou qu'aucun n'en offrît un prix suffisant.

Quels droits conférait cette vente à l'acheteur ? Avant que ce gage *in causâ judicati* eût été sanctionné et réglementé par des constitutions impériales, il est difficile de le dire. Depuis ce temps, il paraît évident qu'il transférait à l'acheteur le *dominium*, à moins que le débiteur ne fût pas lui-même propriétaire : dans ce cas, l'acheteur n'aurait qu'un juste titre pouvant le conduire à l'usucapion. — Que si nous supposons une éviction, nous avons à nous demander contre qui cet acheteur aura l'action en garantie. Sera-ce contre le créancier saisissant ou contre le débiteur ? Pour le premier, il n'a fait que provoquer la vente qui ne s'est même pas opérée par son ministère. D'ailleurs, même au cas de gage conventionnel, où le créancier vend lui-même l'objet sujet à son droit, on n'admet pas que l'action en garantie puisse être intentée contre lui. — C'est à celui qui a profité de la vente, au débiteur, à supporter la garantie. — En vendant ce qu'il est nécessaire d'aliéner pour satisfaire le créancier, celui-ci et les *officiales* qui ont dirigé la vente n'ont pas fait autre chose, en effet, que ce que le débiteur négligent ou de mauvaise volonté eût dû faire lui-même. —Aussi, s'il voulait agir contre l'acquéreur, celui-ci pourrait-il lui opposer le brocard « *Quem de evictione tenet actio, cumdem agentem repellit exceptio* » (C. 13, au Code, *De evictionibus*). Il y a, toutefois, ici, ceci de particulier, que l'indemnité ne sera pas mesurée sur l'intérêt de l'acheteur à ne pas être évincé, mais comprendra le prix et les intérêts, déduction faite des fruits, s'ils restent à cet acheteur (l. 74, au Dig., *De evictionibus*).

Ulpien fait remarquer qu'il sera bon de faire la vente au comptant. Si l'on ne tient pas compte de ce conseil, il surgit quelques difficultés. Alors, qui devra connaître du défaut de paiement? — Est-ce le magistrat devant qui se poursuit l'exécution? Le jurisconsulte ne le croit pas. — En effet, jusqu'où n'irait-on pas, sous prétexte de procéder à l'exécution du premier jugement. L'acheteur prétendu peut nier la vente, prétendre qu'il a payé : dans tous ces cas, il y a lieu à un nouveau procès, il faut organiser une instance. Et puis, si la chose est vendue de nouveau, le créancier, qui n'a pas d'action contre l'acheteur, mais qui a un droit de gage sur la chose, pourra la suivre entre les mains du nouvel acheteur, et ainsi de suite à l'infini : que de procès connexes ne faudrait-il pas alors attribuer à celui qui ne doit connaître que de l'exécution? — C'est pour ces raisons qu'Ulpien ne croit pas devoir lui attribuer compétence et surtout qu'il recommande de ne vendre qu'au comptant (l. 15, *De re jud.*, § 7).

L'acheteur qui a payé est-il à l'abri de toute crainte? Oui, en règle générale. Cependant, si la chose a été vendue à trop bas prix et qu'il en résulte une perte considérable pour le débiteur mineur de vingt-cinq ans (*si grande damnum sit mino-*

ris), on admet qu'il pourra y avoir lieu à une restitution *in integrum* (l. 9, *De minoribus* XXV *annis*).

Nous avons vu que le créancier pouvait se porter enchérisseur, s'il ne se présentait pas d'acheteur ou qu'aucun d'eux n'en offrît un prix suffisant : cela se comprend, d'ailleurs, puisque ce n'est pas lui qui dirige la vente, mais l'agent du magistrat. — Ce droit n'est pas le seul qu'il ait : il peut aussi, lorsque personne ne s'est présenté à la vente, se faire attribuer la chose qui en fait l'objet. Ici, naissent des doutes et des controverses. D'abord, cette faculté semble faire double emploi avec le droit de se porter enchérisseur; ensuite des lois semblent parler d'une addiction du gage au créancier faite *auctoritate principis* (C. 3, *Si in causâ*), d'autres, d'un envoi en possession accordé par le magistrat (C. 3, *De exsecutione rei jud.*). Sur ce dernier point, Cujas (à la loi 15, *De re jud.*) distingue le droit conféré par le magistrat, qui n'est qu'un droit de possession, et celui que donne la volonté impériale, lequel n'est autre que la propriété. — Dans ce dernier cas, il y a ce qu'on nomme une *impetratio juris dominii*. Doneau admet aussi une distinction, mais elle consiste en ce que le magistrat attribue l'objet du gage au créancier en compensation de sa créance, tandis qu'au contraire, on pourra obtenir cet objet sur estimation, en s'adressant à l'empereur. Ant. Favre (Err. LVI, 3-7) n'admet pas que l'*impetratio juris dominii* doive apparaître sous le gage judiciaire. Pour lui, la distinction se réfère à un ordre de choses qui n'existe plus sous Justinien : la sentence du magistrat mettra la chose seulement *in bonis creditoris ;* au contraire, lorsque la volonté du prince interviendra, le *dominium ex jure Quiritium* sera acquis au créancier. Mais encore, quand aura lieu cette *addictio ex auctoritate principis?* Lorsque les manœuvres du débiteur auront empêché de trouver des acheteurs (C. 3, *Si in causâ*). D'ailleurs, elle proviendra toujours d'une sentence du magistrat que la volonté impériale ne fera que provoquer. — Enfin, une dernière opinion, celle d'Accurse, consiste à ne voir dans la mise en possession du créancier qu'une sorte d'antichrèse mettant celui-ci en droit de se payer par des perceptions de fruits.

Que dire en présence de ces interprétations nombreuses? Je

ne crois pas qu'il soit nécessaire d'en adopter aucune. Il me semble qu'on attache trop d'importance à une variante de mots qu'on rencontre dans les textes du Code. Sous Justinien, au moins, et je crois même sous les empereurs qui l'avaient précédé, on peut supposer que toujours la propriété était attribuée aux créanciers, et il me semble que toujours elle devait l'être par sentence du magistrat. Les mots *ex auctoritate principis* me semblent faire allusion à un rescrit de Sévère et Caracalla, auquel se réfère Ulpien, dans la loi 15, *De re judic.* (1), qui admit ce moyen de satisfaire les créanciers. — Ce sera donc le magistrat qui attribuera la propriété en vertu de cette constitution impériale. — On peut dire que la différence d'expressions est un reflet d'une différence qui peut se produire dans l'histoire du *Pignus prætorium in causâ judicati.* — Avant que cette voie d'exécution eût été consacrée par des rescrits impériaux, s'il arrivait au préteur d'attribuer l'objet du gage au créancier saisissant, il ne devait lui conférer qu'une possession protégée par son édit. Lorsqu'au contraire les rescrits impériaux auront sanctionné l'usage du préteur, son addiction eut sans doute pour effet de transporter le domaine quiritaire. Quoi qu'il en soit, et, bien que le contraire soit encore soutenu par de savants commentateurs, et notamment par Schilling (2), je crois que la différence qu'on voit entre les deux constitutions dont j'ai parlé plus haut n'est guère qu'apparente. D'ailleurs, celle à laquelle on attribue l'*addictio ex auctoritate principis*, emploie elle-même, en parlant du droit conféré au créancier, le mot de *possidere* qui paraîtrait devoir être réservé au cas de la *missio in possessionem;* ce qui semble prouver que les rédacteurs de ces constitutions n'ont pas attaché à l'emploi des mots l'importance qu'on croit y voir. Ulpien, dans la loi 15, § 3, où il traite ce point, emploie aussi indifféremment les mots d'*addici* et de *possideri.*

Reste à savoir maintenant si l'objet du gage sera attribué au créancier en compensation de sa créance ou sur une estimation qui établira un compte à régler entre lui et le débiteur. —

---

(1) Rescriptum est ab imperatore nostro et divo patre ejus.
(2) Voir son traité du *Gage et de l'hypothèque*, § 14.

Pothier (Pandectes, *De re jud.*, n° 60) croit que le créancier prendra l'objet sur estimation et dans les limites de ce qui lui est dû ; cette opinion est partagée par beaucoup d'autres commentateurs. — J'avoue que j'ai peine à comprendre comment cette opinion a pu se produire en présence d'un texte aussi précis que me paraît l'être celui de la loi 15, § 3, *De re jud.*: « *Addicantur autem pignora utique eâ quantitate, quæ debetur ; nam si creditor maluerit pignora in creditum possidere, iisque esse contentus, rescriptum est non posse eum, quod amplius, sibi debetur, petere, quia velut pacto transegisse de credito videatur, qui contentus fuerit pignora possidere, nec posse eum in quantitatem certam pignora tenere, et superfluum petere.* — Il me semble bien qu'Upien ne laisse aucun doute sur ce point. Le créancier qui demande que l'objet saisi lui soit attribué est censé évaluer l'objet saisi à la valeur de ce qui lui est dû. Le débiteur n'a pas à craindre qu'il ne fasse une spéculation à ses dépens ; car le préteur ne doit sans doute accorder au créancier l'objet de sa demande qu'en connaissance de cause, et son intervention est ici une garantie de bonne foi et de loyauté. Mais aussi le créancier qui a demandé et obtenu l'addiction de l'objet saisi serait mal venu à réclamer sur la transaction qu'il est par là censé avoir faite. — Ceci nous donne, je crois, en même temps, la différence entre ce droit du créancier et celui qu'il a de se porter enchérisseur. Si le créancier s'en tient à ce dernier parti, c'est-à-dire, s'il croit que l'objet est au-dessous de la valeur de sa créance, il achètera le bien aux enchères, et alors il aura un surplus à demander au débiteur, qu'il pourra se faire payer par les voies ordinaires ; je crois qu'il sera forcé d'employer encore ce moyen si l'objet est trop évidemment au-dessous de ce qui lui est dû pour qu'il puisse en demander l'addiction. — Si, au contraire, il croit que cet objet peut à peu près le remplir de sa créance, il se le fera attribuer par le magistrat. Alors, comme nous l'avons vu, il a fait une transaction et il ne pourra pas revenir sur ce qui aura été fait.

Il faut dire de l'addiction achevée ce que nous avons dit de la vente : elle clôt la compétence du magistrat chargé de l'exécution.

Après les objets corporels on peut saisir les créanciers. En ce cas, Ulpien (l. 15, *Eod.*, § 10) se demande si ceux qui sont chargés de l'exécution devront poursuivre le débiteur ou faire vendre la créance : dans ce dernier cas, le préteur donnait à l'acheteur une action utile. *Quod eis facilius videatur ad rem exsequendam, hoc faciant*, dit le jurisconsulte. Lorsqu'on poursuivra le débiteur, l'argent retiré du paiement servira à satisfaire le créancier. Que si le paiement ne consiste pas en argent, les objets qu'on en obtiendra seront à leur tour saisis par le créancier et la vente s'en fera suivant les règles que nous venons de voir.

SECTION VII.

Des voies d'exécution dans les actions réelles et les condictiones certæ rei.

Nous n'avons pas eu à parler, dans le chapitre Ier. de ce qui concernait la revendication et les autres actions réelles. — L'exécution du jugement qui constatait un droit réel, portait, sous le régime des actions de la loi, sur la chose même qui en était l'objet : c'est du moins ce que nous dit Gaïus (*Comm. IV*, § 48). Mais nous n'avons aucun détail sur ce point. Il est assez à croire, d'ailleurs, que l'assertion de Gaïus est exacte. L'idée que toute condamnation doive être pécuniaire, et que celui-là même qui réclame la restitution de sa chose puisse n'obtenir de la sentence qu'une somme d'argent, représentation plus ou moins exacte de sa valeur, est loin d'être assez simple en elle-même pour qu'on puisse la supposer à l'origine d'une législation. Il faut donc en rapporter l'introduction au préteur, créateur du système formulaire, qui, applicable d'abord dans les causes des pérégrins, devint enfin la procédure commune du peuple romain, et eut l'honneur de briller au temps des plus grands jurisconsultes.

Ce fut un principe du régime formulaire que les condamnations, en toutes actions, dussent être pécuniaires (*quanti ca res erit judex, condemna*). Donc il faut avouer que l'application directe de la sentence ne devait pas être de nature à satisfaire celui qui invoquait la propriété d'un objet déterminé, et qui en réclamait la restitution. Aussi la féconde imagination du préteur dut-elle remédier à cette grave imperfection. On y parvint au moyen d'un *jussus* du juge, préalablement au prononcé de la sentence. Les actions où l'on use de ce mécanisme se nomment actions arbitraires. Voici comment les choses se passaient. Le juge, lorsqu'il demeurait convaincu du droit du demandeur, ne devait pas condamner immédiatement le défendeur à lui payer la valeur de la chose, objet du litige ; il commençait par fixer un délai, pendant lequel ce dernier aurait à obéir à l'ordre (*jussus*) qu'il lui donnait de restituer l'objet du litige ; et c'est seulement sur la non-exécution de cet ordre que le défendeur devait être condamné par lui. Comme le juge, pour arriver à cette restitution, résultat le plus désirable du procès, fixait ordinairement à une somme assez élevée le montant de la condamnation, qui pouvait même être déterminé par le serment du demandeur, il y avait grande probabilité que le défendeur s'exécuterait et que la chose serait restituée avant la condamnation. Mais si pourtant, par une obstination et un dépit assez ordinaires en présence de la perte d'un procès, celui-ci continuait à refuser d'obéir aux ordres du juge, pouvait-on l'y contraindre ? Ou bien l'autorité du juge et la puissance publique devaient-elles s'arrêter devant le caprice d'un particulier, qui eût forcé son adversaire à recevoir, à la fois, plus et moins qu'il ne demandait, en obtenant une valeur plus grande que celle de sa chose et ne pouvant obtenir sa chose elle-même dont il réclamait à des juges impuissants la restitution ? —Un tel résultat est-il possible ? Faut-il croire que les préteurs, si ingénieux à introduire les réformes que réclamait l'équité, se soient, ici, trouvés désarmés pour faire respecter cette équité d'abord et l'ordre du juge avec elle ?—Il est certain que Gaïus (*Comm.* IV, § 136) dit simplement : « *Quod si nec restituat, neque exhibeat, quanti ea res est condemnatur,* » que Marcien (l. 16, § 3, *De pign. et hypoth.*), Pomponius (l. 9, § 1, *De furtis*), Paul (l. 73, *De fidej.*) s'expriment à peu près dans les mêmes termes. Il y a là assurément de bien graves raisons de douter. — On apporte cependant des textes en sens contraire. C'est d'abord un passage de Cicéron (*in Verrem*, II, 12) : « *Non necesse erit Lucio Octavio judici cogere Publium*

Servilium Quinto Catulo fundum restituere aut condemnare eum ; » puis une loi d'Ulpien : « *Necesse habebit possessor restituere* » (l. 9, *De rei vind.*) ; enfin un texte de Paul lui-même : « *Non oportere judicem cogere ut eum tradat; nisi…* (l. 58, *Eod.*). »

A la rigueur, il est vrai, ces passages peuvent ne faire allusion qu'à la contrainte indirecte exercée par la menace d'une condamnation. On fait même remarquer que Paul, en parlant de l'action *ex empto,* qui n'est certainement pas arbitraire, dit : « *Venditor cogi potest ut tradat aut mancipet.* (1). » — Mais les partisans de l'exécution forcée du *jussus* mettent alors en avant un texte d'Ulpien dont les expressions sont loin d'offrir de l'ambiguïté : « *Qui restituere jussus,* dit ce jurisconsulte (L. 68 *De rei vindic.*), *judici non paret, contendens non posse restituere, si quidem habeat rem, manu militari, officio judicis ab eo possessio transfertur.* » Rien de plus formel que ces paroles. Mais M. de Savigny y voit une interpolation de Tribonien. — M. Pellat (2) fait apparaître le peu de vraisemblance de cette supposition en remarquant que si Tribonien avait voulu accommoder le texte d'Ulpien aux principes de la procédure extraordinaire, nous n'y trouverions pas ces mots qui suivent le passage que j'ai cité : « *et fructuum duntaxat, omnisque causæ nomine condemnatio fit.* » En effet, sous le système de la procédure extraordinaire, où l'on ne distingue plus le *jussus* et la condamnation, on ne pourrait pas dire que la condamnation portera seulement sur les fruits et autres produits à restituer, puisque la mise en possession du créancier sera l'exécution même de la condamnation. Il faut donc reconnaître que la loi 68, *De rei vind.,* se place sous l'empire du système formulaire et en présence du *jussus* préalable du juge. — M. Pellat cite encore, à l'appui de son opinion, deux lois dont la combinaison semble bien en effet supposer l'exécution forcée du *jussus.* — Ce sont les lois 46 et 63 *De rei vindicatione.* On voit, en les lisant, que lorsque, sur le défaut d'exécution du défendeur, celui-ci était condamné à toute la valeur

---

(1) Sentences de Paul, L. I, t. XIII, § 4.
(2) M. Pellat, *Commentaire du titre de la revendication,* l. 68.

que la chose était supposée avoir d'après le *jusjurandum in litem* du demandeur, la propriété de l'objet en litige lui était transférée comme du consentement de sa partie adverse. Mais si, par dol, le défendeur avait cessé de posséder, non-seulement ce résultat ne s'opérait pas (il eût été impossible), mais le demandeur n'était pas même obligé de lui céder ses actions, comme il eût dû le faire si sa possession avait cessé sans dol de sa part. La raison de la différence qu'on met ici entre celui qui par dol cesse de posséder et celui qui ne veut pas restituer, ne peut guère se trouver que dans ce fait que le demandeur eût pu obliger le possesseur à une restitution *manu militari,* et que, s'il ne l'a pas fait, il est censé avoir consenti au transfert de propriété qui s'opère. C'est ce que paraît bien entendre Paul, dans la loi 46, lorsqu'il s'exprime ainsi : « *Transegisse enim cum eo et decidisse videbitur eo pretio quod ipse constituit.* »

On se demande si cette exécution forcée du *jussus* existe dès le principe dans le système formulaire. Je serais porté à le croire en raison de sa nécessité même. Toutefois, M. Pellat conclut du silence gardé par Pomponius sur ce point (L. IX, § 1, *De furtis*), que l'introduction n'en remonte pas jusqu'au temps de ce jurisconsulte.

Il me semble que le respect de la foi jurée et la loyauté nécessaire dans les conventions, qui avaient inspiré au préteur sa devise « *grave est fidem fallere* », donnent ici un *à fortiori* pour admettre que les actions *commodati, depositi* et autres semblables, où l'on demande la restitution d'une chose dont la propriété vous est reconnue, devaient, quoique personnelles, être arbitraires et entraîner l'exécution que nous venons de voir. Quant aux actions réelles, je crois qu'on ne doit pas hésiter à leur appliquer à toutes ce mode de procéder.

Mais une question plus délicate consiste à savoir si nous devons admettre aussi l'exécution forcée lorsque, en vertu d'une *condictio certæ rei*, le défendeur doit être condamné à transférer la propriété d'un objet déterminé au demandeur. Il n'y a rien là qui répugne à nos idées modernes. Mais je crois que les lois romaines, empreintes d'un grand respect pour la propriété, ne devaient pas faire aussi bon marché de cet obstacle

de droit qu'elles pouvaient le faire, au cas précédent, d'un obstacle de fait. — Entre les deux hypothèses, il y a un abîme. Ici,
le demandeur n'est pas reconnu propriétaire ; au contraire, cette
propriété, il faut que son adversaire la lui transfère. Pourra-
t-il donc le forcer à le faire, c'est-à-dire, à le vouloir, *manu
militari ?* — Tout ce que pourrait le préteur, ce serait de donner
au demandeur une possession utile, en lui permettant d'avoir la
chose *in bonis ;* mais je ne crois pas qu'il eût osé aller jusque-là,
ce qui eût été une grande hardiesse dans les idées des Romains
sur la propriété, et surtout un fait assez grave pour qu'on dût
en trouver de nombreuses traces dans les textes. — On pourrait, à la vérité, invoquer en ce sens la fin de la loi où nous
avons vu le principe de l'exécution forcée (l. 68, *De rei vind.*) ;
il y est dit que la décision donnée est générale et comprend les
actions personnelles comme les actions réelles. Mais comme,
entre le passage que nous avons cité plus haut et celui-ci, la
loi 68 donne des décisions relatives au montant de la condamnation, lorsque la restitution n'a pas eu lieu, je crois plus sûr
de ne rapporter qu'à cette partie intermédiaire de la loi la généralité d'application dont nous parle Ulpien. Redisons encore
qu'il y a là un fait trop grave, pour que, s'il eût été admis, il
n'eût pas laissé de nombreuses traces dans les lois.

Si l'on admet, comme nous venons de le faire, l'exécution
forcée du *jussus* qui doit précéder la sentence de condamnation
dans les actions réelles, on peut se demander dans quel cas il
y aura lieu à prononcer une condamnation pécuniaire ? Le fait
se produira d'abord si le demandeur ne veut pas pousser les
rigueurs de l'exécution jusqu'à la contrainte *manu militari,*
et enfin, si le débiteur ne peut pas restituer. Alors, la condition
que le préteur, dans la formule arbitraire, aura apposée à la
condamnation : *Nisi restituat,* se trouvera accomplie, et le juge
devra condamner.

Arrivons maintenant au système de la procédure extraordinaire. Rien ne s'oppose plus alors à ce que l'exécution atteigne
directement l'objet du litige comme la condamnation peut l'atteindre. Il n'y a plus à distinguer ici le *jussus* de la sentence :
l'exécution ne résultera plus d'un ordre préalable, mais bien de
la condamnation. — Il faut constater la tendance de cette pé-

riode à atteindre l'objet même de la demande : « *Curare debet judex, ut omninò, quantum possibile sit, certæ pecuniæ vel rei sententiam ferat* » (§ 32, *De action.* aux Instituts). — On ne comprend même plus bien alors que la sentence du juge porte sur l'estimation de la chose, au lieu de cette chose même. Ainsi Justinien s'écrie dans une Constitution (C. 17, *De fideic. lib.*) : « *Miramur quare judex, qui præpositus est in prædictâ causâ, non omnimodo condemnationem in servum, sed in æstimationem ejus fecerit.* » Atteindre, autant que possible, la chose, objet du droit, tel est le nouveau principe admis par Justinien. Quant aux moyens de procéder, les textes ne nous les font pas connaître. Contentons-nous donc de constater que le droit romain tend alors à perdre son originalité primitive et se rapproche visiblement de nos législations modernes.

DROIT FRANÇAIS.

De la Contrainte par corps.

AVANT-PROPOS.

§ 1ᵉʳ.

De la contrainte corporelle dans notre ancien droit.

S'il est vrai de dire qu'à l'invasion barbare, la civilisation recula de plusieurs siècles et retomba, comme le rocher de Sisiphe, au point d'où étaient parties les lois romaines dont nous venons de voir l'histoire constater les progrès incessants, c'est surtout dans l'étude qui nous occupe qu'une pareille assertion se justifie. Nous allons voir, sous des noms nouveaux, reparaître et les terribles conséquences de la *manûs injectio* et l'asservissement volontaire du débiteur que nous avons observé dans le contrat du *nexum*. Nous devons avouer alors que l'histoire de la barbarie est la même partout et qu'il ne faut plus tant s'étonner de la cruauté de la loi des Douze Tables et la révoquer en doute, puisque les Barbares du Nord ont pu se rencontrer ainsi avec ceux du Midi.

Et d'abord la loi de Norwége, qui est sœur de nos lois barbares, présente une disposition qui dépasse encore le Code des Décemvirs. Elle est relatée par Grimm dans ses *Antiquités du droit allemand* (L. ɪv, *Oblig.* 3, Prêt). La voici : « Si un débiteur se montre à l'égard de son créancier de mauvaise volonté et qu'il ne veuille pas travailler pour lui, le créancier peut le traîner en justice et sommer ses amis de payer sa dette. S'ils ne veulent pas, alors celui qui a le débiteur chez lui a le pouvoir de couper de son corps, haut ou bas, ce qu'il voudra. » —Voilà donc le débiteur mis entièrement à la merci de son créancier, lorsqu'après des sommations faites à ses amis, probablement à l'assemblée du *mallum*, qui remplace le *comitium* romain, personne ne se sera présenté pour payer sa dette. Et observons

7

qu'il y a eu comme une *manûs injectio* ; car la loi dit : « alors celui qui a le débiteur chez lui » (1).

Un rapprochement curieux est à faire entre le droit de couper un morceau de chair du débiteur insolvable que nous rencontrons ici et une disposition semblable qui paraît avoir existé chez les Turcs. On raconte en effet qu'un Sultan, pour abolir ce droit odieux, côndamna à la peine de mort le créancier qui n'aurait pas coupé sur son débiteur le nombre exact d'onces déterminé par la sentence (2).

Mais les lois germaines devaient s'adoucir au contact de la civilisation romaine et surtout sous l'influence du christianisme. Les coutumes des Francs donnent peu d'exemples du droit de mettre à mort le débiteur. On en voit un pourtant dans la loi Salique, mais il ne paraît se rapporter qu'au débiteur d'un *wergeld*, somme d'argent qu'on paie pour éviter la peine d'un crime. — « *Quod si hic etiam non habet ut legem solvat*, dit la loi Barbare, *et totam legem componat, tum illum qui homicidium fecit tollit, qui eum in fide suâ habet, et per quatuor mallos præsentem faciat : et si eum per compositionem aut fidem nullus suorum tulerit, hoc est, eum redimat, aut pro eo persolvit, tunc de vitâ componat* (3). — Je crois que le créancier n'avait droit de vie et de mort sur son débiteur que dans le cas que nous avons vu. — Le principe que nous retrouvons dans les lois des Barbares après l'invasion est en effet plutôt celui d'un esclavage que d'une mise à mort du débiteur. La loi des Bavarois déclare même que nul ne doit perdre la vie que pour crime capital (4). Un capitulaire de Charlemagne oblige seulement ceux qui ne peuvent payer une amende à se livrer en gage

---

(1) Il faut reconnaître toutefois que beaucoup de bons esprits n'accordent p\as une foi entière au texte cité par Grimm.

(2) Volney, *Voyage en Syrie*, p. 374. — Il est impossible de ne pas voir là la source de la curieuse scène de Shakspeare, où le juif de Venise invoque une convention de ce genre, et où il lui est répondu qu'il a droit de prendre la livre de chair qu'il a stipulée au cas d'insolvabilité, mais que, comme il n'a pas été question du sang de son débiteur, tous ses biens seront confisqués s'il lui arrive de faire couler une seule goutte de sang.

(3) Loi salique, t. 61, *de Chrenechrudd* (texte publié par Hérold).

(4) T. II, cb. 1, § 3 et 4.

jusqu'au parfait paiement (1). A plus forte raison en devait-il être ainsi en matière civile et entre particuliers.

Un fait curieux à noter, c'est que la loi Salique paraît avoir offert un rapprochement avec la *manûs injectio* jusque dans la manière de procéder pour s'emparer de la personne du débiteur. S'il faut en croire Ducange, la pratique solennelle consistait à poser une main sur le cou de celui-ci, tandis que de l'autre on le prenait par les cheveux (v° *Obnoxiatio*, ch. 26). Cela est dit du moins du créancier de la composition pour vol.

Que si, en dehors de l'exécution forcée, nous entrons dans le domaine du contrat, nous voyons que le droit de se vendre comme esclave ou d'engager sa personne, pour le cas où l'on ne pourrait payer une somme empruntée, existe dans les lois Barbares (2). — Cette garantie d'un gage sur la personne du débiteur a conservé comme un souvenir du *nexum :* on la nomme *obnoxiation*. Marculfe nous a transmis une formule d'obnoxiation (II, 25). On y voit que le débiteur pouvait engager ses enfants avec lui. C'est à l'époque convenue, sur le manque d'exécution, que le débiteur pouvait être traité comme esclave. C'est du moins ce que suppose le texte de Marculfe. Il y a là une sorte de compensation pour le débiteur non payé. Cette aliénation de la liberté n'a rien de contraire aux idées des Germains que Tacite nous montre, au sein de leurs forêts, si passionnés pour le jeu que, lorsqu'ils y avaient tout perdu, ils jouaient encore leur liberté avec leur gagnant. Les capitulaires interviennent pour ne plus voir dans ce contrat qu'un engagement de services. Marculfe, au contraire, parlait de la perte de l'ingénuité. — L'obnoxiation pouvait avoir lieu pour le wergeld dû en vertu d'une composition (3). Sans doute, par là le débiteur, se remettant volontairement aux mains du créancier, avait l'espérance d'en être mieux traité que s'il l'eût obligé à recourir à la justice.

Nous venons de dire que les capitulaires s'étaient refusés à voir dans l'obnoxiation une aliénation complète de la liberté.

---

(1) Conciani, *Leges barbariæ*, L. III, ch. 65.

(2) L. des Frisons, t. II, § 2; Capitul. Théod. Cantuar., C. 2. — *Leges Henrici I*, regis Ang'iæ, c. 76; Ducange, v° *Obnoxiatio*.

(3) Ducange.

— Il en fut ainsi même de l'exécution forcée contre la personne du débiteur. En effet, au commencement du moyen âge, et lorsque le singulier régime de la personnalité du droit eût disparu en présence des inextricables difficultés qu'il entraînait et par suite de la fusion des races, nous ne retrouvons plus qu'une appréhension du débiteur avec droit, pour le créancier, de le retenir chez lui et de le faire travailler jusqu'à ce que les produits de son travail se compensent avec ce qu'il doit à celui-ci. C'est du moins ce que l'on peut supposer, je crois, d'une manière à peu près générale pour les divers pays d'Europe à l'époque des Croisades. Les assises de Jérusalem composées à l'imitation des diverses coutumes féodales d'alors par les chevaliers qui occupèrent l'île de Chypre, où furent recueillis les débris du royaume de Jérusalem, en peuvent fournir une preuve à peu près certaine. Nulle part, je crois, on ne peut trouver un plus pur reflet des coutumes féodales. L'influence des lois romaines en altère peu l'originalité. Écrites pour la pratique d'un petit État composé d'éléments divers, les assises de Jérusalem sont vraisemblablement le résultat d'une fusion entre les coutumes féodales des différents pays d'Europe. Mais la France fut surtout représentée dans le royaume de Chypre, et il n'est pas douteux que la rédaction des traités de Philippe de Navarre et de Jean d'Hibelin ne s'en soit ressentie. Il faut donc parler ici de la contrainte par corps que nous présentent ces recueils de décisions judiciaires, en ayant soin de faire remarquer d'abord que cette mesure ne s'exerçait pas contre les chevaliers, restriction qui tient moins sans doute à la faveur qu'à une raison d'intérêt général, la défense de l'île devant être ici la première loi.

L'assise de la Cour des barons déclare donc qu'après une dette *coneüe en Court*, l'insolvable, après avoir abandonné ses biens, ce qui ne l'affranchit pas des poursuites, devra *jurer sur sains, que il, ne à descovert ne à covert, n'en a que la robe de son vestir et les dras de son lit, ne autre por lui;* et alors son créancier pourra, avec l'autorisation de la Cour, l'emmener chez lui et le *tenir pour son esclaf* tant que sa dette ne sera pas payée par un autre ou que son travail n'en aura pas fourni la valeur. Car le débiteur fournit sa dette en travail, et lorsqu'il l'a acquittée, il *puet aler et venir quitte et délivre, comme home qui est en sa délivre poesté* (1).

L'assise de la Cour des bourgeois énonce les mêmes idées et fixe, de plus, une somme au-dessous de laquelle la contrainte par corps ne sera pas possible (2).

Ce qu'il faut remarquer, c'est que ce droit est admis en toute matière. M. Beugnot (3), qui pense que le principe des lois barbares est de n'admettre la mise en servitude du débiteur que pour les dettes de wergeld, voit ici une innovation qu'il croit tirée du *Miroir de Saxe*. Mais je ne pense pas qu'il faille admettre son point de départ ; nous n'avons pas distingué, dans les lois barbares, entre les dettes pour crimes et les dettes civiles. Et pourquoi irait-on prêter tant de délicatesse à des législations qui permettent l'aliénation volontaire de la liberté. Là où l'on admet que le corps peut être le gage des créanciers, il est naturel que l'exécution puisse l'atteindre comme les autres biens. — Le respect de la liberté humaine n'était pas assez dans les mœurs pour qu'on le suppose alors dans les lois. D'ailleurs, je ne crois pas que ces lois barbares, généralement assez vides de théorie, aient jamais discerné bien nettement cette distinction des dettes d'après leur cause.

Une particularité à noter dans la législation des assises, c'est le droit donné par l'art. 66 de la Cour des bourgeois à tout créancier qui ne s'est pas fait livrer le débiteur, de venir l'enlever à celui qui le détient en lui payant la totalité de ce qui lui est dû. Le second créancier entre alors dans tous les droits du premier, en ce qui touche sa propre créance, et dans celle dont il vient de fournir le montant. Le premier ne peut se plaindre, puisqu'il obtient son remboursement, et le second voit ses droits sauvegardés contre la possibilité d'une négligence ou d'une collusion de celui-ci avec le débiteur qui lui ferait craindre que ce dernier ne fût pas assez sollicité à travailler et perdît, dans une inutile captivité, un temps précieux pour tous ses créanciers.

----

(1) Assises de Jérusalem, Haute-Court, ch. 116.
(2) Court des bourgeois, 39.
(3) Sur les Assises de Jérusalem.

Ce qui donne lieu de croire que la législation des assises n'est pas un fait isolé, mais se rattache aux coutumes de la féodalité et surtout aux coutumes de France, c'est que nous retrouvons cette subrogation légale au droit de détenir le débiteur longuement commentée dans une pièce émanée de la municipalité de Toulouse (1). Ce monument est curieux, et la comparaison qu'on en peut faire avec les dispositions que nous venons d'étudier, fait voir entre elles une grande analogie. Les mots eux-mêmes s'y retrouvent. La réclamation du second débiteur que les assises, rédigées en français, expriment par le mot *clamer*, est rendue, dans le latin des magistrats de Toulouse, par l'expression de *clamorem facere.*

De tout ce que nous venons de voir, il résulte que la contrainte par corps était alors admise à titre de compensation pour le créancier plus que comme une voie de coërcition tendant à faire produire des sommes cachées ou à obliger au paiement les parents ou amis du débiteur. — On comprend qu'il ne dût pas y avoir lieu à cessions de biens. — Quelqu'allégation que pût mettre en avant le débiteur qui se dépouille entièrement de ses biens, il ne pouvait priver le créancier de l'exercice de la contrainte par corps qui représentait pour celui-ci une véritable valeur. — Nous avons même vu la conduite du débiteur chez le créancier précédée d'un serment d'insolvabilité. Ici, l'affirmation qu'on lui demande ne peut en rien lui profiter. On avait seulement alors assez de foi dans la valeur d'un serment, pour croire que forcer un homme à jurer sur les saints était un moyen sûr de lui arracher la vérité.

A l'époque de Saint Louis, nous pouvons constater qu'un changement s'est opéré à cet égard. La contrainte par corps, qui prend à ce moment le nom qu'elle porte aujourd'hui, a un caractère coërcitif : c'est un emprisonnement stérile et non plus un engagement de service. Il y aurait là un incontestable progrès, si le débiteur n'était plus livré au créancier et s'il n'était jamais renfermé que dans une prison publique. Malheureusement, il n'en était pas toujours ainsi. A côté de la prison royale, seigneuriale ou communale, on voit la prison privée

---

(1) Archives, sect. histor.. reg XXI, pièce 14.

exister à l'état de privilége en faveur des bourgeois de quelques communes. C'étaient là sans doute des concessions arrachées à ceux qui avaient octroyé des chartes plus par force et par nécessité que de leur propre et libre mouvement. En général, le droit de prison privée est peu réclamé par les nobles qui, possédant des droits de justice, pouvaient, comme juges, faire enfermer leurs débiteurs dans la prison seigneuriale. — Toutefois, la personne du juge et celle du créancier se confondant ici, on retombait à peu près dans les abus de la prison privée. Nous voyons la mère de Saint Louis, Blanche de Castille, délivrer de malheureux prisonniers retenus dans les prisons des chanoines de Notre-Dame de Paris, parce qu'ils ne pouvaient payer leurs tailles, et qui avaient en la prison *moult de mésaizes.* Leurs plaintes étant venues jusqu'à elle, elle ordonna qu'on les laissât aller ; et, ajoute naïvement le chroniqueur, *le fit en partie pour la pitié qu'elle avait de plusieurs belles filles à marier qu'on laissait à prendre pour leur servitude, et en étaient plusieurs gastées* (1). On cherchait, en effet, à rendre ces prisons le plus malsaines et le plus dures possible, et parfois on y mettait les débiteurs aux fers (2).

Mais nous venons de voir qu'on retrouve alors, au profit des bourgeois de certaines villes, même la prison privée des patriciens romains. Ainsi, en vertu d'une ancienne charte, les bourgeois de Compiègne pouvaient saisir eux-mêmes leurs débiteurs et les entraîner dans leurs maisons. — En vain, en 1262, le bailli de Vermandois leur fit-il un procès, prétendant que les débiteurs ne pouvaient être conduits que dans la prison publique. Le Parlement donna raison aux bourgeois de Compiègne, en leur prescrivant, toutefois, de ne pas torturer le débiteur et de lui fournir une nourriture convenable (3). — Ainsi, ils conservèrent le droit d'amener leurs débiteurs chez eux, sans intervention des sergents, sans formalités de justice et surtout sans frais d'incarcération, et ils le maintinrent contre un officier de la couronne, à une époque où le pouvoir royal commen-

---

(1) V. Dulaure, *Histoire de Paris,* t. III, p. 46.
(2) Cout. de Corbie, art. 3.
(3) *Olim,* t. I, p. 539, n° 8.

çait à ne plus craindre et à être craint. Ce n'est là qu'un exemple de ce qui avait lieu dans beaucoup de villes.

Il faut noter aussi ce qui se passait dans les villes d'arrêt, où tout débiteur forain, c'est-à-dire, tout autre débiteur qu'un habitant de la ville, pouvait être saisi sans forme de procès et retenu, soit chez le créancier, soit dans la prison publique. C'était un moyen commode et expéditif de se rendre justice, sans recourir à un tribunal peut-être éloigné et peu porté à favoriser les prétentions du créancier. — On saisissait ainsi même les serfs du débiteur et gens de mainmorte dépendant de lui. Le plus souvent, on avait besoin de l'intervention des magistrats, et sur l'opposition du saisi, le saisissant avait à prouver son droit. Dans les villes où le droit d'arrêt était le moins dur, il consistait seulement dans l'obligation imposée au débiteur de se battre avec le créancier ou plaider devant le tribunal du lieu. Alors il ne s'exposait à l'emprisonnement que s'il voulait sortir de la ville. — Les principales villes d'arrêt étaient : Reims, Amiens, Corbie, Poitiers, Tournay, Pont-Urson, Athyes, Auxerre, Figeac, Condom, Caudebec, Saumur, Aigueperse, etc.

Quoi qu'il en soit, il faut aller jusqu'à Louis XIV pour voir le droit d'arrêt n'être plus qu'accordé sous la condition de l'intervention de l'autorité publique (Ord. de 1667, t, 34, art. 5) et les prisons privées proscrites comme un attentat sur les droits du roi ou des seigneurs (Ord. de 1670, t. 10, art. 16). — Du reste, dans l'intérêt même des villes d'arrêt, ce droit était généralement suspendu en temps de foire.

Voyons maintenant les limitations qu'on essaya d'imposer à l'exercice trop étendu de la contrainte par corps. Saint Louis ouvrit la voie aux réformes et publia en 1254 une ordonnance dont voici les termes : « *Item ne nos baillis ou autres membres officiaux grebvent nos subjects contre justice, nous leur défendons que pour nulle debte fors pour la nostre ils ne preugnent nul ne tiegnent pris* » (art. 19, v. Laurière, p. 72). — Saint Louis proscrit donc la contrainte par corps judiciaire contre tout autre que contre les débiteurs du fisc ; car il faut avant tout assurer la perception des impôts. Mais il ne défend pas la contrainte par corps conventionnelle. Cela résulte bien de l'expli-

cation donnée par Beaumanoir, contemporain de Louis IX :
« *Il y a différence entre la debte d'autrui et la debte de seigneur ; car le roi, ou celui qui tient en baronnie, peut, por sa
debte et por ses amendes, retenir le cors de son soujet en prison.
Mais ce ne pot-il pas faire por la debte d'autrui, se li debtes ne
s'il est obligé par lettres, ou par devant justice, ou devant bonnes
gens* » (Ch. 51, n⁰ˢ 6 et 7). — D'après ce que dit Beaumanoir,
on voit aussi qu'il faut dire des dettes des barons ce qui est dit
des dettes du roi. Il y a là encore un intérêt général, et d'ailleurs Saint Louis n'eût pas osé, en réservant ses droits, abolir
ceux de ses barons.

Du reste, l'usage de la contrainte par corps judiciaire était
si bien entrée dans les mœurs, que le roi ne put obtenir de ses
officiers l'application de l'ordonnance de 1254. Aussi, en 1256,
fut-il obligé de la renouveler à peu près dans les mêmes termes,
mais d'une manière plus impérative.

En somme, à part une exception assez bien justifiée, Louis IX
voulut supprimer les voies d'exécution sur la personne qui, en
définitive, causent généralement plus de tort au débiteur
qu'elles ne procurent d'avantages au créancier. Aussi les établissements de Saint Louis, disent-ils en parlant de l'exécution des
jugements, *qu'on ne peut perfocier le débiteur que par la prinse
de ses choses à payement fère*. — Une telle idée était trop
avancée pour l'époque. Aussi cette mesure fut-elle abandonnée
en dépit même des deux ordonnances. — D'ailleurs Saint Louis
avait, par respect pour la liberté des conventions, maintenu la
contrainte par corps conventionnelle. De cette façon, rien n'était
fait ; la contrainte par corps fut stipulée dans presque tous les
contrats, et l'ordre des choses parut à peine modifié. Toutefois
la royauté ne se découragea pas, et Philippe le Bel vint reprendre l'ordonnance de Saint Louis qu'on négligeait d'appliquer (Ord. de 1302, art. 52) ; puis il fut obligé de renouveler
lui-même son ordonnance, en 1303 (Ord. de Béziers), et peut-
être même en 1304 ; mais il y a lieu de croire que l'ordonnance
de Béziers, rapportée par Laurière à l'an 1303, et celle qui,
dans le *Stylus parlementi* est datée de 1304, ne sont qu'un
seul et même acte ; car les termes en sont identiques. — Comme
son aïeul, Philippe le Bel eut le tort de permettre la contrainte

par corps conventionnelle en même temps qu'il défendait aux juges de faire emprisonner, pour le paiement de leurs dettes, ceux qui ne s'y étaient pas volontairement soumis. C'était ouvrir une brèche dans la digue qu'on avait prétendu élever, et par là la rendre impuissante.

Il faut remarquer que, dans les cas mêmes où la contrainte par corps subsistait, lors d'une stipulation sur ce point, et pour les dettes envers le roi ou les barons, une sorte de cession de biens est admise. Car lorsqu'après une certaine durée d'emprisonnement, il deviendra évident que le débiteur ne peut entièrement s'acquitter et qu'il aura d'ailleurs fait l'abandon de tout ce qui lui restait, on le laissera aller en liberté. Beaumanoir nous le fait savoir (Ch. 51, n° 7) : « *Et quand il ara esté quarante jors en prison, se li sires qui le tient voit qu'il ne puist metre nul conseil en le dete, et il abandonne le sien, il doit estre délivres de la prison ; car ce seroit contraire coze à humaine, qu'on laissât toz jors cors d'omme en prison por dete, puis qu'on voit que li créancier ne puist être paiés par le prison.* » Ces paroles me semblent empreintes d'une haute sagesse. Ce sera au juge de reconnaître entre les débiteurs celui qui ne veut ou ne peut payer. Notons enfin un dernier progrès. La seule gêne qui puisse résulter d'une contrainte par corps bien entendue doit être la perte de la liberté. Nous avons déjà vu Ulpien nous dire : *Carcer ad continendos homines, non ad puniendos haberi debet.* — Ce que disait ce grand jurisconsulte, Beaumanoir le répète en ce qui concerne l'emprisonnement pour dettes : il ne veut pas qu'on confonde les détenus de cette sorte avec ceux *qui sont tenus por vilain cas en prison.* — Ainsi le créancier *lor doit livrer pain et vin et potage, tant comme ils en poeut uzer, au moins une fois le jor.* — Nous voyons combien les choses ont marché depuis l'époque, assez rapprochée d'ailleurs, où les assises de Jérusalem tiennent le débiteur comme esclave.

Mais à côté de la contrainte par corps conventionnelle et de celle qui avait lieu pour les impôts, la royauté avait laissé subsister ce droit dans bien des cas d'exception et de privilége. Ainsi étaient contraignables par corps, les acheteurs de victuailles, par la même raison d'utilité générale qui donne chez nous un privilége aux fournisseurs (1); de même les marchands de marée, au profit des pêcheurs (2) : ceci est admis dans un but religieux pour faciliter la vente du poisson les jours maigres ; les proxénètes, courtiers ou autres commis à la vente des marchandises (3); les voyageurs, au profit des hôteliers, dans certains lieux seulement (4) ; les acheteurs des biens à l'encan (5) ; enfin, les commerçants qui font marché en foire.

Nous venons de dire qu'en temps de foire, les conventions passées à cette occasion entre marchands entraînaient contre eux la contrainte par corps. Il fallait en effet faciliter à la population flottante qui accourait de fort loin aux foires de Champagne et de Brie les moyens de transaction ; c'est ce qu'on fit en établissant contre elle et pour elle la garantie de la contrainte par corps. Une ordonnance de Charles V (1366) étend même le bénéfice de pouvoir faire emprisonner leurs débiteurs aux marchands italiens et castillans (6).

Les marchands en foire étaient exemptés de la contrainte par corps provenant de toute autre cause, excepté de celle qui s'exerçait en faveur du fisc.

Enfin, le commerce, où l'on présente généralement peu de garanties réelles, s'accommoda tellement de cet usage des foires, qui, assurant le crédit, ouvrait la voie aux transactions et, partant, contribuait si puissamment à faire la richesse du pays, que la contrainte par corps ne s'appliqua plus seulement aux contrats passés par les marchands en foire, mais à *toutes cédules reconnues entre marchands et pour cause de marchandise*. — Cela date de 1560. Il ne nous faut pas aller moins loin pour trouver une ordonnance nouvelle sur le droit de la contrainte par corps.

---

(1) Cout. de Paris, art. 177; Orléans, 428 ; Reims, 398 ; Bourbonnais, 132 ; Nivernais, t. XXXII, art. 22; Berry, *Des exécutions*, 22.

(2) Ordonnance de Philippe VI, 1343.

(3) Berry, *Des exécutions*, 31 ; Orléans, 429 ; Bourbonnais, 131 ; Nivernais, t. XXXII, 21.

(4) Rue d'Indre, 23.

(5) C'était, dit Coquille, sur la coutume de Nivernais, l'usance ordinaire de ce royaume.

(6) Il faut ajouter que les condamnations résultant de contrats passés aux foires et marchés s'exécutaient sans délai.

Cinq ans après, intervient l'ordonnance du chancelier de l'Hôpital (1566), qui est un monument important en cette matière. — Elle imprime à la législation un mouvement rétrograde : Saint Louis et Philippe le Bel avaient restreint la contrainte par corps. Le chancelier l'Hôpital en fit, au contraire, la règle et le droit commun. Il y fut poussé d'ailleurs par le relâchement apporté à l'exécution des décisions judiciaires, au milieu des troubles et du désordre des guerres de religion. Les débiteurs en profitaient pour élever d'interminables chicanes et retarder l'exécution, sur leur patrimoine, des jugements de condamnation. — Aussi, l'art. 48 de l'ordonnance rétablit-il la contrainte par corps à l'égard de toutes dettes, *pour faire cesser les subterfuges, délais et tergiversations des condamnés.* L'article 48 s'exprime ainsi : « *Et si les condamnés n'y satisfont* (au jugement), *dans quatre mois après la condamnation à eux signifiée à personne ou domicile, pourront être pris au corps et tenus prisonniers jusqu'à la cession ou abandonnement de leurs biens.* »

L'Hôpital croyait revenir à peu près au droit romain, alors en grande faveur. Cependant, il maintenait encore la contrainte par corps conventionnelle qui n'apparaît pas dans le droit romain des grands siècles.

Cet état de choses dura un siècle. On peut l'approuver en raison des circonstances dans lesquelles il s'était produit ; mais on comprend qu'avec le retour vers le respect des décisions judiciaires, un changement était nécessaire. Il fut le résultat de l'ordonnance de 1667, où Louis XIV régla la contrainte par corps à peu près tel qu'il en est encore dans nos lois. C'est au titre 34 de cette ordonnance, intitulé : *De la décharge des contraintes par corps,* que se trouvent consignées toutes les modifications que nous allons voir. — Il en résulte d'abord que la contrainte par corps est de droit exceptionnel. Son exercice, après les quatre mois écoulés sans exécution, est restreint aux dépens : encore faut-il qu'ils excèdent 200 livres. — A l'égard du droit commercial, la règle reste la même : l'emprisonnement peut avoir lieu pour lettres de change et dettes entre marchands pour fait de marchandise. — Nous venons de dire qu'il en était autrement pour le droit civil : la contrainte par corps s'y réduit à des cas assez rares. Le stellionataire, le dépositaire nécessaire ou judiciaire qui se rend infidèle, de même les tuteurs et curateurs, celui qui doit restituer en vertu d'une action en réintégrande, celui qui doit des dommages-intérêts, sont contraignables par corps. — Hors ces cas, il est non-seulement défendu aux juges de prononcer la contrainte par corps, mais les parties ne peuvent plus la stipuler. Voilà une utile correction apportée au défaut que nous avons signalé dans la législation de Saint Louis et Philippe le Bel. — Ils avaient peu fait en négligeant de proscrire des clauses attentatoires à la liberté, qui étaient depuis devenues de style dans les prêts, où généralement le créancier fait la loi, parce qu'il peut retenir l'argent si les conditions ne lui plaisent pas, et que, d'ailleurs, le débiteur se fait le plus souvent illusion sur ses ressources et sa solvabilité future : c'est toujours l'histoire si véritable d'Antonio s'engageant à livrer à Shylock une livre de sa chair s'il ne le rembourse pas à l'échéance. — Les restrictions apportées à l'exercice de la contrainte par corps seraient donc inutiles si elles n'atteignaient même les conventions : c'est ce qu'ont compris les rédacteurs de l'ordonnance de 1667 (art. 61 du titre 34). Il est un cas pourtant où la stipulation de contrainte par corps est permise : c'est celui des baux ruraux, où le propriétaire peut stipuler cette garantie du fermier. L'intérêt public, qui exige que la culture des terres ne reste pas en suspens, faute de garantie, a paru devoir dominer ici toute autre considération.

L'art. 5 déclare qu'il n'est pas dérogé au privilége des foires, ports, étapes et marchés (où la contrainte par corps provenant d'autre cause était suspendue), et des villes d'arrêt. J'ai déjà parlé des villes d'arrêt ; il n'est pas besoin d'y revenir.

A côté de la contrainte par corps ainsi réduite, existait la cession de biens. Elle était accordée au débiteur de bonne foi ; mais l'on ne paraissait pas exiger, comme j'ai cru voir qu'il en était dans les lois romaines, qu'il eût été ruiné par des malheurs imprévus. Coquille suppose même le contraire, disant : « Cet inconvénient ne pouvait advenir sans grande faute du débiteur, qui a été trop facile à emprunter, trop prompt à dépendre, trop s'aimant, et n'aimant point autrui. » Ces paroles sont d'une grande portée morale et d'une justesse extrême. Là même où le débiteur est à l'abri du reproche de mauvaise foi, il oublie trop souvent qu'il doit administrer bien plus pour ses créanciers que pour lui-même, et que, se lancer dans des spéculations hasardeuses, c'est mal agir et compromettre des intérêts qui ne sont pas les siens. — Aussi la cession de biens était-elle entourée, par l'usage, de formalités humiliantes. Les créanciers, frustrés dans leur espoir, donnaient moins la liberté au débiteur qu'ils ne la lui vendaient au prix de mille affronts. — Il n'est pas besoin de rapporter en détail les différentes pratiques des coutumes à cet égard. Boileau, dans ses Satyres, a fait mention du bonnet vert dont ceux qui avaient fait cession de biens étaient obligés de rester couverts jusqu'à ce qu'ils eussent entièrement satisfait leurs créanciers, sous peine de perdre le bénéfice de la cession de biens.

On pouvait encore, mais plus difficilement, écarter les voies d'exécution sur la personne et sur les biens, par l'obtention de lettres de répit émanées du roi, qui retardaient les poursuites à l'égard des créanciers *puissants d'attendre*. Lorsque le débiteur était de bonne volonté et disposé à faire valoir ce qu'il lui restait de biens le mieux qu'il lui serait possible, ce moyen était peut-être celui qui profitait le plus à chacun ; mais ce n'était pas peu de chose que de suspendre ainsi le cours de la justice par voie administrative. — Aussi le roi n'accordait-il que rarement ce bénéfice et plus encore à des courtisans favorisés qu'à des débiteurs honorables pressés par d'impitoyables créanciers.

L'ordonnance de 1667 régla la matière jusqu'à la révolution. L'exercice de la contrainte par corps fut, il est vrai, suspendu deux fois dans l'intervalle ; mais cette suspension ne portait pas atteinte aux principes de l'ordonnance. Il s'agissait de crises telles que le crédit de chacun en devait être nécessairement ébranlé : aussi bien alors eût-il fallu emprisonner tous les commerçants. Ce sont là des cas où, on le conçoit, la contrainte par corps doit nécessairement être suspendue : le malheur est public et doit être supporté à la fois par le créancier comme par le débiteur. D'ailleurs, en pareil cas, chacun regagne comme débiteur ce dont il a fait l'abandon à titre de créancier. Les deux crises dont je veux parler sont celles qui suivirent la guerre de la succession d'Espagne (1713) et les affaires désastreuses de Law (1733).

La révolution, qui remit en question tant de faits qui semblaient passés à l'état de droits, on pourrait presque dire à l'état de dogmes, la révolution ne pouvait pas passer à côté de la contrainte par corps sans en discuter le principe et la légitimité. — L'assemblée constituante n'était pas destinée à résoudre la question ; mais ses tendances ne paraissent guère douteuses, quand on la voit déclarer, dans la loi du 17 mars 1791, que ses membres seront contraignables par corps, *tant que la contrainte par corps aura lieu.* — Dans une autre circonstance, elle manifesta moins fortement son désir de voir abolir l'emprisonnement pour dettes ; mais je crois qu'il ne subsistait pas moins, malgré la réserve qu'elle crut devoir garder. — Il s'agit du préambule d'un décret où elle abolit un cas particulier de contrainte par corps : ce préambule est ainsi conçu :

Considérant que, chez un peuple libre, il ne doit exister de loi qui autorise la contrainte par corps, que lorsque les motifs les plus puissants la réclament ; considérant que la contrainte par corps, pour dettes de mois de nourrice, n'est déterminée par aucun motif de cette nature ; qu'elle est même contraire à l'intérêt du créancier ; qu'en général on ne peut attendre son paiement que de l'industrie et des travaux du débiteur, etc.

M. Troplong (Préface de la *Contrainte par corps*) prétend que ce monument contient un aveu précieux et annule les réserves de 1791. Je ne le crois pas : le dernier motif qu'il donne, qu'on ne peut attendre en général son paiement que de l'industrie et des travaux du débiteur, me semble peu favorable à l'admission du droit de contrainte par corps. Ce préambule pose seulement d'utiles principes, pour le cas où la contrainte par corps devra être maintenue.

Elle ne le fut pas par la Convention. Une loi du 9 mars 1793 abolit en principe la contrainte par corps. Seulement l'Assemblée chargeait son comité de législation de lui faire un prompt rapport sur les exceptions à admettre à ce principe.

L'exception prévue par la Convention ne fut pas difficile à

trouver. Dès le 30 mars 1793, le droit de contrainte par corps fut reconnu contre les *débiteurs directs de l'Etat*. A part la contrainte conventionnelle, nous voici revenus au temps de Saint Louis.

Mais on ne devait pas s'en tenir là. Le Directoire, effrayé des banqueroutes et de l'agiotage qui signalèrent son passage, porte la loi du 24 ventôse an v, qui rétablit la contrainte par corps ; « *Considérant,* dit le Conseil des Anciens, *qu'il est urgent de rendre aux obligations entre citoyens la sûreté et la solidité qui seules peuvent donner au commerce de la république la splendeur et la supériorité qu'il doit avoir.* »

Ce n'était là qu'une pierre d'attente. La loi du 25 germinal an vi vint, à son tour, apporter ses exceptions au principe admis par celle du 24 ventôse an v. Cette nouvelle loi se place presque entièrement au point de vue de l'ordonnance de 1667. Les cas d'application de la contrainte par corps en matière civile y sont fort restreints. Toute stipulation de contrainte par corps est nulle, même au cas de bail rural : la contrainte par corps pourra seulement être prononcée, si le fermier ne représente pas à la fin du bail le cheptel, les semences, les charges et outils aratoires, dépendant de l'exploitation. Enfin l'emprisonnement aura lieu aux cas de stellionat, versement de deniers publics ou nationaux, dépôt nécessaire ou judiciaire. Ce sont les termes de l'ordonnance de 1667, sauf en ce qui touche la réintégrande, les dépens et le reliquat de compte de tutelle ou curatelle.

Pour les dettes entre marchands pour fait de marchandises, elles entraîneront toujours la contrainte par corps. Tel était le principe admis par les ordonnances de 1667, 1673 et 1681, et celui qui règne encore dans nos lois.

La loi du 15 germinal an vi, à laquelle vinrent se joindre les dispositions éparses dans nos Codes, est restée le fond du droit en notre matière, jusqu'à celle du 17 avril 1832. Cette dernière fut préparée par de nombreux essais. En 1815, un projet de remaniement de la loi de germinal fut présenté par M. Hyde de Neuville ; un autre, proposé en 1817 par M. Laîné, ministre de l'intérieur, avorta comme le premier. En 1819, autre projet, adopté par la Chambre des députés, repoussé, à cause de sa rigueur, par la Chambre des pairs. — Enfin, en 1828, M. Jacquinot donna l'impulsion d'une réforme qui, lentement et à travers les événements de juillet, devait aboutir à la loi de 1832, dont j'aurai à parler en détail.

Notons enfin la loi du 13 décembre 1848, qui est venue compléter la matière.

§ II.

Considérations générales sur la contrainte par corps.

Il est peu d'institutions qui aient été, dans le siècle dernier et dans le nôtre, aussi vivement attaquées et aussi énergiquement soutenues que celle qui fait l'objet de cette étude. Je crois qu'il n'est pas hors de propos de rappeler ici en peu de mots ce qui a été dit de part et d'autre.

Des esprits sérieux ont cru voir dans cet usage un reste de la barbarie, fondé plutôt sur la colère et la vengeance que sur un motif de réelle utilité. Il est certain que, lorsqu'il n'y a pas de doute sur l'indigence complète du débiteur, cette rigueur ne peut du moins se justifier qu'à titre d'exemple et de menace vis-à-vis de tous les débiteurs qui seraient tentés de négliger les intérêts de leurs créanciers ; et réduit à cela, le droit de contrainte a paru contestable : — Ira-t-on, a-t-on dit, punir, pour l'utilité de l'exemple, le débiteur qui n'a peut-être été que malheureux ? car, où est l'homme, si vigilant et si soigneux qu'il soit, qui puisse être complétement à l'abri de ces coups de fortune qu'il est impossible de prévoir ? — Que si, d'un autre côté, le but véritable de la contrainte par corps est d'obtenir, par la coercition, un paiement forcé du débiteur, contre celui qui est évidemment dénué de toutes ressources, ce but est manqué. Enfin l'emprisonnement est une entrave à l'industrie du débiteur qui pourrait lui procurer des ressources. La liberté d'un homme est une valeur, et cette valeur, l'irritation d'un créancier va la rendre improductive et pour le débiteur et pour lui-même. Il y a même là une raison d'intérêt commun qu'on pourrait invoquer, car la liberté de chacun est même une valeur pour tous. « Les biens appartiennent aux personnes, disait le roi d'Egypte qui abolit la contrainte par corps dans ce pays, mais les personnes appartiennent à l'Etat. » — On répond à tout cela : Il est vrai que l'emprisonnement du débiteur pourra engager ses amis ou ses parents à payer pour lui ; mais, tout indirecte qu'est cette contrainte, est-elle juste quand elle a pour but de faire payer, non celui qui doit la dette, mais des personnes qui ne l'ont jamais due ? Le paiement fait par un étranger doit être entièrement volontaire et ne résulter d'aucune contrainte, directe ou indirecte, mais seulement du désir qu'il peut avoir de satisfaire aux engagements de l'ami ou du parent dont l'honneur lui est cher.

Toutes ces considérations ne sont pas sans inspirer une certaine défiance contre cette voie d'exécution rigoureuse ; et cette défiance, elle est dans nos lois, qui ont su faire la part de presque toutes ces réclamations. Ainsi, si le débiteur est d'assez mauvaise foi pour qu'on puisse le soupçonner de ne pas faire connaître toutes ses ressources, ou s'il a des biens insaisissables, comme des rentes sur l'Etat, la contrainte par corps a une raison d'être ; et, si de plus il a agi de mauvaise foi dans l'acte qui donne lieu aux poursuites, elle ne semble pas illégitime, car la loi qui, pour son dol, pourrait sans doute le châtier, peut, à plus forte raison, le soumettre à une simple coaction. « Il n'y a pas grande différence, disait-on un jour au parlement d'Angleterre (1), entre celui qui a contracté une dette en sachant qu'il ne pourrait pas l'acquitter, et celui qui se rend coupable d'un léger larcin. »

Or, nos lois civiles, où la contrainte par corps est une voie exceptionnelle, ne l'ont guère admise que pour des cas de fraude ou de dol. — Et alors on peut dire que l'intérêt qui s'attache à la liberté d'un fripon est moins grand que celui qu'on trouve à voir le créancier trompé recevoir son paiement et les décisions de la justice une prompte application. Il en est ainsi aux cas de stellionat, de réintégrande, au cas de dépôt nécessaire. En ce dernier cas, la faute est d'autant plus grave qu'on a profité de la position malheureuse du déposant, ou, si nous supposons un dépôt entre les mains de personnes publiques, de la nécessité où il s'est trouvé d'agir comme il l'a fait. Alors, il y a presque un délit : « *Crescit perfidiæ crimen,* disait Ulpien, *et publica utilitas coercenda est, vindicandæ*

---

(1) M. Barring, président du conseil du commerce. V. M. Bayle-Mouillard, *De l'emprisonnement pour dettes,* p. 69.

reipublicæ causd (1). Mais on comprend qu'au contraire la loi n'admette pas la contrainte par corps pour dépôt volontaire; car le déposant serait mal venu à réclamer une pareille mesure, ayant à se reprocher d'avoir mal placé sa confiance.

Dans les matières commerciales, la contrainte par corps forme le droit commun. A ce titre, elle me paraît être bien rigoureuse et plus difficile à justifier. Toutes les raisons qu'on en donne ne démontrent guère sa légitimité; mais on se place au point de vue pratique, et l'on met en avant son utilité incontestable. C'est ainsi que Montesquieu dit : « Dans les affaires qui dérivent des contrats civils ordinaires, la loi ne doit point donner la contrainte par corps, parce qu'elle fait plus de cas de la liberté d'un citoyen que de l'aisance d'un autre. Mais dans les conventions qui dérivent du commerce, la loi doit faire plus de cas de l'aisance publique que de la liberté d'un citoyen; ce qui n'empêche pas les restrictions et les limitations que peuvent demander l'humanité et la bonne police » (*Esprit des lois*, l. xx, ch. 15). — Il faut reconnaître avec ce grand écrivain que l'aisance publique est intéressée à l'exécution d'un seul engagement commercial. — Le négoce vit de crédit, et le manque d'exécution d'un seul commerçant peut, par ricochets, causer l'insolvabilité de vingt autres qui comptaient sur cette rentrée de fonds pour se faire à telle échéance donnée des remboursements mutuels. Les choses y sont ainsi faites qu'il ne peut s'y produire un choc qui n'ait son contre-coup. On pourrait comparer le monde commercial à une machine d'engrenage où, lorsqu'une roue s'arrête, elle en fait arrêter dix autres auxquells immédiatement ou par intermédiaire, cette première roue procurait le mouvement.—Ce qui explique encore la sévérité de la contrainte par corps en ces matières, c'est que dans le commerce on ne choisit pas ses contractants aussi à loisir que dans les affaires civiles. L'activité indispensable dans les négociations de ce genre, la nécessité de saisir au passage une occasion qui, dans un instant, va vous échapper, tout cela oblige les commerçants à traiter avec des personnes qu'ils n'ont pas le temps de bien connaître, quelquefois nomades,

______

(1) L. 1, § 4, *Depositi.*

le plus souvent sans propriétés foncières, et qui ne pourraient trouver de crédit auprès d'eux si elles ne leur offraient la garantie de la contrainte par corps. — Toutes ces raisons ont fait admettre l'emprisonnement du débiteur en matières commerciales depuis longtemps déjà, et les commerçants eux-mêmes, toutes les fois que la question s'est discutée, en ont été les plus ardents défenseurs. — On ne peut donc contester l'utilité de cette mesure. Mais il faut avouer du moins qu'on a quelque peine à l'admettre contre un débiteur qui n'a rien à se reprocher et se trouve évidemment dénué de toutes ressources ; car alors elle ne revêt plus qu'un caractère vexatoire et ne sert que la colère du créancier sans même servir ses véritables intérêts. — On dit qu'elle est admise dans l'intérêt même du débiteur qui, sans elle, souvent ne pourrait trouver de crédit. Ceci justifierait au besoin l'admission d'une contrainte par corps conventionnelle dans les matières commerciales, mais non la contrainte légale.

Disons du moins qu'en fait, la contrainte par corps est plus souvent une utile menace qu'une mesure rigoureuse rigoureusement appliquée. En 1848, le législateur ayant cherché à se procurer des renseignements sur l'application de l'emprisonnement pour dettes, provoqua une délibération du tribunal de commerce de Paris qui fut rendue le 24 juin 1848 et renferme des détails précieux. On y voit que sur 75,000 personnes contre lesquelles, en année moyenne, le tribunal de commerce de Paris prononce la contrainte par corps, 401 seulement laissent le jugement s'exécuter contre elles. Et sur ces 401 débiteurs, 90 au plus restent détenus plus de deux mois. — Enfin le tribunal de commerce déclarait qu'on ne se souvenait pas qu'une détention eût jamais atteint le maximum de cinq ans.

Quoi qu'il en soit, la contrainte par corps existe dans presque tous les pays de l'Europe. On la trouve appliquée en Angleterre, même à toutes les dettes civiles. — L'Espagne nous la montre encore : Charles-Quint avait même voulu que les insolvables y fussent traités comme des voleurs. — La Belgique l'applique aussi. Il en est de même de la Sardaigne (Code sarde, art. 2099), du royaume de Naples (Code des Deux-Siciles, art. 1931), du canton de Vaud (Code de ce canton, 1547), de l'Autriche (Code autr., 275), de la Prusse (C. prussien, part. I, t. 24, art. 142), de la Russie, etc. — Dans les deux derniers pays que je viens de nommer, le débiteur peut même être condamné à fournir ses travaux au créancier.

Il faut remarquer, du moins en Angleterre, une tendance à abolir d'abord la contrainte par corps avant jugement, admise dans certains cas par un statut du 10 août 1838, et même la contrainte par corps après jugement là où il n'y a pas réticence, contumace et fraude ou faute lourde équivalant à dol. Telle est la proposition qui fut faite par sir John Campbell en 1835.

DROIT ACTUEL.

Nous sommes arrivé en présence de la contrainte par corps telle que nos lois l'ont faite. Cette étude peut admettre les divisions suivantes :

CHAP. Iᵉʳ. — CAS D'APPLICATION DE LA CONTRAINTE PAR CORPS DANS LES LOIS FRANÇAISES.
CHAP. II. — MODES D'EXÉCUTION DE LA CONTRAINTE PAR CORPS.
CHAP. III. — CAUSES D'EXTINCTION DE LA CONTRAINTE PAR CORPS.

CHAPITRE PREMIER.

CAS D'APPLICATION DE LA CONTRAINTE PAR CORPS DANS LES LOIS FRANÇAISES.

Il faut distinguer ici l'application de ce droit rigoureux dans les matières civiles, commerciales, administratives, criminelles, puis contre certains fonctionnaires publics et contre les étrangers. Les matières civiles doivent avant tout nous occuper, le Code civil et le Code de procédure civile contenant surtout les principes de la matière.

SECTION PREMIÈRE.
Contrainte par corps en matières civiles.

J'ai déjà eu l'occasion de dire qu'ici ce mode d'exécution était exceptionnel. Dans les rapports ordinaires de la vie privée, le législateur a évité le plus qu'il a pu l'emploi de la contrainte corporelle, et il y a fait la part de toutes les réclamations que nous avons vues s'élever contre l'emprisonnement des débiteurs. Cette méfiance de la loi civile contre une voie d'exécution qu'elle ne laisse pourtant pas que d'admettre dans certains cas a autorisé les commentateurs à traiter de droit odieux le droit de contrainte par corps. — La loi craint en effet tellement l'abus qu'on pourrait en faire, qu'elle déclare dans l'article 2063 du Code civil que « hors les cas déterminés par les articles qui précèdent, ou qui pourraient l'être à l'avenir par une loi formelle, il est défendu à tous juges de prononcer la contrainte par corps; à tous notaires et greffiers de recevoir des actes dans lesquels elle serait stipulée, et à tous Français de consentir pareils actes, encore qu'ils eussent été passés en pays étranger : le tout à peine de nullité, dépens, dommages et intérêts. » — J'ai déjà eu à noter une disposition semblable en parlant de l'ordonnance de 1667, qui avait, en cela, comblé une étrange lacune des ordonnances de saint Louis et Philippe le Bel, tout en évitant de tomber dans l'excessive rigueur de celle de 1566 (1). La loi de germinal, écrite à peu près dans l'esprit de cette ordonnance, avait reproduit ce point dans l'art. 2 de son titre 1, mais sans déclarer comme elle qu'il en serait ainsi, quand même les actes eussent été passés hors du royaume. — Cette loi n'osait pas déroger à la maxime : *locus regit actum ;* une loi du 4 floréal an VI vint même déclarer expressément que la contrainte par corps conventionnelle stipulée dans un pays qui reconnaissait le droit de faire de semblables conventions s'appliquerait en France même contre un Français. C'était un tort. La prohibition de la contrainte par corps conventionnelle était chose trop sérieuse pour qu'elle dût céder le pas à un brocard de procédure, relatif à la forme des actes et non à leurs effets. Aussi les rédacteurs du Code civil ont-ils vu dans cette défense une mesure d'ordre public qui ne devait pas fléchir devant les dispositions contraires des Codes étrangers.

En lisant l'article du Code que je viens de citer, il semble presque que la contrainte par corps puisse être stipulée dans

---

(1) T. XXXIV, art. 6.

tous les cas où la loi permet au juge de l'appliquer, en sorte qu'il pourrait dépendre de la volonté des parties de rendre obligatoire une contrainte facultative. — Il n'en est rien pourtant. Le Code civil n'a permis la contrainte par corps conventionnelle que dans deux cas : encore en est-il un qui a disparu depuis la loi du 13 décembre 1848. C'est ce que nous allons voir dans le détail du titre du Code qui traite de la contrainte par corps en matière civile.

Mais, avant d'entrer dans l'examen des premiers articles de ce titre, il faut que j'en signale un qui, bien que rejeté à la fin, en est comme la préface, et que je m'étonne de trouver écrit dans nos lois. Je veux parler de l'art. 2069, qui déclare que l'exercice de la contrainte par corps n'empêche ni ne suspend les poursuites et les exécutions sur les biens. — Eh quoi ! le législateur, qui a montré de si justes méfiances contre la voie de la contrainte, au lieu de l'employer comme dernière ressource, la fait marcher de front avec l'exécution sur les biens ! N'est-ce pas contredire les vrais principes en cette matière qui veulent que l'emprisonnement ne soit employé que contre le débiteur de mauvaise volonté qui s'obstine à ne pas faire connaître ses ressources ? S'il est dur et inutilement cruel de jeter en prison un homme qu'on sait être hors d'état de s'acquitter, il l'est plus encore peut-être d'user de ce moyen à l'égard de celui contre qui l'on a d'autres voies d'action. Ira-t-on sacrifier le respect dû à la liberté, respect qui ne doit être mis de côté qu'en présence des considérations les plus graves, sous prétexte qu'il est plus commode au créancier d'être payé promptement par le débiteur emprisonné qui a hâte d'obtenir son élargissement que d'attendre son paiement des lenteurs de la procédure d'exécution sur les biens ? Et d'ailleurs, ces lenteurs, elles sont légitimes ! La loi les prescrit-elle sans juste fondement ? — En somme, la liberté d'un citoyen pèsera donc moins dans la balance que les aises d'un autre ! — M. Troplong objecte à tout cela une étrange raison : l'expropriation étant, de toutes les manières de vendre, la plus mauvaise, il est de l'intérêt même du débiteur qu'on l'oblige ainsi à vendre lui-même ses biens pour éviter la contrainte par corps : il en retirera davantage (1).

______

(1) N° 342.

Aussi trouve-t-il *beaucoup plus humain et beaucoup plus logique* de le jeter en prison d'abord et avant tout. — Malgré cette autorité, j'aimerais, je l'avoue, voir dans le Code le principe contraire, qui était celui du droit canonique, celui que défendit Barthole et que les lois de Victor-Amédée ont promulgué en Sardaigne.

Nous devons maintenant remarquer que la contrainte par corps est impérative ou facultative ; car parfois la loi ordonne au juge de la prononcer ; parfois, au contraire, elle laisse à sa sagesse d'apprécier si ce ne serait pas une vexation inutile et si la bonne foi du débiteur ne doit pas le mettre à l'abri de l'application d'une mesure qui ne laisse pas que de participer du caractère de la peine. C'est là une division qui se présente tout naturellement à notre étude.

§ 1er. — *De la contrainte par corps impérative.*

1. Le premier cas que la loi nous en présente, celui contre qui elle réserve des rigueurs particulières et qu'elle met en tête de notre titre, c'est le cas où la personne que l'on poursuit en justice s'est rendue coupable de stellionat.

Le stellionat, chez les Romains, comprenait tout délit innomé et non prévu par les lois pénales. « *Ubicumque titulus criminis deficit*, disait Ulpien, *illic stellionatûs objiciemus*. — La loi française, ne voulant pas soumettre à la contrainte par corps tous les nombreux délits que n'atteint pas le droit criminel, a dû définir, dans l'art. 2059 du Code civil, le moderne stellionat, qui se restreint dans d'étroites limites. — « Il y a stellionat, dit cet article (1° et 2°), lorsqu'on vend ou qu'on hypothèque un immeuble dont on sait n'être pas propriétaire ; — (3° et 4°) lorsqu'on présente comme libres des biens hypothéqués, ou que l'on déclare des hypothèques moindres que celles dont ces biens sont chargés. » Aux quatre cas que nous présente cet article, il en faut joindre un cinquième, que nous trouvons dans l'art. 2136 : il déclare stellionataire et, par suite, contraignable par corps, le tuteur ou le mari qui, après avoir manqué de requérir l'inscription des hypothèques légales de leurs pupilles ou de leurs femmes, *auront consenti ou laissé prendre des priviléges ou hypothèques sur leurs immeubles*.

sans déclarer expressément que lesdits immeubles étaient affec-
tés à l'hypothèque légale des femmes ou des mineurs.

Les points communs à ces cinq hypothèses, et que nous devons regarder comme des éléments essentiels de l'action pour
stellionat, sont la fraude et le préjudice. S'il n'y a pas eu
fraude, il n'y a pas de stellionat ; et si la fraude n'a pas porté
préjudice à la partie, sur quoi fonderait-elle sa poursuite à fin
de contrainte par corps, puisqu'elle n'a aucune indemnité à réclamer ? — Ces deux points me semblent incontestables : seulement, il faut remarquer que la loi ne prête pas toujours à la
fraude un même caractère. Ainsi, l'art. 2059 ne regarde comme
stellionataire que celui qui a affirmé un fait mensonger en déclarant l'immeuble qu'il hypothéquait libre ou grevé de moins
d'hypothèques qu'il ne l'était en réalité, tandis que l'art. 2126
punit chez le mari ou le tuteur la simple réticence : il doit déclarer l'hypothèque légale sous peine d'être poursuivi à titre de
stellionat. — Cette différence s'explique. L'art. 2136 suppose
que l'hypothèque légale n'a pas été inscrite : le mari doit donc
croire que le tiers en ignore l'existence et la lui faire connaître.
— Au cas de l'art. 2059, au contraire, nous devons supposer
l'hypothèque inscrite : sans cela, elle ne pourrait nuire au
tiers. Alors le débiteur peut croire que son contractant en a
pris connaissance, et il ne sera coupable de stellionat qu'autant
qu'il l'aura, par son dol même, induit en erreur.

Du reste, j'ai dit que le stellionat supposait toujours la
fraude. Je crois donc fort bien rendu un arrêt de Bordeaux,
du 9 juillet 1830, qui refusa de déclarer stellionataire un
paysan qui avait vendu un immeuble grevé de l'hypothèque
légale de sa femme en le déclarant libre d'hypothèques, parce
que, dit l'arrêt, le paysan illettré a pu ignorer l'existence de
l'hypothèque légale, et que, bien loin de chercher à induire
l'acheteur en erreur, il a eu la précaution de faire comparaître
sa femme à l'acte. D'ailleurs, dans la cause, la condition du
préjudice elle-même faisait défaut ; car il était démontré que
l'acheteur avait eu connaissance de l'hypothèque de la femme.
Remarquons qu'il n'y a pas ici application de l'art. 2136, qui ne
parle que de l'hypothèque et non de la vente de l'immeuble grevé
d'une hypothèque légale (et nous verrons tout à l'heure qu'il y a

bien lieu de distinguer); mais je crois qu'au cas de l'art. 2136, comme au cas de l'art. 2059, la fraude, pour être supposée par cela seul que le mari ou tuteur n'aura pas *déclaré expressément* l'hypothèque légale, n'en sera pas moins nécessaire pour constituer un stellionat, et que le mari qui n'aura pas fait cette déclaration expresse ne sera réputé stellionataire que sauf la preuve qu'il pourrait donner de sa bonne foi. A la vérité, cette preuve sera difficile; car combien peu de maris ou de tuteurs ignorent la charge qui grève leurs biens ! Mais elle ne me semble pas être repoussée par les termes, si formels qu'ils soient, dont se sert l'art. 2136.

J'ai fait remarquer déjà que l'art. 2136 ne parlait pas de la vente faite par le mari ou le tuteur sans déclaration d'hypothèque légale : ne semble-t-il pas pourtant qu'il y ait fraude dans ce cas comme dans l'autre? Faut-il croire que l'art. 2136 n'est qu'énonciatif et s'applique dans l'une et l'autre hypothèse? Des auteurs le prétendent, et M. Troplong, qui adopte une opinion contraire, dit qu'*à priori* on ne voit pas, en effet, de raison de distinguer; mais un examen attentif en fait découvrir une. En effet, la loi ne songe pas seulement à punir le mari ou le tuteur de mauvaise foi : en admettant la contrainte par corps, elle a en vue de protéger le tiers, qui a été trompé, contre un péril qu'il ne peut pas conjurer. C'est ce qui arrive au cas où l'immeuble donné pour libre se présente grevé de droits qui rendent illusoire l'hypothèque postérieurement consentie au profit de ce tiers : celui-ci reste dépouillé sans ressources, sans autre ressource du moins que son recours muni de contrainte par corps contre le mari ou le tuteur qui ne l'a pas averti des droits qui le primaient. Ce danger, il n'a pu s'en garantir. Mais il n'en est pas de même au cas de vente. L'acheteur a toujours un moyen de se mettre à l'abri des poursuites hypothécaires possibles en remplissant les prudentes formalités de la purge. Que s'il ne le fait pas, on comprend que la loi se préoccupe moins de sauvegarder les intérêts d'un acheteur qui n'a pas pris toutes ses précautions, que ceux d'un tiers qui n'a rien à se reprocher et qui ne pouvait se prémunir contre le coup qui le frappe (1). — Au cas où le tuteur ou le mari au-

---

(1) Troplong, *Contrainte par corps*, 71-73.

rait déclaré qu'il n'existait pas d'hypothèque sur l'immeuble, l'acquéreur, qui a payé son prix sans songer à purger, pourrait le poursuivre, mais en vertu de l'art. 2059.

Comment faut-il entendre le préjudice nécessaire pour donner ouverture à l'action pour stellionat? Ainsi, lorsque vous m'avez vendu comme libre un bien soumis à des hypothèques et que je viens à découvrir l'existence de ces droits, aurai-je action avant même que je sois inquiété par les créanciers hypothécaires? Il semble qu'alors je n'aie pas éprouvé de préjudice, puisque les créanciers ne manifestent même pas encore l'intention de me dépouiller. Toutefois, ce ne serait pas bien raisonner que de conclure de là que l'action en répétition du prix pour cause de stellionat n'est pas ouverte. Ne voyons-nous pas en effet que, lors de la vente de la chose d'autrui, l'article 1599 n'exige pas que l'acheteur ait été troublé par le véritable propriétaire pour qu'il puisse intenter son action contre le prétendu vendeur? Il a voulu en effet acquérir la propriété de la chose qui lui a été transmise et n'être inquiété ni par une éviction véritable ni par une chance d'éviction toujours suspendue au-dessus de sa tête comme l'épée de Damoclès. La même raison doit donner le même droit à l'acquéreur qui s'aperçoit que le bien qu'on lui avait vendu comme libre est grevé d'hypothèques. Il n'a pas la propriété entière, puisque l'hypothèque est un droit réel, et d'ailleurs il est sous le coup d'une juste inquiétude. — Mais si l'acheteur n'avait pas encore payé son prix, il ne pourrait agir, sous prétexte de stellionat, pour réclamer des dommages-intérêts; car il a alors la ressource de la purge et ne peut se fonder sur un préjudice ni présent ni futur. — De même, si le vendeur désintéresse les tiers qui menacent de troubler l'acquéreur dans sa possession, il ferme la voie à l'action en stellionat. — Tout cela résulte de ce que nous avons vu en commençant que l'action en stellionat n'est ouverte que lorsqu'il y a eu à la fois fraude et préjudice.

Mais l'art. 2136 paraît présumer la fraude bien facilement : si les tuteurs ou maris ont consenti ou *laissé prendre des privilèges ou hypothèques sans déclarer expressément l'hypothèque légale*, on les répute stellionataires.—Ces mots ne doivent assurément pas être pris à la lettre ; car lorsqu'un individu, tuteur ou mari, est condamné par-devant un tribunal, on ne peut soutenir qu'il devra expressément faire connaître à son adversaire l'hypothèque légale existant sur ses biens. Et pourtant, il aura laissé prendre une hypothèque judiciaire sans faire cette déclaration. Il en faut dire autant du tuteur qui se marie, du mari qui devient tuteur. Les mots de « laisser prendre des priviléges » sont déjà assez étranges. Ils semblent faire tomber sous le coup d'une présomption de fraude les tuteurs ou maris qui auront fait bâtir ou procédé à un partage sans faire connaître à l'architecte et au copartageant privilégiés l'existence de l'hypothèque légale.

Est-il besoin de faire remarquer que la loi ne suppose pas qu'il y ait stellionat à propos de meubles ? En ce qui touche le droit de gage, la fraude est impossible, puisque la possession du créancier, condition nécessaire du gage, ne permet pas de supposer le concours des deux créanciers gagistes ; et enfin, l'acheteur d'un objet mobilier sera, le plus souvent du moins, protégé par la maxime : « en fait de meubles, possession vaut titre. » Dans les cas où il ne le serait pas, à défaut de l'action de stellionat, il aura contre le vendeur de mauvaise foi une action en indemnité, à laquelle le tribunal pourra attacher la contrainte par corps (126, pr. civ.).

Le stellionataire est particulièrement odieux à la loi française. Elle ne l'admet pas à éviter la contrainte par corps en usant du bénéfice de la cession de biens (1). On doit, d'après son esprit, le déclarer déchu du bénéfice du terme, puisque la loi prive du droit d'opposer le terme conventionnel celui qui par son fait a diminué les sûretés qu'il avait données par le contrat à son créancier (2). — L'article 612 du Code de commerce refuse la réhabilitation au failli stellionataire. — Enfin, la qualité de septuagénaire, de femme ou de fille, qui, comme nous le verrons plus bas, exempte de la contrainte par corps en matières civiles, ne peut servir à couvrir de sa protection la personne qui s'est rendue coupable de stellionat (art. 2066, C. c.).

---

(1) Art. 905, C. proc. civ.

(2) Arrêts de Pau, 3 juillet 1807, et Bourges, 11 décembre 1839. C'est l'opinion de MM. Duranton, Troplong et Delvincourt.

2. La contrainte par corps a lieu aussi pour dépôt nécessaire ou misérable. Le dépôt nécessaire, dit l'art. 1949 du Code civil, est celui qui a été forcé par quelque accident, tel qu'un incendie, une ruine, un pillage, un naufrage, ou autre événement imprévu. — C'est sous la sauvegarde de la foi publique que la personne qui se trouve pressée par de tels événements remet ses biens entre les mains d'un dépositaire qu'elle n'a pas pu choisir. Il faut que la loi lui donne des moyens énergiques de se faire restituer, et d'ailleurs celui qui voudrait abuser de sa position et exploiter son infortune ne mérite aucun ménagement : aussi la loi déclare-t-elle que, s'il se refuse à la restitution, il devra y être contraint par corps. — L'art. 1952 déclare que les aubergistes, à qui l'on confie des effets de voyage, doivent être considérés comme des dépositaires nécessaires et partant sont contraignables par corps. Enfin l'art. 1782 soumet le voiturier aux mêmes obligations que l'aubergiste : c'est lui imposer une même responsabilité, mais rien de plus peut-être. On pourrait en effet douter que ces expressions tendent à le rendre passible de la contrainte par corps ; mais il faut convenir que l'on s'accorde généralement à assimiler le voiturier à l'aubergiste sous tous les rapports.

Nous voyons que le dépositaire ordinaire n'est pas soumis à la contrainte par corps impérative de l'art. 2060 : mais s'il refuse de rendre et qu'il soit condamné à payer des dommages-intérêts au déposant, le juge pourra attacher à cette obligation la sanction de la contrainte par corps (126, pr. civ.). Mais la contrainte ici n'est pas impérative, parce que le déposant peut avoir eu le tort de placer imprudemment sa confiance et n'être pas favorable à réclamer cette rigueur. De plus, le juge ne pourra prononcer la contrainte par corps qu'autant que les dommages-intérêts monteront à une somme supérieure à 300 francs.

Mais comment expliquer l'art. 1945, qui déclare que le dépositaire (volontaire) infidèle n'est pas admis au bénéfice de cession de biens, quand ce bénéfice n'a d'autre avantage que de soustraire celui qui en jouit à la contrainte par corps ? Le dépositaire volontaire était-il donc contraignable par corps en vertu du Code civil ? Non. Et l'art. 126 du Code de procédure n'existait pas encore. Mais l'ordonnance de 1673 était en vigueur et permettait l'application de la contrainte par corps pour dommages-intérêts au-dessus de 200 livres.

3. Arrivons à un troisième cas de contrainte par corps impérative. C'est celui de la réintégrande. La réintégrande est l'action d'un possesseur (1) dépouillé par violence : elle entraîne la contrainte par corps pour le délaissement du fonds, la restitution des fruits qui ont été perçus pendant l'indue possession et le paiement des dommages-intérêts adjugés au propriétaire, ou plutôt au possesseur. Le Code de procédure (l. 1, tit, 4) détermine les conditions de cette action. Nous n'avons à parler ici que de ses effets. Des auteurs ont cru (2) que la contrainte par corps ne pouvait s'appliquer au délaissement même du fonds, mais seulement aux dommages-intérêts qui suivront le manque d'exécution de la part du défendeur. Ils ont, en ce sens, invoqué la maxime : *Nemo præcisè cogi potest ad factum.*

C'est, je crois, méconnaître le véritable sens de ce brocard ; ces mots ne font que constater un fait, et il est certain qu'il sera difficile le plus souvent de contraindre un débiteur de mauvaise volonté à l'acte même qui fait l'objet de son obligation. Mais ce n'est pas dire que la puissance publique ne puisse faire emploi d'une force légitime pour l'y amener. Ira-t-elle donc préférer le débiteur de mauvaise foi au créancier qui n'a pas de reproches à se faire ? — Ici, il est vrai, la loi, sans agir directement sur celui qui doit restituer, pourrait faire avancer la force armée afin d'arriver à cette restitution ; mais comme la menace, et, au besoin, la gêne de l'emprisonnement produiront sans doute plus vite et d'une manière plus simple et plus commode ce résultat, on a pensé devoir l'employer contre un spoliateur vis-à-vis duquel on n'a pas de ménagements à garder. D'ailleurs l'art. 2060 parle de la contrainte par corps à propos de la restitution et du paiement des dommages-intérêts : le législateur aurait-il donc écrit deux paragraphes pour qu'ils se confondissent en un seul ?

Il faut noter que nous ne supposons que le cas d'une action

____

(1) Et non propriétaire, comme dit à tort l'art. 2060.
(2) V. *Encyclopédie du droit, Contrainte par corps,* n° 83.

possessoire. Si la restitution devait s'opérer en vertu d'une décision rendue au pétitoire, la contrainte par corps ne serait pas impérative. Nous verrons plus loin les raisons de cette différence.

4. Il faut citer, après la réintégrande, un cas qui a beaucoup d'analogie avec celui-ci : c'est celui des art. 683 et 712 du Code de proc. civ., qui soumettent le saisi à la contrainte par corps pour le délaissement de l'immeuble et les dommages-intérêts pour les dégradations qu'il y aurait commises ; et comme les termes de l'art. 712 ne permettent pas de douter que la contrainte par corps n'ait lieu en ce qui touche le délaissement même du fonds, c'est une raison nouvelle pour croire qu'il n'y a rien d'étrange à interpréter de même les termes de l'article 2060.

5. Enfin, le troisième paragraphe de l'art. 2060 ordonne l'application de la contrainte par corps pour répétition de deniers consignés entre les mains de personnes publiques, établies à cet effet. — La raison de la contrainte par corps, employée ici, se trouve dans les motifs que nous avons trouvés au cas de dépôt nécessaire. Là encore on n'a pas choisi son consignataire, et l'état qui le désigne doit donner les moyens de déposer en sécurité des valeurs dans ses mains. C'est ce qu'il fait en remettant aux mains du déposant l'arme de la contrainte par corps, dont l'emploi est d'ailleurs assez légitimé par la mauvaise foi du consignataire.

Quelles sont les personnes exposées à cette contrainte ? D'abord le caissier de la caisse des dépôts et consignations à Paris, et ses préposés dans les départements ; puis les huissiers, pour les deniers comptants trouvés chez les saisis, jusqu'au moment où le dépôt en sera fait (1) ; les geôliers des prisons pour dettes, entre les mains de qui le débiteur dépose les sommes dues pour obtenir son élargissement (2). — Il ne faut pas croire, d'ailleurs, qu'il faille qu'il s'agisse d'un dépôt ordonné par la loi ou par la justice pour que l'art. 2060 soit applicable. Ainsi, lorsque le dépôt sera volontaire, pourvu qu'il ne se

---

(1) Art. 590, pr. civ.
(2) 798, 802, pr. civ.

puisse faire qu'entre les mains de certaines personnes publiques, établies à cet effet, nous serons dans les termes de cet
article. — Tel est le cas où je remets une somme d'argent à
un huissier pour faire des offres réelles; et celui aussi où je
m'adresse à un agent de change pour qu'il emploie les sommes
que je lui confie aux opérations qui dépendent de son ministère.

L'art. 2060, § 3, ne parle que de la consignation de deniers. Ce n'est pas que celle d'un corps certain ne doive avoir
les mêmes conséquences ; mais il va en être question dans les
paragraphes suivants.

6. Sans sortir du même ordre d'idées, nous trouvons le § 4 de
l'art. 2060, qui attache la contrainte par corps impérative à la
représentation des choses déposées aux séquestres, commissaires et autres gardiens. Le motif est encore celui de la disposition précédente : aussi pensé-je qu'il faut, avec M. Coin-
Delisle, n'appliquer cette disposition qu'aux séquestres judiciaires et non à ceux qui ne sont choisis que par les parties :
ces derniers sont des déposants ordinaires. A tort ou à raison,
les parties ont eu confiance en eux et auraient mauvaise grâce
à réclamer, à leur égard, l'application de la contrainte par
corps. Les autres ont, au contraire, suivant l'expression des
tribuns Gary et Goupil de Préfeln (1), *contracté avec la justice*, et la justice doit garantir énergiquement *aux parties*
l'exécution des traités qu'elle a passés en leur nom. M. Coin-
Delisle invoque, en ce sens, le discours de M. Bigot-Préameneu (2) et aussi la rédaction de l'article qui parle des séquestres, commissaires *et autres gardiens*, et semble faire du
séquestre une espèce, tandis que le gardien serait un genre :
or, il n'est pas douteux que le mot gardien ne s'applique qu'à
des dépositaires choisis par la justice.

Le mot *commissaires*, dont se sert l'article, se réfère aux
commissaires aux saisies réelles qui existaient dans l'ancien
droit. On ignorait, lors de la rédaction de l'art. 2060, si le
Code de procédure conserverait ou non ces sortes de gardiens.

(1) Fenet, t. 15, p. 179 et 188.
(2) Fenet, t. 15, p. 172.

Comme nous ne les y retrouvons plus, l'expression reste, aujourd'hui, sans portée.

Les syndics d'une faillite, étant désignés par la justice pour administrer dans l'intérêt de tous les créanciers, et par conséquent appelés par elle à détenir les biens du failli, me semblent, par application des mots : « et autres gardiens, » devoir être soumis à la contrainte par corps, s'ils refusent de représenter les objets commis à leur garde.

On se demande aussi ce qu'il faut décider à l'égard du gérant à l'exploitation, que l'art. 594 ordonne de nommer dans une saisie d'animaux ou d'ustensiles servant à une exploitation agricole. Il se trouve subrogé au fermier, et il est certain que le caractère de gérant domine chez lui celui de gardien. Toutefois, il me semble qu'il ne l'efface pas et que ces deux qualités n'ont rien d'incompatible l'une avec l'autre. On ne voit pas pourquoi ce qu'il y a chez lui de plus que chez un gardien ordinaire le soustrairait à la responsabilité munie de contrainte par corps qui pèse sur celui-ci. Car s'il est plus qu'un gardien, cela ne l'empêche pas d'être au moins la même chose (1). Il faut du moins, si l'on n'adopte cet avis, reconnaître que, comme subrogé au fermier, ce gérant, pour la restitution du cheptel de bétail, des semences et instruments aratoires, est soumis à la contrainte par corps facultative, en vertu des dispositions de l'art. 2062.

J'en dirai autant des personnes désignées par le tribunal de commerce, dans une faillite, pour prendre en main la gestion d'un établissement industriel. Ce sont aussi des gardiens (2).

Il faut remarquer que le saisi lui-même est parfois considéré comme séquestre judiciaire relativement à ses propres biens. Tel est le cas prévu par l'art. 685 du Code de procédure, où, dans une saisie immobilière, les loyers ont été payés par les fermiers au saisi, à défaut d'opposition. Il ne peut alors être douteux que le § 4 de l'art. 2060 ne lui soit applicable.

---

(1) Cette opinion est celle de MM. Carré et Chauveau, t. 4, p. 723, *quest.* 2049; Favard de Langlade, t. 5, p. 27, n° 5 ; Thomine-Desmazures, t. 2, p. 110 ; Troplong, *Contrainte par corps*, n° 138 ; Coin-Delisle, p. 16.

(2) MM. Troplong, n° 140 ; Coin-Delisle, p. 16.

Il s'applique encore aux gardiens établis par l'huissier dans une saisie-exécution, au nom de la justice, dont il est mandataire (art. 596 et 597 pr. civ.).

Le gardien établi dans une saisie-brandon, qui sera le plus souvent le garde champêtre, sera encore, s'il ne veut restituer, passible de la contrainte par corps (art. 628, pr. civ.).

Enfin le gardien aux scellés (914, pr. civ.) et celui qui sera nommé lors d'une saisie-revendication, lequel pourra être la personne entre les mains de qui l'on opère cette saisie (830, pr. civ.), tombent encore sous le coup du paragraphe 2060 que nous venons d'examiner.

Il faut remarquer qu'ici la contrainte par corps peut avoir lieu, d'après les termes mêmes de l'article, pour le simple défaut de représentation. Il importe que les parties intéressées puissent surveiller la garde des objets remis aux séquestres et gardiens.

Je regrette de ne pouvoir admettre une opinion émise par le chancelier d'Aguesseau, dans une lettre écrite le 3 novembre 1736 au premier président du conseil souverain d'Alsace. Elle consiste à appliquer une contrainte par corps récursoire contre les personnes qui auraient, par violence ou artifice, soustrait au séquestre ou gardien les objets dont il avait la garde : « Il est juste, dit-il, que celui par la faute duquel le gardien ou le dépositaire se trouve livré à la contrainte par corps de la part des créanciers saisissants puisse être poursuivi de la même manière par la personne qu'il a mise dans cette mauvaise situation. — Il est enfin de l'intérêt, soit du saisissant ou des autres créanciers, soit du débiteur même, qu'on puisse trouver des gardiens solvables. Or, comment pourrait-on parvenir à en trouver, s'ils savaient qu'on leur refusera la contrainte par corps contre le débiteur, s'il venait à enlever par force ou à soustraire par artifice les effets dont la garde leur est confiée ? » Ces considérations sont fort bonnes en législation ; mais il est impossible, en présence du caractère pénal qui apparaît dans la contrainte par corps, de l'étendre en dehors des limites précises que les textes lui assignent.

7. En septième lieu, la contrainte par corps impérative atteint les notaires, les avoués et les huissiers, pour la restitution des

titres à eux confiés, et des deniers par eux reçus pour leurs clients, par suite de leurs fonctions. «On ne peut employer ces officiers, disait M. Bigot-Préameneu devant le Corps législatif, sans être dans la nécessité de leur confier les titres et l'argent nécessaires pour agir (1). » Et M. Gary s'exprimait ainsi au Tribunat : « Puisque la loi a cru devoir gêner mon choix, il est juste qu'elle m'offre tous ses moyens et toutes ses garanties (2). » Enfin M. Goupil-Préfeln, revenant sur cette idée, disait à son tour : «Le choix est en quelque sorte forcé (3). »

Ainsi les titres et les deniers remis aux notaires, avoués et huissiers dans les affaires dont ils sont chargés, leur seront réclamés par la voie de la contrainte par corps, parce qu'on n'a pu faire autrement, et que la loi qui vous impose ces mandataires doit vous garantir contre leur déloyauté. En partant de ce point de départ, que les citations que je viens de faire rendent incontestable, on arrive, je crois, nécessairement à repousser une opinion assez généralement reçue : c'est celle qui regarde les notaires comme contraignables par corps pour la restitution des fonds versés chez eux pour un placement. Personne ne conteste que les placements de fonds ne rentrent pas dans les attributions mêmes du notariat : les notaires sont essentiellement institués pour donner authenticité aux actes. Hors de là, et en ce qui touche surtout les placements de fonds dont on les charge fréquemment, ils remplissent une mission de confiance, et, disons-le à leur honneur, de confiance personnelle ; et, dès lors, comment voudrait-on leur appliquer cette disposition de loi dont les auteurs ont dit qu'il fallait offrir des garanties à ceux qui ont eu recours à ces officiers publics, parce que leur choix n'a pas été libre ? Si l'on en croit une sentence du 20 janvier 1711, rapportée par Brillon, un usage contraire aurait régné dans l'ancien droit, et l'on aurait regardé comme rentrant dans la fonction *publique* des notaires les placements de sommes d'argent ; on cite encore aujourd'hui cet arrêt, qui paraît avoir inspiré ceux des Cours

---

(1) Fenet, t. 15, p. 163.
(2) Fenet, t. 15, p. 179.
(3) Fenet, t. 15, p. 188.

de Lyon, de Paris et de Douai (1) ; mais il me semble que c'est maintenant dans la loi du 25 ventôse qu'il faut aller chercher la détermination des fonctions des notaires, et non dans des dispositions relatives à un ordre de choses qui n'existe plus.

A plus forte raison, si je donne à l'un des officiers publics, dont il est question dans ce paragraphe 7, un mandat tout en dehors de ses fonctions, faut-il dire que cet article est inapplicable. Il en est ainsi dans le cas où je prie un avoué de tenter d'arriver à une transaction, et que pour cela je lui remets des titres et des sommes d'argent : il n'est alors que mandataire ordinaire.

Mais lorsque la remise des pièces et des deniers résulte de la nécessité où l'on a été d'employer l'officier public qui refuse de les restituer, l'article est applicable, peu importe d'ailleurs de qui provienne cette remise. Ainsi, l'article 191 du Code de procédure en fait une application, au cas où un avoué refuse de rendre les pièces qui lui ont été confiées par son confrère, représentant de la partie adverse. Je ne crois d'ailleurs pas qu'il faille, s'en tenant à la lettre de l'article, dire qu'il n'y a lieu à contrainte que pour la restitution des deniers que les officiers publics dont nous parlons ont reçus *pour leurs clients,* et non de ceux qu'ils ont reçus d'eux (2). L'article veut sans doute dire : même ceux qu'ils ont reçus pour leurs clients d'autres que ceux-ci. — D'ailleurs, comme le fait remarquer M. Troplong (3), outre qu'on ne voit pas de raisons d'établir une différence, on peut dire que les sommes qu'ils ont reçues de leurs clients sont aussi reçues pour eux. — Enfin les paroles de M. Bigot-Préameneu, que j'ai citées plus haut, condamnent cette opinion.

La loi du 13 décembre 1848 (art. 3) étend l'application du paragraphe 7 de l'art. 2060 aux greffiers, commissaires-priseurs et gardes du commerce.

8. Voici un nouveau cas de contrainte impérative qui a du

---

(1) M. Coin-Delisle est en ce sens, p. 21, n° 26. — Les arrêts sont du 3 févr. 1830 ; 28 janv. et 31 juil'. 1835 ; 29 mai 1839.—En sens contraire, arrêts de Paris des 6 janv. et 22 mai 1832.— La Cour de Paris est revenue sur son opinion, notamment dans un arrêt du 23 novembre 1852.

(2) MM. Coin Delisle, p. 20, n° 24, et Delvincourt, t. 3, p. 189, note 10.

(3) *Contrainte par corps,* n° 171.

rapport avec les précédents ; c'est celui où il est ordonné àd es officiers publics de représenter les minutes dont ils sont les dépositaires. — « S'ils s'y refusent, dit **M. Bigot**, ils arrêtent le cours de la justice ; ils enfreignent un des devoirs sous la condition duquel ils ont été admis à remplir leurs fonctions ; ils violent la foi publique, ils doivent être contraints par corps. » Sous ce nom d'officiers publics, on entend tous gardiens des actes originaux établis par la loi, tels que greffiers, notaires, officiers de l'état civil, conservateurs des hypothèques, archivistes et autres. — Les art. 204 et 221 du Code de procédure font une application de cette contrainte par corps, impérative pour l'apport des pièces, au cas de vérification d'écritures et de faux incident civil. L'art. 452 du Code d'instruction criminelle reproduit sur ce point l'art. 221 du Code de procédure civile, et étend même la contrainte par corps impérative à ceux qu'il nomme les dépositaires particuliers des pièces arguées de faux. Mais, dans tous ces cas, comme dans toute autre application de notre paragraphe, l'officier public ne doit remettre les pièces dont il est le gardien que sur l'ordre d'une autorité compétente ; c'est alors seulement que son refus aura pour conséquence de le faire contraindre par corps. On comprend que la loi ne peut lui ordonner de livrer des pièces précieuses à la première personne qui les requerra.

Il faut rapprocher de cette disposition l'art. 839, qui condamne par corps le notaire ou autre dépositaire qui refusera expédition ou copie d'un acte aux parties intéressées, en nom direct, héritiers ou ayants droit. On voit que le nombre des personnes qui peuvent demander ces expéditions est limité. Toutefois, il est de certains actes dont la connaissance intéresse le public, qui doivent être communiqués à tout requérant : ce sont les actes de l'état civil, inscriptions hypothécaires, matrices des rôles, jugements et actes judiciaires (1).

9. De l'obligation où se trouve un dépositaire public de représenter les minutes dont il a la garde à celle imposée au témoin d'un fait intéressant le cours de la justice de le faire

---

(1) MM. Chauveau et Carré, *quest.* 2861 ; Pigeau, *Commentaire*, t. 2, p. 545 ; Thomine Desmazures, t. 2, p. 443.

connaître, il n'y a pas loin : aussi cette dernière obligation est-elle soumise à la même sanction que la première. Il ne faut pas que l'obstination d'un particulier mette obstacle à la marche des décisions judiciaires. C'est pourquoi l'art. 264 du Code de procédure civile établit contre les témoins défaillants une contrainte par corps impérative, qui ne s'applique, à la vérité, que pour l'amende que le juge-commissaire pourra leur infliger, lorsqu'ils seront restés sourds à deux injonctions successives : il peut de plus décerner contre eux un mandat d'amener, pour les obliger à comparaître. — En matières criminelles, l'art. 80 du Code d'instruction criminelle en dit à peu près autant ; mais nous n'y voyons pas la contrainte par corps ; car, bien que l'article emploie ce mot, en l'appliquant au mandat d'amener, il ne faut pas s'y tromper, il ne se conforme pas ici au sens que la loi française est habituée à lui donner.

10. Enfin, le fol enchérisseur est tenu par corps de la différence entre son prix et celui de la vente (art. 710 et 740, pr. civ.). On le punit de n'avoir pas assez bien calculé ses moyens.

11. Un autre cas de contrainte impérative s'offre à nous dans le cautionnement judiciaire (2060, 5°). La justice qui se substitue au créancier en recevant la caution doit, suivant le législateur, veiller sur ses intérêts en lui assurant toutes les garanties désirables : aussi la contrainte par corps est-elle attachée à l'engagement de cette caution, qui, suivant l'expression de M. Bigot, s'oblige envers la justice. — On a soutenu que la contrainte par corps ne suivait pas de plein droit le cautionnement judiciaire, en s'appuyant sur certains arguments de texte plus ou moins spécieux. Je vais examiner cette question en traitant des cas où la loi française a permis la stipulation de la contrainte par corps.

12. Il est évident que là où la loi autorise la contrainte conventionnelle, celle-ci doit être impérative ; car on ne peut pas permettre au juge de modifier la convention faite par les parties sous la sauvegarde de la loi. *A priori*, il semble qu'une bonne législation ne doit permettre une pareille stipulation que dans des cas où l'on n'a pas à craindre que le créancier abuse du rôle qu'il joue, rôle qui lui permet le plus souvent de dicter des lois auxquelles le débiteur souscrit trop facilement, entraîné par

une imprudence irréfléchie et pressé par une nécessité qui ne lui laisse pas le loisir de les discuter. Ceci admis, et sans m'arrêter à ce qu'offre d'étrange cette aliénation volontaire de la liberté, je dirai qu'on comprend alors que la loi permette cette stipulation de la part de la caution d'un contraignable par corps, parce que l'engagement tout volontaire et spontané de cette caution ne permet pas de croire que le créancier ait exercé sur elle une dangereuse pression. Encore faut-il remarquer que la loi ne permet à une caution de se soumettre à la voie rigoureuse de la contrainte par corps qu'autant que le débiteur principal est lui-même contraignable par cette voie, ne pensant pas devoir ouvrir cette garantie anormale au créancier hors des cas que nous venons d'énumérer, qui lui sont tous très-favorables. C'est donc dans ces cas seulement que les cautions peuvent se soumettre d'avance à la contrainte par corps.

Mais ici, il s'élève une difficulté. L'article 2060, 5°, dit que la contrainte par corps a lieu contre les cautions judiciaires et contre les cautions des contraignables par corps, lorsqu'elles se sont soumises à cette contrainte. Des auteurs croient alors que la restriction qui se trouve dans ces derniers mots s'applique aussi bien aux cautions judiciaires qu'aux autres et ne les regardent les uns et les autres comme passibles de la contrainte par corps que de leur consentement. La lecture de l'article pourrait jusqu'à un certain point justifier cette opinion ; mais j'ai peine à comprendre qu'elle se produise en présence de son historique. Les travaux préparatoires du Code nous montrent en effet que le § 5 de l'art. 2060 n'établissait d'abord la contrainte par corps que contre les cautions judiciaires. Puis, un remaniement eut lieu, dans lequel on ajouta ces mots : « et contre les cautions des contraignables par corps, lorsqu'elles se sont soumises à cette contrainte (1). » Il y a là, je crois, la preuve la plus évidente que les rédacteurs du Code ne pensaient qu'aux cautions des contraignables par corps lorsqu'ils ont écrit ces derniers mots ; car il n'apparaît nulle part qu'en ajoutant au paragraphe on ait voulu le modifier, et ce para-

______

(1) Fenet, t. 15, p. 151.

graphe appliquait, sans la restreindre au cas de convention, la contrainte par corps aux cautions judiciaires. M. Bigot-Préameneu rapproche même ces dernières cautions des séquestres et gardiens judiciaires (1). Enfin, le tribun Goupil est aussi formel qu'on peut le souhaiter, disant que « la contrainte par corps pourra être stipulée seulement dans deux cas, où elle n'a pas lieu par la seule autorité de la loi, si elle est consentie par les cautions des contraignables par corps, ou pour fermage de biens ruraux (2). »

A tout cela l'on objecte l'art. 519 du Code de procédure, où nous voyons que, lors d'une réception de caution, la soumission qui sera faite par celle-ci sera exécutoire sans jugement, même par la contrainte par corps, *s'il y a lieu à contrainte.* Ces derniers mots semblent à certaines personnes une raison déterminante pour croire que la caution judiciaire n'est contraignable par corps que lorsqu'elle s'est soumise à la contrainte, et qu'il faut opérer un rapprochement entre l'art. 519 et l'art. 2060 du Code civil. Et, quoi qu'en dise un jurisconsulte célèbre, je crois qu'il est possible de *raisonner plus mal.* Mais nous ne restons pas sans défense ; car l'art. 519 prouve seulement que certaines cautions peuvent être reçues en justice sans être contraignables par corps : malheureusement pour nos adversaires, rien n'est plus vrai ; car il faut reconnaître que toutes les cautions reçues en justice ne sont pas des cautions judiciaires. J'en donne un exemple : vous vous êtes engagé à fournir une caution, et vous n'avez pas rempli votre obligation. Je vous actionne : la justice vous astreindra à en présenter une ; mais cette caution ne sera pas soumise à la contrainte par corps, parce qu'elle ne cesse pas d'être une caution conventionnelle. La justice ici ne se substitue pas au créancier : elle lui prête seulement son appui pour faire exécuter la convention à laquelle le débiteur prétend se soustraire. — La caution, reçue par la justice, n'est vraiment judiciaire que lorsqu'elle n'était pas due en vertu de quelque autre cause antérieure au jugement.

---

(1) Fenet, t. 15, p. 162.
(2) Fenet, t. 15, p. 189.

C'est par toutes les raisons que je viens de donner que j'ai cru devoir ranger le cautionnement judiciaire parmi les causes entraînant d'elles-mêmes et sans convention la contrainte par corps impérative.

Le Code civil avait admis un second cas de contrainte par corps conventionelle. En effet, l'intérêt de l'agriculture, qui veut que les propriétaires trouvent facilement des fermiers, avait semblé si grand qu'on permettait à ceux-ci de leur offrir la garantie de la contrainte par corps pour le paiement des fermages (2062). On craignait qu'autrement les terres remises à des régisseurs n'eussent pas produit tout ce qu'elles pouvaient produire. Toujours est-il que cette garantie pouvait être stipulée trop facilement par les fermiers imprudents, et que, l'impossibilité de payer leurs fermages échéant, ils pouvaient se trouver, par l'effet d'une convention irréfléchie, punis durement de ce qui n'était que le résultat d'un pur cas fortuit, comme l'intempérie des saisons et la stérilité de la terre : aussi le législateur de 1848 a-t-il cru devoir proscrire de semblables stipulations (l. du 13 déc., art. 2). Il a voulu, d'après les expressions mêmes du rapport, « affranchir de cette voie de rigueur une dette qu'une mauvaise récolte ou un retard éprouvé dans le paiement du prix de la vente de ses denrées met souvent le fermier dans l'impossibilité d'acquitter à l'échéance. » Cette loi a soulevé des critiques : on a dit que cette mesure prohibitive nuisait à la classe même des fermiers, qui souvent ne pouvaient obtenir qu'on leur confiât des fermes importantes qu'en offrant cette garantie de la contrainte par corps; enfin que la disposition de l'art. 2062 avait pour but de frapper la fraude et l'inconduite du fermier, contre lesquelles le propriétaire allait désormais se trouver désarmé. C'est, je crois, pousser trop loin la sollicitude pour les fermiers et pour les propriétaires. Quant aux premiers, la loi les protége contre leur propre imprudence, bien plus à craindre pour eux que le danger que l'on signale et qui ne se présentera pas pour les fermiers honnêtes et actifs. Et pour les seconds, n'ont-ils pas sur les produits de la ferme un privilége que leur vigilance doit empêcher de devenir inefficace ?

Nous avons passé en revue tous les cas où la loi ordonne aux juges de prononcer la contrainte par corps en matières civiles.

Arrivons maintenant à ceux où elle a pensé devoir leur laisser une latitude qui leur permet d'estimer le plus ou moins de bonne foi du débiteur et de suspendre une rigueur inutile et peu légitime dans des cas dont le législateur n'a pu prévoir d'avance toutes les variétés.

§ 2. — *De la contrainte par corps facultative.*

Dans les pays où la magistrature est honorable, parce qu'elle est libre, il est bon que les lois fassent une certaine part à l'appréciation du juge dans l'application de tout ce qui ressemble à une peine. Le législateur qui aurait la prétention d'embrasser dans ses prévisions tous les cas qui peuvent en fait se présenter à l'appréciation des magistrats, oublierait à grand tort qu'il n'en est pas deux qui soient exactement semblables. J'ai dû reconnaître que la contrainte par corps participait du caractère de la peine; mais comme, de plus, elle offre ceci de particulier, qu'elle exerce une coaction tendant à faire payer le débiteur, et qu'il serait inique et vexatoire d'exercer sur lui si l'on n'était pas autorisé à croire qu'il n'a pas exhibé toutes ses ressources, ou, pour parler d'une manière plus générale, que, s'il n'exécute pas, c'est par mauvaise volonté, il est peu de matières où l'appréciation du fait soit plus importante et en même temps plus délicate : aussi, dans beaucoup de cas, et des plus graves, le législateur a-t-il laissé *l'application de la contrainte par corps à la juste appréciation du juge.*

1. Il en est ainsi en ce qui touche la restitution à faire par le fermier du cheptel de bétail, des semences et des instruments aratoires qui lui ont été confiés, à moins qu'il ne justifie que le déficit de ces objets ne procède pas de son fait (art. 2062). Ceci est une importation de la loi de germinal. Elle avait trouvé dans l'ordonnance de 1667 la permission de stipuler la contrainte par corps pour prix de fermages; mais cette aliénation volontaire de la liberté avait choqué le législateur, et il avait aboli la disposition de 1667 en introduisant celle qui nous occupe actuellement. Le Code civil, au contraire, avait fait marcher de front l'ancien ordre de choses et l'innovation de l'an VI. Depuis la loi de 48, qui proscrit la stipulation de

contrainte par corps, nous sommes revenus aux dispositions de la loi de germinal.

2. Nous avons vu la loi prononcer la contrainte de l'emprisonnement contre ceux qui, ayant expulsé par violence le possesseur d'un fonds, se refuseraient à lui restituer la possession qui lui est légalement reconnue. — La contrainte impérative est ici justifiée par la certitude de la mauvaise foi. La violence, qui trouble l'ordre de la société, est un fait punissable, et la loi, qui pourrait la poursuivre criminellement, peut, à plus forte raison, lui imposer la gêne de la contrainte par corps qui cesse avec la restitution et le paiement d'une indemnité. — Mais si, nous plaçant en dehors de toute question possessoire, nous supposons qu'un défendeur, qui se croyait peut-être très-légitimement nanti de la possession et qui se supposait investi d'une propriété inattaquable, succombe dans le procès en revendication qui lui est intenté, il n'y a plus lieu de présumer la mauvaise foi, et nous nous trouvons alors en présence de l'art. 2061, qui porte que ceux qui, par un jugement rendu au pétitoire, et passé en force de chose jugée, ont été condamnés à désemparer un fonds, et qui refusent d'obéir, peuvent, par un second jugement, être contraints par corps, quinzaine après la signification du premier jugement à personne ou à domicile. — On comprend qu'il faille un jugement passé en force de chose jugée. Jusque-là, le possesseur, qui peut se croire légitime propriétaire, conserve l'espoir de faire reconnaître son droit par la justice. Et même après, bien qu'il soit nécessaire qu'il se soumette au prononcé des magistrats, car l'ordre public est intéresssé à l'exécution des jugements, la loi ne veut pas qu'il soit soumis à la contrainte par corps, sans qu'un examen des circonstances en ait fait reconnaître au juge la légitime application : aussi est-il nécessaire qu'un second jugement intervienne sur ce point, et le juge ne pourrait-il, dans le premier jugement, prévenir et atteindre le défaut d'obéissance.—Remarquons enfin, avec M. Bigot-Préameneu (1), que l'art. 2061 ne parle pas de la restitution des meubles, parce

---

(1) Fenet, t. 15, p. 164.

que la possession en étant essentiellement fugitive, un doute peut
toujours s'élever à son égard, et qu'il serait injuste de contraindre par corps le défendeur pour une restitution qu'il lui
est peut-être impossible d'effectuer.

3. Mais le texte de la loi capital en cette matière, est
l'art. 12 du Code de procédure, qui, avec une portée très-gé-
nérale, est venu compléter le Code civil. Il a deux chefs, dont
le premier va d'abord nous occuper ici. Commençons par rappeler que la contrainte par corps ne doit être prononcée que
dans les cas prévus par la loi. L'art. 126 déclare qu'il est
néanmoins laissé à la prudence des juges de la prononcer,
1° pour dommages-intérêts en matière civile au-dessus de la
somme de 300 francs. — Parlons de ce cas de contrainte facultative. — Sous l'ordonnance de 1667, l'emprisonnement avait
lieu, de plein droit, pour les dépens, dommages-intérêts et restitutions de fruits, montant à 200 livres et au-dessus, mais
seulement quatre mois après la signification du jugement.—
L'inflexibilité de cette règle se justifiait difficilement. Toutefois il est des cas où celui qui encourt une condamnation à des
dommages-intérêts mérite peu de ménagements, ce qui explique
l'art. 126, qui laisse le juge maître d'apprécier s'il doit ou non
être poursuivi par la voie de la contrainte par corps. On peut,
en effet, sans commettre un fait qui tombe sous la répression
des lois pénales, avoir manqué assez fortement aux lois de
la bonne foi pour appeler sur soi toutes les sévérités des lois
civiles. Ajoutons, comme je l'ai fait remarquer plus haut, que
la mauvaise foi imputable ici au débiteur autorise à croire
qu'il ne produira pas loyalement toutes ses ressources, et mo-
tive, par conséquent, l'emploi de la contrainte par corps. Il ne
faut pas d'ailleurs que les citoyens, dans leurs rapports,
s'habituent à avoir, suivant l'expression d'un auteur comi-
que, *tout juste autant de probité qu'il en faut pour n'être
point pendu.*

Le Code de procédure ne permet plus au juge d'attacher la
contrainte par corps à une condamnation aux dépens. On se
demande alors ce qu'il faudrait décider si un tribunal avait accordé les dépens *à titre de dommages-intérêts.* Je crois qu'il faut,

avec la Cour de Toulouse (1), refuser aux magistrats un droit qui leur permettrait d'éluder si facilement, par un changement de dénomination, les dispositions de nos lois modernes, qui ont proscrit l'application de la contrainte facultative au paiement des dépens. « Il n'est pas permis d'éluder cette distinction, dit l'arrêt, surtout dans une matière qui tient de si près à la liberté individuelle, en qualifiant de dommages et intérêts une condamnation que la loi ne prononne que comme indemnité des frais exposés pour la poursuite de l'action qu'elle reconnaît juste et bien fondée, et qu'elle désigne elle-même sous le nom de dépens. » M. Pigeau dit, au contraire (*Comment.*, t. I, p. 325) : « Les dépens, prononcés pour tenir lieu de dommages-intérêts, étant de véritables dommages-intérêts, le juge peut y condamner par corps, quand ils excèdent 300 francs, ce qu'il ne peut faire quand les dépens ne sont accordés que comme dépens. » Ces expressions sont bien vagues, et il semble dangereux de laisser le tribunal juge de la dénomination et des effets qu'elle entraîne avec elle. Nous avons reconnu qu'il fallait laisser au magistrat une certaine appréciation en ces matières ; mais il ne faut pas qu'il tienne de la loi le pouvoir de la paralyser et d'en éluder les dispositions. Du reste, M. Chauveau, qui paraît approuver M. Pigeau et se poser en agresseur du système que je défends, n'accorde aux tribunaux le droit de qualifier de dommages-intérêts les dépens que dans des cas où ce sont évidemment de vrais dommages-intérêts (2). C'est celui où une partie qui eût dû gagner tout ou partie des dépens est condamnée à les payer, en raison des injures ou autres torts semblables dont elle se sera rendue coupable envers son adversaire. Ici, il n'y a pas d'équivoque possible, et le juge ne peut user d'arbitraire dans la dénomination. Si l'opinion de M. Pigeau, dont les paroles ne sont pas d'une clarté suffisante, se ramène à ce point, qui ne me semble pas contestable, la divergence n'est plus qu'apparente et nous n'avons plus d'adversaire. — C'est donc en dehors de ce cas

---

(1) Arrêt du 29 févr. 1832. En ce sens, MM. Troplong, n° 216, et Coin-Delisle, p. 22, n° 30.

(2) M. Chauveau sur Carré, *quest.* 588 *oct.*

que je ne crois pas que les dépens puissent être adjugés à titre de dommages et intérêts. Par conséquent, ils ne pourraient jamais entrer dans le calcul à faire pour savoir si les dommages-intérêts, s'élevant à 300 francs, la contrainte facultative est possible. Mais, chose singulière, sur laquelle nous reviendrons plus bas, d'après l'art. 23 de la loi du 17 avril 1832, le débiteur ne peut obtenir son élargissement qu'en les payant avec la somme qui a motivé son arrestation. Ils n'ont donc pas la puissance de faire naître l'emprisonnement, mais ils peuvent en entraîner la prolongation.

Mais une question délicate s'élève dans l'application du paragraphe premier de l'art. 126. Il s'agit de savoir ce qu'il faut entendre par l'expression de dommages-intérêts et s'il faut admettre qu'elle puisse comprendre dans certains cas même la valeur à restituer qui fait l'obligation principale, la représentation de cette valeur, ou bien si ce mot ne doit pas se borner à désigner la somme représentative du dommage causé en dehors de la valeur vénale de l'objet à restituer. Voici quel est sur ce point la doctrine de Dumoulin : « *Sic quod interest, non comprehendit rem principalem, nec ejus pretium, vel æstimationem, sive principalem ipsam utilitatem ; sed tantum comprehendit damnum vel lucrum, occasione culpæ vel moræ, emergens vel cessans extrinsecùs, scilicet præter rem principalem et ejus causam* (1). — Si ces paroles sont exactes, et je crois qu'il faut le reconnaître, car autrement il n'y a pas de dettes qu'on ne pourrait considérer comme une dette de dommages-intérêts, et l'arbitraire le plus complet régnerait en cette matière ; si, dis-je, ces paroles sont exactes, on ne peut qu'approuver un arrêt de Nancy, qui a déclaré que la contrainte par corps était inapplicable dans une restitution à faire de deniers indûment perçus. La Cour, en ne condamnant qu'à la valeur des sommes détournées sans y rien ajouter, estimait qu'il n'y avait pas eu de dommage appréciable causé et ne pouvait, quelle que fût la mauvaise foi de la partie, lui appliquer l'art. 126 du Code de procédure. — Des arrêts de Caen (23 février 1835) et de Paris (24 janvier 1837) ont appliqué la même doctrine à une

---

(1) *De eo quod interest*, nᵒˢ 9, 11, 13.

restitution de succession.—Mais un arrêt de Colmar, du 7 avril 1821, donne le nom de dommages-intérêts à la restitution du prix de vente après éviction. Cet arrêt est-il en contradiction avec ceux qui précèdent? Peut-être pas autant que semble le croire M. Troplong (1). D'abord ici, dit-on, le vendeur s'était obligé à désintéresser les créanciers auxquels était engagé l'immeuble. L'éviction venait consacrer son inexécution. Or, toute obligation de faire se résout en des dommages et intérêts : on pouvait donc regarder le prix à restituer comme une dette de dommages-intérêts. C'est ainsi du moins que M. Coin-Delisle présente la défense de notre arrêt (2). L'argumentation me paraît un peu subtile; et je la comprends peu, en voyant M. Coin-Delisle appliquer un principe contraire à l'obligation de garantie, qui est aussi une obligation de faire.—Ce qui me semble pouvoir plutôt expliquer, sinon justifier l'arrêt, ce sont les principes de la loi en matière de garantie. Lorsque l'éviction est partielle, l'action a lieu sur le pied du dommage causé par cette perte et ne se calcule pas par proportion sur le prix payé, mais d'après la valeur réelle de la partie enlevée (art. 1637) : c'est une véritable action en indemnité. Bien qu'il en soit autrement au cas d'éviction totale, comme le principe de l'action est toujours dans l'inexécution du vendeur qui a promis de transférer la propriété et n'a pas pu tenir sa promesse, la Cour de Colmar a pu croire que l'action devait, dans les deux cas, revêtir un même caractère, et, dans les deux cas, un caractère d'action en dommages-intérêts. —Je crois, au contraire, que, ni dans l'un ni dans l'autre cas, l'action en restitution ne doit se confondre avec l'action en dommages-intérêts. D'abord, au cas d'éviction totale, l'art. 1630, énumérant les droits de l'acheteur, lui donne action et pour la restitution du prix et pour des dommages-intérêts. Que si l'éviction est partielle, le recours de l'acheteur, il est vrai, ne s'exerce pas pour une part proportionnelle du prix, mais sur la valeur de la part qui lui a été enlevée. Toutefois l'action ne dépassant pas cette valeur, il n'est que restitué *in integrum* et n'obtient pas, par là, de véri-

---

(1) *Contrainte par corps*, n°s 224 et suiv.
(2) Page 22, n° 34.

tables dommages et intérêts. Il ne semble pas douteux qu'il ne puisse en obtenir par une action accessoire; mais c'est alors seulement que l'art. 126 deviendra applicable. — Je pense donc qu'il faut repousser la doctrine de l'arrêt de Colmar, qui jetterait de l'incertain et de l'arbitraire dans la loi. — C'est en présence des fluctuations auxquelles il entraîne qu'un auteur a pu dire que la faculté donnée aux tribunaux de condamner par corps aux dommages-intérêts leur permet, dans les cas extraordinaires, de convertir une simple dette en dette par corps (1). N'est-ce pas aller trop loin, et, non plus seulement accorder aux tribunaux une confiance raisonnable, mais abdiquer, en leur faveur, le droit de faire les lois? Le plus sûr me paraît être de s'en tenir à la doctrine de Dumoulin, qui ne voit pas de dommages-intérêts dans ce qui n'est purement et simplement que la valeur représentative de la chose qui vous est due et dont la partie adverse vous doit l'équivalent à défaut de pouvoir vous la faire avoir en nature.

Les restitutions de fruits ne tombent pas non plus sous l'application de l'art. 126. En effet, l'ordonnance de 1667 en parlait à côté des dommages-intérêts, et l'article du Code de procédure ne reproduit que la disposition relative à ces derniers.

L'art. 52 du Code pénal porte la contrainte impérative contre ceux que les tribunaux criminels condamnent à payer des dommages-intérêts. On se demande alors si, dans le cas où la partie, au lieu de porter son action en dommages-intérêts devant les tribunaux criminels, agit devant un tribunal civil, comme l'art. 3 du Code d'instruction criminelle lui en donne le droit, la règle de l'art. 52 du Code pénal doit effacer celle de l'art. 126 du Code de procédure, ou lui céder la place. On répond généralement, et cela paraît fort raisonnable, que la partie, en remettant la décision aux tribunaux civils, doit accepter leurs lois et se soumettre à leurs règles de procédure (2). M. Carré, toutefois, voudrait faire une distinction. Il pense que, lorsqu'un tiers qui n'a pas été partie au procès criminel veut agir en dommages-intérêts, ou encore un accusé qui n'a

---

(1) M. Thomine-Desmazures, t. 1, p. 248.
(2) MM. Coin-Delisle, p. 24; Troplong, n° 232 : Carré, quest. 533.

connu son dénonciateur qu'après la session de la Cour d'assises, comme l'art. 359, Inst. crim., ne leur laisse de recours que devant les tribunaux civils, il ne faut pas les priver du bénéfice de l'art. 52, comme ceux qui ont volontairement renoncé à la compétence des tribunaux criminels. Assurément, ce raisonnement n'est pas sans force ; mais je ne crois pas qu'il faille s'en laisser entraîner à dire que les tribunaux civils abdiqueront ici leur loi pour prendre celle du Code pénal. A-t-on tant de défiance contre eux qu'on croie qu'ils ne sauront pas prononcer la contrainte par corps, si elle est légitimement applicable ?

Pour permettre l'application de la contrainte par corps, il faut que les dommages-intérêts adjugés s'élèvent au moins à 300 francs.

4. Passons au deuxième paragraphe de l'art. 126, Proc. civ. : — Il permet l'application de la contrainte pour les reliquats de comptes de tutelle, curatelle, d'administration de corps et communauté, établissements publics ou de toute administration confiée par justice, et pour toutes restitutions à faire par suite desdits comptes. Dans tous ces cas, en effet, la surveillance étant difficile, le mandataire n'étant pas choisi par les intéressés, une rigoureuse sanction était nécessaire : les tribunaux verront, du reste, s'il y a lieu ou non d'exercer la rigueur de l'emprisonnement.— La disposition vient de l'ordonnance de 1667 ; elle n'avait été reproduite ni par la loi de germinal, ni par le Code civil.

Le deuxième paragraphe de l'art. 126 ne limite pas la contrainte aux condamnations dépassant 300 francs. Qu'en faut-il penser ? On ne peut croire que la loi veuille que l'emprisonnement soit possible pour les sommes les plus modiques. D'ailleurs, l'art. 2065 déclare que la contrainte par corps (en matière civile du moins) ne peut être prononcée pour une somme moindre de 300 francs. Cela fait une légère différence avec l'art. 126, § 4er, qui voulait une somme de plus de 300 francs pour permettre la voie de l'emprisonnement : il sera rare que cette différence se fasse sentir.

L'article parle des administrations confiées par justice. Tout comptable qu'il est, l'héritier bénéficiaire ne tombe donc pas sous son application (1). Il faut en dire autant même des envoyés en possession des biens d'un absent. La justice ne leur confère pas un droit ; elle le constate (2). — La jurisprudence admet le contraire, et, je crois, avec raison, pour les syndics d'une faillite, parce qu'ils sont nommés par le tribunal.

5. Immédiatement après l'art. 126, il convient de citer l'art. 534 du même Code Celui-ci décide que, dans toute espèce de compte, le comptable, qui, après le délai qui lui aura été assigné pour rendre compte, n'aura pas satisfait à son obligation, pourra y être contraint, même par corps, si le tribunal le juge convenable.

6. Nous avons parlé, à notre n° 8, de la contrainte impérative des art. 201 et 221 du Code de procédure, qui appliquent la contrainte par corps aux dépositaires publics qui refusent d'exhiber les pièces dont ils sont détenteurs et qui intéressent des procès de faux ou de vérification d'écriture. Ces mêmes articles permettent aux juges de poursuivre par cette voie les simples particuliers qui se trouveraient dans le même cas.

7. L'art. 213 autorise le juge à condamner par corps, nonseulement pour l'amende qu'il devra payer, mais même pour le principal, celui qui aura dénié son écriture reconnue véritable.

8. Au cas de retard ou de refus de la part des experts de déposer leur rapport, ils peuvent être contraints à ce dépôt, même par corps, s'il y échet (art. 320, Pr. civ.).

9. Enfin, l'avoué qui, dans une instruction par écrit, ne rétablit pas dans les délais les productions pár lui prises en communication peut aussi y être contraint par cette voie (art. 107, Pr. civ.).

§ 3. — *Règles communes à la contrainte impérative et facultative.*

Nous venons de voir dans quels cas les juges doivent ou peuvent prononcer la contrainte par corps. Si, hors de ces cas prévus par la loi, un magistrat la prononçait, l'art..2063, dont nous avons déjà parlé, réserve à la partie le droit de le pour-

---

(1) **MM.** Carré, *quest.* 537 ; Thomine Desmazures, t. 1, p 249 ; Boitard, t. 1, p. 509 ; Troplong, n° 239.
(2) **MM.** Coin Delisle, p. 26, n° 46 ; Troplong, n° 240.

suivre en dommages-intérêts : c'est lui ouvrir celui de le prendre à partie ; car l'art. 505 du Code de procédure déclare que
les juges peuvent être pris à partie, quand la loi les déclare
responsables, à peine de dommages-intérêts.

Voyons maintenant contre quelles personnes la contrainte
par corps peut être prononcée en matières civiles, ou plutôt
contre qui elle ne peut l'être.

Sans nous arrêter au privilége des *personnes constituées ès
ordres sacrés*, que Pothier mentionnait en première ligne dans
son traité de procédure civile (1), privilége qui n'existe plus
actuellement, il faut citer d'abord les mineurs (art. 2064). Les
mineurs ne peuvent jamais tomber, même dans les cas que
nous avons vus ci-dessus , sous l'application de la contrainte
par corps. Le motif qu'en donne M. Bigot-Préamenou ne paraît
pas être sérieux : « Si on voulait, dit-il, exercer la contrainte
par corps pour l'accomplissement d'une obligation contractée
par un mineur, il opposerait la loi qui le met à l'abri de toute
lésion par suite de ses engagements personnels. Il n'est point
de lésion plus grave que la privation de la liberté. La loi
lui fait supporter la peine de ses délits ; mais nul, en matière civile, ne peut le priver du privilége de la minorité. »
— En parlant ici de lésion, le célèbre conseiller d'Etat joue
sur les mots. La lésion peut, dans une mesure, qu'il est
même difficile de déterminer, porter atteinte à la validité de
contrats faits par le mineur ; mais, la question de validité mise
de côté, il n'y a pas de raison pour que les actes juridiques
réguliers produisent des effets différents pour les mineurs et
pour les majeurs. Du moins, cette différence ne peut résulter
d'une idée de lésion qui n'est à examiner que pour l'essence
même d'un acte et non pour son exécution. Cela est si vrai,
et il est si peu exact de dire que la privation de la liberté est
la plus grave des lésions, lorsque ce n'en est pas même une dans
le sens juridique du mot, que si l'art. 2064 n'existait pas, chacun avouera qu'on n'eût pas osé invoquer les articles du Code
relatifs à la lésion des mineurs pour les faire regarder comme
exemptés de la contrainte par corps. — Il faut donc chercher

______

(1) V^e part., chap. 1er, § 2, 1°.

à l'art. 2064 une explication plus vraisemblable. Il me paraît être dans un motif d'humanité, et l'exception ne doit pas étonner dans une matière où la règle a donné lieu à tant de critiques. Le législateur n'a pas voulu que l'âge du développement physique se passât entre les murs d'une prison. C'est quelque chose d'assez semblable au motif qui engagea un jour la reine Blanche, mère de Saint Louis, à faire délivrer des prisonniers pour dettes, parce que, d'après un chroniqueur, il y avait dans le nombre *plusieurs belles filles à marier qu'on laissait à prendre pour leur servitude et en estoient plusieurs gâtées.*

M. Troplong admet ce point de départ (1); mais, chose singulière, parti de là, il arrive à dire que le majeur ne pourra être contraint par corps en raison d'un fait de sa minorité. — Il est vrai qu'il mélange le motif que je viens de présenter comme ayant dicté l'art. 2064 à l'idée de lésion qui apparaît dans le discours de M. Bigot-Préameneu. — Quoi qu'il en soit, cette décision ne me semble pas devoir être admise. — Il ne s'agit pas ici de validité ou de nullité de l'acte. Si l'acte était nul, il ne pourrait atteindre ni le mineur, ni le majeur, armés de cette nullité. S'il est valable, et qu'il doive entraîner la contrainte par corps, le fait de la minorité fera suspendre cette mesure rigoureuse ; mais le fait cessant, la protection qui lui est accordée doit cesser aussi. — Cette opinion était professée par Jousse, sur l'ordonnance de 1667.

L'article 2064 dit : « dans les cas même ci-dessus énoncés. » Peut-on prétendre alors que l'exception de minorité n'est pas opposable dans les cas prévus par le Code de procédure ? Je ne le crois pas. Le Code civil est, dans toutes les matières auxquelles il consacre quelque titre, le fondement de notre droit : on peut donc regarder comme des règles générales toutes celles qu'il émet et qui ne sont pas contredites par les dispositions spéciales des autres Codes.

Le mineur émancipé n'est pas excepté du bénéfice de l'article 2064. Au contraire, le mineur commerçant, qui doit offrir de pleines garanties à ceux qui voudraient contracter avec lui, ne peut pas l'invoquer.

____

(1) N° 272.

Qu'on considère la contrainte par corps sous une face ou sous l'autre, sous son aspect pénal ou comme moyen de coërcition, on verra qu'il est impossible de l'exercer, sans injustice, contre les interdits et même contre les aliénés non interdits. — Si nos Codes ne présentent aucun article sur ce point, c'est que cela est de toute évidence.

A côté des mineurs, il faut placer les septuagénaires, chez qui la loi respecte aussi la faiblesse de l'âge (2066). Ils ne peuvent être emprisonnés, pour dette civile, si ce n'est au cas de stellionat. Nous avons déjà dit que la loi civile accumulait ses plus grandes rigueurs sur la tête des stellionataires. Ce délit civil entrave le cours des négociations qui ont besoin de confiance et de bonne foi : la loi le poursuit sévèrement. — Hors de là, le législateur croit qu'il serait trop dur de jeter en prison l'homme qui a atteint l'âge des infirmités. Il suffit du reste qu'on ait commencé sa soixante-dixième année pour être réputé septuagénaire : l'art. 2066 le dit formellement. Le Parlement de Paris avait une jurisprudence contraire et exigeait que la soixante-dixième année fût accomplie (1). — Il faut dire du septuagénaire ce que nous avons dit plus haut du mineur. L'engagement contracté par lui avant qu'il fût arrivé à sa soixante-dixième année ne peut être poursuivi par la voie de la contrainte par corps, depuis qu'il l'a atteinte. Le cas est le même ; et pourtant M. Troplong admet ce que nous disons pour le septuagénaire, après l'avoir repoussé en ce qui touche le mineur.

Le même article du Code civil affranchit de la contrainte par corps les femmes et les filles, sauf au cas de stellionat. La novelle 134 (ch. 9) posait la même règle. Justinien se fonde sur des raisons de convenance qu'il est facile d'apprécier. On peut y joindre aussi les ménagements dus à un sexe faible ; *car frêle chose est de femme*, dit Jean Bouteiller, *et pour ce, ne veut la loi qu'elle soit tourmentée de prison pour dette publique* (2). Le grand coutumier de Charles VI soustrait les femmes aux rigueurs de l'emprisonnement *pour quelconque cas civil quel qu'il soit* (3). L'ordonnance de Moulins n'en avait

---

(1) Pothier, *Procédure civile*, Vᵉ partie, ch. 1, § 2, 3º.
(2) *Somme rurale*, liv. 2, t. 6, art. 9.
(3) Liv. 2, ch. 17.

exempté que les femmes mariées *à cause de l'autorité que le mari a sur le corps de la femme et qui lui permettait toujours de la vendiquer* (1). Mais celle de 1667 est venue consacrer le principe que nous retrouvons inscrit au Code civil (tit. 34, art. 8).

Le stellionat, nous l'avons dit, a paru un cas si grave, qu'il permet d'exercer la contrainte par corps même contre les femmes et filles. Pour les femmes, le Code ne leur applique pourtant l'emprisonnement que lorsqu'on n'a pas lieu de présumer qu'elles ont cédé par une obéissance aveugle à l'influence maritale. Pothier cite ici le brocard : *Non videtur consentire qui obsequitur imperio patris vel domini* (2). Aussi l'art. 2066 déclare-t-il qu'il n'y a lieu à contrainte pour stellionat contre les femmes mariées que lorsqu'elles sont séparées de bien, ou lorsqu'elles ont des biens dont elles se sont réservé la libre administration, et à raison des engagements qui concernent ces biens. — Les femmes qui, étant en communauté, se seraient obligées conjointement ou solidairement avec leur mari ne pourront être réputées stellionataires à raison de ces contrats. Ainsi s'exprime le Code. — Il fait ici un peu la part du fait. En droit, il est certain que, lorsqu'il s'agit d'aliéner ou d'hypothéquer un bien propre à la femme, c'est toujours elle qui doit apparaître au premier rang, puisque son mari ne fait que l'autoriser. Mais la loi suppose que, dans le cas où la femme n'a pas de biens qu'elle administre elle-même, le mari qui connaît seul sans doute l'état des affaires du ménage et qui doit exercer, peut-être plus à son profit qu'au profit commun, une grande influence sur cette femme que la position que lui fait le contrat de mariage rend étrangère aux affaires d'intérêt, efface dans la réalité la personnalité de la femme à ce point qu'on ne puisse la regarder comme moralement capable de commettre un stellionat. — Au cas où la femme contracte conjointement avec le mari pour les affaires de la communauté, à plus forte raison il en doit être ainsi.

A ces personnes exemptées de la contrainte par corps, il faut

---

(1) Brodeau sur Louet,
(2) *Procédure civile*, Vᵉ partie, ch. 1ᵉʳ, § 2, 2°

joindre encore les marins à bord ou se rendant à bord pour faire voile, qui ne peuvent être arrêtés pour dettes civiles, à moins que ces dettes n'aient été contractées pour le voyage même (art. 231 du Code de commerce).

Je ne parle pas ici des exemptions dont peuvent jouir, sauf controverse, les militaires en activité et les membres des assemblées politiques. Il est bon, je crois, d'en faire l'objet d'une section à part.

Nous venons de voir les exemptions absolues de contrainte par corps et d'énumérer les personnes qui ne peuvent être, hors certains cas, incarcérées sur la requête d'aucun créancier. — Il s'agit d'examiner maintenant certains empêchements relatifs apportés à l'exercice de la contrainte par corps et fondés sur les rapports de parenté qui peuvent exister entre le débiteur et le créancier. — Ce n'est plus précisément ici le débiteur qui jouit du bénéfice de ne pouvoir être contraint par corps : c'est le créancier qui aurait assez mauvaise grâce à user de cette rigueur pour que la loi lui défende de l'exercer.—L'ordonnance de 1667 ne contenait pas ces empêchements. Mais la jurisprudence qui alors encore se substituait assez facilement à la loi, y avait porté remède : elle ne prononçait pas la contrainte par corps à la demande de parents à certains degrés. Plus tard vinrent la loi de germinal et le Code civil qui sont muets sur ce point. — De là, grand embarras. Ce silence était-il une confirmation de l'ancienne jurisprudence, ou devait-il l'abroger? Comme ces prohibitions de contrainte par corps ne se référaient, dans le passé, à aucun texte législatif, on admet généralement qu'elles ne subsistaient plus. C'était pourtant chose fâcheuse, et il y avait là une lacune à combler. La loi de 1832 et celle de 1848 se chargèrent de ce soin. La première (art. 19) prohibe l'exercice de la contrainte par corps au profit du mari ou de la femme du débiteur, de ses ascendants, descendants, frères ou sœurs ou alliés au même degré. — Le motif qui a dicté au législateur cette mesure n'a pas besoin de commentaire. Entre les personnes dont il est ici question, M. Troplong dit fort bien que « si l'affection manque, il faut que la pudeur reste. » — La loi de 1848 est venue ajouter à la liste des créanciers auxquels sera opposée cette fin de non-recevoir l'oncle et la tante, le grand-oncle et la grand'tante, le neveu et la nièce, le petit-neveu et la petite-niece, ainsi que les alliés au même degré (art. 10). — Sur ces deux lois s'élèvent encore quelques questions douteuses. — On se demande d'abord si elles s'appliquent à la parenté naturelle comme à la légitime? Pourquoi pas? La loi peut voir cette parenté avec défaveur; mais quoi qu'il en soit, cette parenté existe; les droits du sang engendrent des devoirs que le législateur ne peut laisser fouler aux pieds. L'article 371 ne dit-il pas que l'enfant à tout âge doit honneur et respect à ses père et mère sans distinguer entre l'enfant naturel ou légitime. — Il en faut dire autant, je crois, de la parenté adoptive que les lois de 1832 et de 1848 ne mentionnent pas non plus. Il semble aussi fort juste d'admettre, avec la jurisprudence, que la mort du conjoint qui produit l'alliance, décédât-il sans postérité, ne fait pas cesser le devoir de bons rapports et de bienséance que le mariage avait fait naître entre les alliés (1).

Que dire du cas où un des parents désignés plus haut se rend cessionnaire d'une créance ne procédant pas de son fait. Ici, l'on dira sans difficulté que la contrainte par corps sera paralysée. L'origine de la créance n'est pas à considérer : ce que la loi ne veut pas, c'est qu'un parent soit emprisonné sur la requête d'un autre. Mais si quelqu'un cède la créance qu'il avait contre un de ses parents, on dit généralement qu'il n'a pu transférer plus de droits qu'il n'en avait lui-même. *Il ne me semble pas qu'il en doive être ainsi.* Je ne refuserais le droit d'exercer la contrainte par corps que s'il était évident qu'il s'est produit un concert frauduleux. Autrement, je ne dirais pas ici : *Nemo plus juris in alium transferre potest quam ipse habet.* En effet, l'exercice de la contrainte par corps n'était pas, dans ce cas, absolument impossible : il se trouvait seulement paralysé par la qualité du créancier. Le rapport changeant (ce qu'il faut bien admettre; car chez nous le cessionnaire n'est plus un *procurator in rem suam*), il faudra dire que cette cause relative de suspension de la contrainte par corps n'existe plus et que

---

(1) Cass., 27 fév. 1825, Nimes, 18 nov. 1841. — Voir MM. Coin-Delisle, p. 103, n° 1; Troplong, n° 539; Toullier, t. 9, n° 288.

cette poursuite rigoureuse pourra s'exercer. Si favorable que me semble la cause de la liberté, telle est l'opinion que je crois devoir adopter.

Voici encore un autre point sur lequel les deux lois de 1832 et 1848 ont apporté un adoucissement à la réglementation de notre matière. Elles prohibent l'exercice de la contrainte par corps contre deux époux simultanément pour la même dette, disait la première (art. 21), et même pour dettes différentes, est venue dire la seconde (art. 11). On a pensé que l'intérêt d'un ménage, que de trop rigoureuses poursuites allaient peut-être ruiner ainsi que les enfants nés du mariage, devait passer avant l'intérêt du créancier.—Celui-ci d'ailleurs fera prononcer la contrainte par corps contre les deux époux, puisque nous supposons la femme contraignable (il peut s'agir d'une dette commerciale), et il verra contre qui des deux il est opportun de l'exercer. — La fin de l'art. 11 de la loi de 1848 va même bien plus loin encore ; elle permet aux tribunaux, quand le débiteur a des enfants, de surseoir, pendant un an au plus, à l'exécution de la contrainte par corps. Il faut qu'on ait le temps de pourvoir aux intérêts des enfants et de leur assurer une protection pendant la durée de l'emprisonnement. Cette mesure, équitable, mais un peu hardie et fort préjudiciable aux intérêts du créancier, n'a été adoptée par l'assemblée qu'après une première épreuve reconnue douteuse.

Nous avons déjà vu, en passant, comment la contrainte par corps ne pouvait s'exercer que pour une dette de quelque importance. Dans une mesure rigoureuse, comme l'est la contrainte par corps, le législateur, qui ne l'admet qu'avec une certaine défiance, doit restreindre le droit du créancier au cas où son intérêt est assez grand pour en justifier l'emploi. Il est singulier que chez les Romains une pareille idée n'ait jamais apparu et que les plus cruelles prescriptions de la loi des Douze Tables paraissent avoir été édictées pour les dettes les plus minces. Les assises de Jérusalem, qui n'admettent l'emprisonnement du débiteur que pour dette de au moins vingt besans, sont le premier document qui offre la trace d'une pareille idée.—L'ordonnance de 1667 limite aussi l'exercice de la contrainte aux dettes d'un certain taux. — Enfin, l'art. 2065 du Code civil porte qu'elle ne peut être prononcée pour une somme moindre de 300 francs. — Nous avons déjà constaté la différence entre cet article et l'art. 126 du Code de procédure civile, qui ne permet au juge de prononcer la contrainte par corps pour dommages-intérêts qu'autant qu'ils s'élèvent à une somme de plus de 300 francs. Elle est assez insignifiante. — Un point plus important à signaler, c'est que l'article ne parle que d'une condamnation à une certaine valeur; qu'ainsi, lorsque la contrainte par corps est la sanction d'une obligation de faire, comme de délaisser un immeuble occupé par violence, de produire un titre dont on est dépositaire, il n'y a pas à estimer l'intérêt du créancier pour savoir si la contrainte est demandée dans les limites de l'art. 2065 ; car dans ces cas-là, ce texte étant hors d'application, l'emprisonnement est toujours possible et, au cas de contrainte impérative, toujours nécessaire.

L'art. 2065 a soulevé une difficulté sur laquelle les auteurs s'accordent, mais non les arrêts. La Cour d'Amiens (16 décembre 1836) a cru pouvoir joindre ensemble deux dettes inférieures chacune à 300 francs et qui par leur réunion se trouvaient dépasser cette somme de manière à prononcer la contrainte par corps pour le paiement de ces deux dettes, qui, prises à part, n'eussent pas admis ce moyen coërcitif. — On cite encore, à l'appui de cette opinion un arrêt de Bordeaux (3 août 1836) et un autre de Grenoble (26 juillet 1838); mais comme, ainsi que le fait remarquer très-justement M. Troplong (n° 284), ces arrêts se placent dans un cas où deux billets avaient été souscrits le même jour par la même personne en faveur du même créancier, et qu'alors les Cours ont pu juger, ainsi qu'elles l'ont fait, qu'il n'y avait là en réalité qu'une seule et même dette, il faut dire que, loin d'appuyer l'arrêt de la Cour d'Amiens, ils se retournent contre lui et le laissent lutter seul contre tous. — De quel droit réunit-on ici deux dettes, auxquelles la loi n'a pas voulu attacher la contrainte par corps pour leur faire produire un effet qui n'appartient ni à l'une ni à l'autre ? Deux dettes de 150 fr. n'en font pas une de 300 ; et il ne doit pas dépendre de plusieurs créanciers d'aggraver le sort de leur débiteur en réunissant dans les mains d'un seul leurs petites créances. Il serait alors trop facile, dans bien des cas, de rendre l'art. 2065 inutile. Il faut donc, je le crois, repousser la possibilité d'un pareil cumul (1).

Du reste la somme de 300 francs peut comprendre les intérêts ; joints au principal, ils forment avec lui un total qui détermine le montant de la condamnation.

On peut supposer l'inverse du cas que nous venons de traiter, et se demander ce qu'il adviendra si une dette à la poursuite de laquelle la loi avait attaché la contrainte par corps se divise en tronçons inférieurs à 300 francs. C'est par exemple un créancier qui meurt, laissant plusieurs héritiers. Ceux-ci trouvent la créance dont je parlais dans la succession ; mais la loi la divise de plein droit entre eux. Il me semble donc qu'ils seraient mal venus à vouloir exercer la contrainte par corps, chacun n'ayant qu'un intérêt inférieur à 300 francs. En vain voudraient-ils opérer le partage de manière à mettre la créance dans le lot d'un seul. L'art. 883 n'a rien à faire ici. Il parle des effets du partage fait par ou pour les cohéritiers ; mais on sait que les créances n'entrent pas dans ce partage, puisque la loi les divise de plein droit entre les cohéritiers. Il faut donc dire que les cohéritiers ne peuvent, par leur convention, ôter au débiteur le bénéfice d'une position qui lui est faite par la loi. — Nous supposons ici que la contrainte par corps n'avait pas encore été prononcée du vivant du créancier. Faudrait-il décider de même dans le cas contraire ? Des personnes hésitent à appliquer alors au débiteur le bénéfice de l'art. 2065. On dit que lorsqu'un jugement a prononcé valablement la contrainte par corps, le fait de la mort du créancier ne peut ôter à cet acte, émané de l'autorité publique, ses effets et sa validité. On cite ce qui se passe lorsqu'un débiteur, incarcéré pour plus de 300 francs, a payé partie de sa dette au point de ne plus devoir qu'une somme inférieure à ce chiffre, pourra-t-il à ce titre réclamer son élargissement ? Non : la contrainte a été valablement prononcée, elle ne peut être effacée que par le paiement intégral de la dette. Ce raisonnement est spécieux : il ne me séduit pourtant pas. — Le paiement par parties n'est pas un moyen légal d'acquitter la dette. D'ailleurs, si la loi

---

(1) Arrêt de Caen, 16 août 1843 · · 30 juill. 1833.

permet de prononcer la contrainte par corps pour une dette de 305 francs, il serait dérisoire de dire que le paiement de 5 ou 6 francs neutralisera les effets du jugement qui aura prononcé l'emprisonnement. Ici, au contraire, la division de la dette s'opérant par la volonté de la loi, elle doit, je crois, avoir pour effet de suspendre l'exercice de la contrainte par corps, bien que cette contrainte ait été légitimement prononcée. Accorder alors l'élargissement au débiteur, c'est entrer, je crois, dans le véritable esprit de l'art. 2065.

Le Code civil n'a pas fixé de limites à la durée de la contrainte par corps. Il faut cependant bien reconnaître que cette épreuve de solvabilité ne doit pas durer toujours, si on ne veut pas qu'elle devienne une mesure de colère injustifiable dans sa dureté. Aussi la loi de germinal avait-elle fixé à la contrainte le maximum de cinq ans. Le silence du Code avait fait croire que cette disposition de l'ancienne loi devait être considérée comme abrogée en ce qui touche les matières civiles, et l'emprisonnement n'était limité dans sa durée que par la volonté du créancier. — Vint la loi de 1832 qui, dans son art. 7, porta que, dans les matières civiles, la durée de la contrainte, qui devait être fixée par le jugement de condamnation, serait d'un an au moins et de dix ans au plus. — Il faut remarquer qu'en matière commerciale cette loi arrêtait le maximum à cinq ans, et établissait une échelle de durée suivant la quotité de la dette. — La différence se comprendra si l'on réfléchit que la fraude, qui vient entacher la plupart des dettes civiles qui se poursuivent par la contrainte par corps, justifie la prolongation de l'emprisonnement contre un débiteur moins favorable et plus suspect qu'un commerçant qui n'a peut-être rien à se reprocher ; d'un autre côté, le manque de gradation s'explique en ce sens que, dans les matières civiles, les circonstances devront influer nécessairement sur l'esprit du juge et que lui imposer une échelle graduée sur la quotité là où les dettes ne se comptent pas, mais se pèsent, ce serait régler aveuglément ce que sa clairvoyance saura déterminer avec équité. — Du reste, dans les cas de contrainte facultative, le maximum était de cinq ans : de même contre les fermiers au cas où la contrainte pouvait s'exercer contre eux. — Maintenant le minimum a été fixé à six mois et le maximum à cinq ans en toutes matières civiles, par la loi du 13 décembre 1848 (art. 12). — C'est toujours le jugement de condamnation qui doit fixer cette durée. — Que dirons-nous si les juges ont omis de le faire? M. Coin-Delisle (p. 94, n° 5) a pensé que la durée de plein droit était alors celle du minimum : on cite un arrêt de Nîmes en ce sens (8 août 1838). Mais la Cour de cassation décide, et ce semble, avec raison, que c'est un cas de cassation : l'affaire sera alors renvoyée à d'autres juges (arrêt du 12 nov. 1838).

Quand la contrainte par corps a lieu exceptionnellement sans jugement, comme il en est contre les cautions judiciaires, il faut toujours qu'un jugement en détermine la durée.

Que de fois déjà nous avons constaté dans nos lois civiles, où la contrainte par corps est une voie exceptionnelle, des restrictions et des limitations apportées à son exercice. — L'art. 2067 vient témoigner des précautions prises en cette matière pour écarter toute exécution arbitraire et faite sans contrôle approfondi. Dans les cas mêmes où la contrainte est autorisée par la loi, elle ne peut être appliquée qu'en vertu d'un jugement. Il faut donc que l'autorité judiciaire intervienne ; mais ce n'est pas à dire, malgré le mot « jugement », qu'une sentence du juge de paix ne prononcerait pas valablement la contrainte par corps dans un cas où le fait est de la compétence d'un juge de paix, comme s'il s'agit de la restitution de fonds par suite d'une action en réintégrande. On n'hésite même pas à en dire autant des arbitres forcés. Mais le doute s'élève à l'égard des arbitres volontaires, parce que, institués juges par le choix des parties, ils ne tiennent leur pouvoir que d'un compromis, et qu'il peut sembler étrange que d'un compromis résulte la décision d'une si grave question. Ce scrupule est peut-être exagéré : l'ancienne jurisprudence n'avait pas cru devoir en tenir compte. La décision des arbitres est appelée, par la loi, jugement arbitral (art. 1016, Cod. pr. civ). Les arbitres, comme tous autres juges, devant n'appliquer la contrainte par corps que conformément aux règles de la loi, je ne crois pas que ce soit méconnaître la portée de l'art. 2067 que de dire qu'il ne s'oppose pas à ce qu'un prononcé de contrainte émane de leurs décisions. D'ailleurs, elles sont toujours sujettes à l'appel et présentent les mêmes garanties que les jugements dont elles empruntent le caractère (1).

Du reste, il faut remarquer que le juge ne pourrait prononcer la contrainte par corps si le demandeur ne l'en avait pas requis. Le créancier qui peut, à son gré, faire cesser l'emprisonnement commencé, est, en n'y concluant pas, présumé y avoir renoncé. Le juge ne doit pas d'office suppléer à son omission. C'est un principe qu'en matières privées, chacun est juge de son intérêt, et que le magistrat n'a pas le droit de statuer *ultrà petita*. Il en est ainsi dans les cas mêmes où la contrainte par corps est impérative ; et comme nous avons dit que le créancier qui ne la réclamait pas devait être considéré comme y ayant renoncé, nous devrons reconnaître qu'il ne pourrait revenir sur ce point en appel et réclamer l'application de la contrainte par corps qu'il n'a pas demandée au tribunal de première instance. Ce serait, d'ailleurs, introduire une demande nouvelle et vouloir soumettre à la Cour une importante question sans l'avoir présentée au tribunal, ce qui répugne aux principes de l'appel (art. 464, Pr.). De cette renonciation présumée, il faut conclure encore que la contrainte ne peut être demandée par action principale au tribunal qui a statué sur le fond, sans que la question de contrainte par *corps* lui ait été soumise. Il est donc important pour la partie qui prétend y conclure de le faire en même temps qu'elle conclut au principal.

En sens inverse, le débiteur, passible de la contrainte par corps, qui veut obtenir des délais dans les cas où il y a droit, devra les demander au tribunal avant qu'il ait statué sur la contestation. Le jugement rendu, il serait trop tard pour faire cette demande. L'art. 127 du Code de procédure dit que les juges pourront, dans les cas énoncés en l'article précédent, c'est-à-dire dans les condamnations pour dommages-intérêts ou reliquats de compte, ordonner qu'il sera sursis à l'exécution

---

(1) M. Troplong, n° 322 ; M. Coin-Delisle, 42, n° 7. — M. Pardessus, *Droit commercial*, n° 1404, est en sens contraire.

de la contrainte par corps pendant le temps qu'ils fixeront ;
après lequel elle sera exercée sans nouveau jugement, puis il
ajoute : ce sursis ne pourra être accordé que par le jugement
qui statuera sur la contestation et qui énonçait les motifs du
délai (1). — Les derniers mots de l'article nous montrent que,
pour être accordé, ce sursis doit avoir sa raison d'être. — Bien
que l'art. 127 renvoie au précédent, M. Troplong (2) a cru que
le juge pouvait toujours accorder des délais, même au cas de
contrainte impérative. Cette opinion, qui pouvait être soutenue, quoique difficilement, avant la loi de 1848, ne me paraît
plus pouvoir l'être depuis que celle-ci, dans son art. 11, a permis au juge d'accorder un sursis, d'un an au plus, seulement
au débiteur qui aurait des enfants mineurs.

C'est une règle du droit français que l'appel d'un jugement
est suspensif d'exécution, à moins que le jugement ne soit déclaré exécutoire par provision. Comme on a craint de la part
du juge une propension à abuser de cette exception, la loi
veut du moins, en notre matière, que le jugement ne soit provisoirement exécutoire qu'autant qu'il le sera sous caution
(art. 2067).

Le principe que la contrainte par corps ne peut s'exécuter
qu'en vertu d'un jugement, subit quelques exceptions. Il en
devrait être ainsi dans des cas urgents et où, d'ailleurs, les débiteurs ne sont sous le coup d'aucune espèce d'arbitraire. Ainsi
la caution judiciaire se soumet à la contrainte par corps par
l'effet seul de sa soumission au greffe, sans qu'il soit besoin
d'obtenir de jugement contre elle (art. 519, Pr. civ.). —
La simple ordonnance du juge-commissaire fera exercer la
contrainte par corps contre les témoins non comparants pour
l'amende de 100 francs qu'ils encourent (art. 264, Pr.). Les
art. 191, 201 et 221 applicables à l'avoué qui ne rétablit pas
dans le délai les pièces prises en communication, et aux dépositaires de pièces utiles à l'examen d'un procès en vérification
d'écriture ou en faux qui n'en font pas l'apport ordonné par le

---

(1) V. art. 122, Proc. civ.
(2) N° 328 ; en sens inverse, M. Carré sur l'art. 127, t. 1, p. 638.

juge-commissaire, admettent, je crois, une marche et une règle
semblables à celles de l'art. 264 ; mais comme leurs termes
ne sont pas aussi clairs, quelques doutes se sont élevés à leur
égard. En ce qui touche l'art. 191 , je comprends peu ces
doutes ; en effet, il dit que « il sera rendu ordonnance portant
que l'avoué sera contraint à ladite remise. » Le mot d'ordonnance est assez précis dans son sens légal pour qu'il ne soit pas
permis de croire qu'il désigne une décision émanée du tribunal
entier. Et pourtant, M. Troplong dit que *rien dans l'art. 191
ne rend notre opinion spécieuse* (1). Et M. Chauveau (2)
cite l'art. 329 qui parle des ordonnances du tribunal, du président ou du juge qui devra procéder à l'interrogatoire. Cette
citation n'a rien de concluant, puisque le législateur, ici, a
cherché un terme générique, s'appliquant aux décisions des
juges isolés et du tribunal : on peut, du reste, lui adresser le
reproche d'avoir employé une expression spéciale en voulant
généraliser ; mais, quoi qu'il en soit, l'erreur de rédaction,
échappée à sa plume dans l'art. 329, ne peut avoir ce résultat
de contredire plus de cent autres articles où le mot *ordonnance*
est nettement distingué du mot *jugement* (3). Quant aux
art. 201 et 221, les termes en sont moins explicites. Le juge-
commissaire y ordonne l'apport des pièces, à peine de contrainte par corps. M. Troplong veut alors qu'il se contente d'a-
dresser au dépositaire récalcitrant une menace de contrainte
par corps, que le tribunal se chargera de réaliser. Mais pourquoi cette division de fonctions ? La loi n'a-t-elle pas, au contraire, admis comme règle que celui qui connaît du principal
doit prononcer la contrainte par corps dans la même disposition. D'ailleurs, si les termes des articles sont peu précis, je ne
vois pas pourquoi l'on croirait que, dans une circonstance qui
est presque la même que celle de l'art. 264, ils admettent une
marche différente. — Lorsqu'il y a quelque chose de douteux

---

(1) M. Troplong, n° 335.
(2) Sur Carré, *quest.* 794.
(3) MM. Carré, *quest.* 794 ; Demiau Crouzillac, p. 154 ; Hautefeuille,
p. 158 ; Delaporte, t. 1ᵉʳ, p. 194 ; Favard de Langlade, t. 2, p. 468 ; Thomine-Desmazures, t. 1, p. 218.

dans une convention, l'art. 1161 dit que les clauses s'en interprètent les unes par les autres, ce qui est clair donnant la clef de ce qui est obscur. Pourquoi ne pas appliquer ici cette règle générale de bon sens et de logique? Le doute que peuvent laisser les termes un peu incertains des art. 201 et 221 doit être éclairci par la lecture de l'art. 264, dont les expressions sont précises et dont l'espèce se rapproche singulièrement de celle des deux autres articles.

Enfin la cause de la liberté paraît si favorable, que le législateur a voulu que l'appel fût toujours possible d'une décision rendue sur ce point, quand même la question principale du débat serait jugée en dernier ressort (art. 20 de la loi du 17 avril 1832). Mais l'appel n'est pas suspensif. La jurisprudence avait admis aussi que l'acquiescement à un jugement prononçant la contrainte par corps n'empêcherait pas d'appeler, tant qu'on était dans les délais légaux. On disait que la liberté étant, en principe, inaliénable, l'acquiescement qui porte sur ce point ne peut être d'aucun effet. — La loi du 13 décembre 1848 est venue sanctionner et même dépasser cette jurisprudence. Son article 7 conserve au débiteur condamné par corps le droit d'interjeter appel du chef de la contrainte dans les trois jours qui suivront l'emprisonnement ou la recommandation, lors même qu'il aurait acquiescé au jugement et que les délais ordinaires de l'appel seraient expirés. — L'article ajoute qu'il restera en état. « Par ces mots, il faut entendre, dit M. Bravard, que l'appel ne change ni ne modifie la position du débiteur; que cette position est après l'appel la même qu'avant. Si donc avant l'appel il pouvait être incarcéré, il pourra l'être également après (arrêt de la Cour de Paris des 25 janvier 1847 et 30 août 1851). Ce qui confirme cette interprétation, c'est l'art. 20 de la loi du 17 avril 1832, qui, dans le cas où le jugement est en dernier ressort, décide que l'appel n'est pas suspensif. Ne serait-il pas contradictoire en effet que le débiteur qui aurait appelé dans les trois mois d'un jugement rendu en dernier ressort pût être emprisonné, et qu'il ne pût l'être lorsqu'il aurait laissé expirer ce délai sans attaquer ce jugement (1) ? »

----

(1) M. Bravard, *Manuel de droit commercial*, p. 758. V. aussi MM. Troplong, n° 767 ; A'auzet n° 2002.

Ici s'arrête la première section du chapitre que j'ai intitulé :
Cas d'application de la contrainte par corps dans les lois françaises. Nous venons de voir ce qui concerne les divers cas
d'application de cette voie de rigueur en matières civiles. Dans
cette étude, nous avons posé plusieurs principes d'un caractère
général et qui domineront même les sections suivantes. Le Code
civil étant, avant tout autre, le fondement de notre législation,
j'ai donc dû commencer par lui, parce qu'il nous offre un premier type dont nous allons rapprocher les différentes contraintes
par corps que nous rencontrerons dans les autres matières du
droit.

SECTION II.

Contrainte par corps en matières commerciales.

Ici, cette voie de rigueur est le droit commun. J'ai eu lieu
de le dire plus haut, et j'ai fait remarquer qu'il y avait quelque
chose d'assez étrange à l'appliquer à un débiteur de bonne foi
évidemment sans ressources. Quel que soit l'intérêt du commerce, on a peine à comprendre cet emploi de rigueurs stériles
pour contraindre au paiement celui qu'on sait être hors d'état
de payer. Elle s'exerce alors pour amener, par une contrainte
morale, les parents et les amis du débiteur à acquitter sa dette.
Jusqu'à quel point cette violence légale, dirigée contre des
personnes qui n'ont jamais rien dû, est-elle légitime? c'est un
point de théorie fort délicat. — Du reste, ce sont là des difficultés dont les exigences de la juridiction commerciale s'accommodent peu. Qu'un débiteur soit ou ne soit pas dénué de
ressources, c'est ce que les tribunaux de commerce n'ont pas le
temps d'examiner. Enfin, les commerçants eux-mêmes ont
toujours été les plus ardents défenseurs de la contrainte par
corps, et le commerce vit sous la loi qu'il s'est faite.

D'ailleurs, ce ne sont jamais les simples conventions qui, en
matières commerciales, entraînent l'application de la contrainte
par corps. Il n'est pas ici dérogé à la règle qui veut que la
contrainte par corps ne s'applique qu'en vertu d'un jugement.
L'ordonnance de Louis XIV sur la marine avait admis, dans
son article 6, que les parties pourraient s'obliger par corps en
tous contrats maritimes et les huissiers les emprisonner, *sans*

qu'il soit besoin de jugement. Il n'existe rien de semblable dans nos lois.

Mais ce qu'il faut nous demander, c'est ce que nous devons entendre par les mots de « Contrainte par corps en matières commerciales. » — « La contrainte par corps a lieu, disait la loi de germinal (1), de marchand à marchand pour fait de marchandises dont ils se mêlent respectivement. » L'ordonnance de 1673 s'exprimait dans les mêmes termes. On comprend tout ce qu'ils auraient de restreint, s'il fallait les prendre à la lettre : aussi la jurisprudence ancienne en avait-elle fort étendu l'application. Et Pothier nous dit : « Celui qui n'est pas marchand par état, mais qui fait néanmoins quelque trafic de certaines marchandises, lorsqu'il est prouvé qu'il fait ce trafic, peut aussi être condamné par corps pour les dettes relatives à ce trafic ; la raison est que, quoique son principal état ne soit pas celui de marchand, néanmoins quant au trafic dont il se mêle, il est marchand, et c'est en cette qualité de marchand qu'il contracte dans ce qui a rapport à ce trafic. C'est ce qui a été jugé contre un gentilhomme, gendarme, qui se mêlait d'acheter et revendre des pierreries, par arrêt du conseil du 16 février 1709 » (2). — Décider ainsi, c'était respecter faiblement les termes de l'ordonnance. L'esprit n'en était peut-être pas attaqué ; mais il faut convenir alors que la rédaction en était fort vicieuse. — Et pourtant la loi de germinal conserva le texte de l'ordonnance, y ajoutant même, pour plus d'ambiguïté, le mot de *respectivement*, qui ne se trouvait pas dans ce monument législatif : aussi la Cour de cassation n'a-t-elle pas cru (arrêt du 26 janvier 1806) pouvoir appliquer la contrainte par corps pour obligation d'un marchand à un autre qui n'exerçait pas le même genre de commerce. — Enfin la loi du 17 avril 1832 vint éclairer la question en déclarant que la contrainte par corps avait lieu *pour toute dette commerciale.* Elle ne définit pas, il est vrai, la dette commerciale ; mais pour savoir ce que nous devons entendre par là, nous n'avons qu'à recourir au Code de commerce, qui, dans

______

(1) Titre 2, art. 1, 2°.
(2) Pothier, *Proc. civ.*, V° partie, chap. 1er, § 1.

11.

les art. 632 et 633 , énumère les différents actes de commerce, c'est-à-dire les différentes causes qui peuvent produire une dette commerciale. Nous n'allons pas ici entrer dans le détail de ces articles, ce qui serait entreprendre toute une théorie du droit commercial. — Je remarquerai seulement qu'il peut arriver qu'un particulier non commerçant soit, par suite d'un engagement qui n'a pas pour cause des opérations commerciales, passible de la contrainte par corps : c'est ce qui a lieu au cas où il a souscrit une lettre de change ; car la lettre de change est en elle-même, et indépendamment de sa cause , considérée comme acte de commerce. Il ne faut pas dire, comme on l'a prétendu, qu'il y a là un moyen d'éluder la loi qui ne soumet pas à la contrainte par corps les engagements civils ordinaires. Les conditions imposées par la loi à la création d'une lettre de change sont assez nombreuses pour qu'il ne soit pas facile d'en supposer une là où la loi n'en veut pas voir. L'article 112 du Code de commerce répute simples promesses les lettres de change supposées, et s'en remet à l'intelligente appréciation des tribunaux de commerce pour dépister les engagements ordinaires qui voudraient revêtir cette forme. La garantie est là. Si donc une lettre de change , même souscrite ou endossée par un non-commerçant, réunit toutes les conditions voulues, l'intérêt que trouve le public à ce que cette monnaie circule sans entrave est assez grand pour qu'on puisse reproduire ici toutes les raisons que nous avons données de la contrainte par corps en matières commerciales. « Si pour user de la contrainte par corps contre l'un des signataires, dit M. Bravard, on était astreint à justifier qu'il est commerçant ou qu'il s'est engagé pour un fait commercial en soi, il y aurait ou du moins il pourrait y avoir autant de procès que de signataires ; et la lettre de change, discréditée d'avance par la perspective de toutes ces contestations possibles, n'aurait véritablement plus cours , elle serait démonétisée » (1).

Au contraire, les condamnations prononcées par les tribunaux de commerce contre des individus non négociants, pour signa-

---

(1) M. Bravard, à l'Assemblée nationale, séance du 13 décembre 1848.

tures apposées, soit à des lettres de change réputées simples
promesses, aux termes de l'art. 112 du Code de commerce, soit
à des billets à ordre, n'emportent point la contrainte par corps,
à moins que ces signatures ou engagements n'aient eu pour
cause des opérations de commerce, trafic, change, banque ou
courtage. Ce sont les propres termes de l'art. 3 de la loi du 17
avril 1832.

Je ne puis passer sous silence une question fort importante
que la jurisprudence a vivement débattue, mais sur laquelle la
Cour de cassation paraît actuellement fixée. Elle consiste à
savoir si les associés commanditaires ou les souscripteurs d'actions, dans une société anonyme, peuvent être poursuivis par la
voie de la contrainte par corps, pour le versement des sommes
par eux promises. Parlons d'abord des commanditaires. — La
société en commandite, dit l'art. 23 du Code de commerce, se
contracte entre un ou plusieurs associés responsables et solidaires, et un ou plusieurs associés, *simples bailleurs de fonds,*
que l'on nomme commanditaires ou associés en commandite. —
Les commanditaires sont donc de *simples bailleurs de fonds,* ils
n'entrent pas dans la société, leurs capitaux seuls y sont engagés.
La responsabilité personnelle ne pèse que sur les associés en
nom ; le nom des commanditaires ne sera même pas livré au
public. Quel est en effet le but, quelle est l'utilité de la commandite ? Ouvrir à ceux à qui leur instinct, leur position, les
devoirs de leur profession ne permettent pas de se livrer tout
entiers au commerce, d'y engager quelques capitaux sans y
engager leur personne, et de s'associer à des entreprises commerciales sans faire eux-mêmes le commerce. Ne voyons-nous
pas tous les jours, en effet, des avocats, des magistrats, à qui
les règles sévères de leur profession interdisent l'exercice du
commerce, engager leurs capitaux dans des sociétés commerciales ou industrielles, au moyen d'une commandite, qui n'est
pour eux qu'un avantageux placement de fonds ? — C'est ce qu'a
fort bien fait sentir un arrêt de Dijon, du 20 mars 1851 ;
c'est ce que la Cour de Rouen (6 août 1841), celle de
Paris (24 février 1842 et 22 décembre 1846) avaient aussi
pensé ; et même la Cour de cassation, qui refusait d'appliquer

la poursuite par corps aux commanditaires pour le versement de leurs mises. Cependant, en 1844 (28 février), la Cour de cassation est entrée dans une voie nouvelle, et elle y a été suivie par les autres Cours, à l'exception de celle de Dijon, qui seule a osé protester contre la tendance nouvelle, dans l'arrêt fortement motivé que je citais plus haut. Il faut, en quelques mots, faire connaître les fondements de cette nouvelle jurisprudence. Les magistrats ont cru voir la commercialité dans l'*obligation des commanditaires, en ce qu'en échange de cette obligation, le commanditaire ou le porteur d'actions acquiert le droit de prendre, en proportion de son intérêt, part aux bénéfices que procurent à la société les opérations commerciales auxquelles elle se livre, et qu'il autorise les associés gérants à l'obliger envers les tiers jusqu'à concurrence de cette même commandite.* On conclut de là que *cette dette, qui prend sa source,* dit-on, *dans des opérations commerciales, passées avec le gérant d'une société de commerce, est une dette commerciale* (arrêt de Paris du 20 février 1847). — Cette argumentation a été fortement attaquée par la doctrine ; mais la Cour de cassation, continuant à s'appuyer sur les motifs développés par l'arrêt de Paris, dont je viens de citer les termes, est venue encore, par un arrêt du 13 août 1856, y ajouter ce considérant, *que les commanditaires, prenant l'engagement de verser dans une société des fonds destinés à servir de garantie à ses opérations, concourent par là à la fondation du crédit de la société et à la création de la société elle-même dans un de ses éléments essentiels.* — Voici donc les deux raisons qui ont fondé l'opinion de la jurisprudence : la part que prennent les commanditaires aux bénéfices, et le rôle que joue leur apport dans la société dont il constitue un élément essentiel. — Je ne puis me rendre à cette argumentation. — Quel que soit le but dans lequel les apports sont faits, et le résultat auquel on doit arriver, quand le moment sera venu de partager les bénéfices résultant de l'association, je ne puis voir dans ce versement de numéraire, de la part de ceux que la loi nomme *simples bailleurs de fonds,* un acte commercial. Il ne faut peut-être pas aller jusqu'à dire, avec M. Delangle (*Société commerciale,* n° 314) qu'il y a là comme un prêt, qui ne prend assurément pas le caractère commercial, parce qu'il est fait à un commerçant ; car cette part des bénéfices exclut une semblable comparaison ; mais on doit dire, ce me semble, que ce but final du versement de fonds n'en fait pas un acte commercial, lorsque le commanditaire n'engage dans le commerce qu'une somme d'argent, et que toute immixtion dans les affaires de la société lui est formellement interdite (art. 27 du Code de commerce). Sans doute, à côté des associés responsables, il y a quelqu'un qui s'oblige commercialement ; mais c'est l'être moral, appelé société, qu'il ne faut pas confondre avec les associés. — Et c'est par là que je repousse le second argument de la Cour de cassation ; car ce fait qu'elle invoque, que les sommes dues par les commanditaires constituent un des éléments de la société, ne fait que se conformer à ce que j'ai dit plus haut, que les associés engagent dans la société des valeurs, sans vouloir s'y engager eux-mêmes tout entiers. La garantie qu'ils ont promise aux associés commandités est celle de leurs capitaux et non celle de leur personne ; et cela est si vrai que, dans l'extrait de l'acte de société qui doit être publié et livré à la connaissance du public, les sommes et valeurs fournies ou à fournir par les commanditaires seront seules connues, et leurs noms resteront ignorés. Ils ne s'engagent donc pas dans les opérations commerciales ; ces opérations, c'est la société seule qui les fait pour eux, il est vrai, mais non pas en leur nom. « Qui ne voit d'ailleurs, a dit M. de Vatimesnil dans une consultation produite devant la Cour de cassation en 1844, que le raisonnement auquel on répond irait beaucoup trop loin ? Si les actes de la société étaient propres au commanditaire, comme ces actes se répètent journellement, le commanditaire devrait être considéré comme un commerçant : est-ce qu'un tel système est tolérable ? Est-ce qu'un propriétaire, un pair de France, un magistrat, un administrateur, un notaire, peut devenir commerçant et patentable, par cela seul qu'il place des fonds en commandite dans une maison de commerce ? Et il faudrait dire alors que le magistrat qui promet de verser des fonds en commandite compromet la dignité de son caractère et s'expose à des peines de discipline, comme celui qui souscrit une lettre de change ; qu'en pareille situation un avocat doit être rayé du tableau, et qu'un officier encourt la perte de son emploi » (1). — Le but de la jurisprudence, comme il ressort de certains considérants de l'arrêt de Paris de 1847, est de réprimer l'agiotage. L'intention est louable assurément, mais elle a peut-être entraîné les magistrats au delà des limites de leur mission et sur les pas du législateur. — Du reste, la jurisprudence ne s'en est pas tenue là. Entraînée logiquement par la puissance des principes qu'elle avait posés, elle va jusqu'à soumettre à la contrainte par corps les souscripteurs d'actions des sociétés anonymes (arrêts de Paris des 20 février et 20 novembre 1847). En cela, elle n'est que conséquente avec elle-même. Mais alors, avec la fièvre de spéculation qui nous travaille, tout le monde sera commerçant ou du moins traité comme tel, tout le monde deviendra contraignable par corps.

Il ne faut pas tirer argument contre l'opinion que j'émets, de ce que les contestations entre associés sont soumises à la juridiction commerciale des arbitres forcés. Nous avons vu et nous allons voir que la compétence de la juridiction commerciale n'imprime pas aux actes un caractère de commercialité.

Ainsi, toute condamnation prononcée par les tribunaux de commerce n'est pas commerciale et accompagnée de contrainte par corps ; mais que dirons-nous des dommages-intérêts ? Si les dommages-intérêts sont accordés entre commerçants pour des faits étrangers au commerce, il est évident que la qualité des personnes ne changera rien à la nature de la dette, et qu'il faudra s'en référer aux règles de l'art. 126 du Code de procédure, qui permet au juge de prononcer ou de ne pas prononcer la contrainte par corps contre le débiteur. Mais si les dommages-intérêts ne sont que l'équivalent d'une obligation commerciale inexécutée, je ne vois pas pourquoi le débiteur profiterait de ce manque d'exécution pour faire perdre à la dette sa sanction en changeant son objet (2).

---

(1) Dans le même sens, MM. Pardessus, n° 1510 ; Delangle, *Société comm.*, n° 309 ; Pont, *Revue de législation*, 1844, t. 20, p. 352 ; Ballot, *Revue du droit français*, 1817, t. 4, p. 425.

(2) Troplong, n° 373.

Bien que l'art. 634 du Code de commerce donne compétence au tribunal de commerce pour les actions contre les facteurs, commis des marchands ou leurs serviteurs, pour le fait du trafic du marchand auquel ils sont attachés, il ne faut pas un long examen pour reconnaître que l'obligation de ces personnes non commerçantes n'offre pas un caractère commercial, et que c'est seulement par une sorte de connexité que leurs démêlés avec leurs patrons arrivent devant le tribunal de commerce. On ne peut donc pas tirer de l'art. 634 cette conséquence, que les commis des négociants soient contraignables par corps dans leurs rapports avec leurs patrons (1).

Dans les cas où la dette est commerciale, la contrainte par corps est impérative. Ce n'est pas à dire, toutefois, qu'elle puisse résulter d'un jugement qui ne l'aurait pas prononcée (2), ni même qu'elle puisse être ordonnée d'office par un tribunal à qui la demande n'en aurait pas été faite. Non, la partie doit la demander, mais alors le tribunal ne pourrait se refuser à l'accorder.

Nous avons vu, en matière civile, certaines personnes exemptées de la contrainte par corps. — Le droit commercial nous présente aussi ses exceptions. Ainsi, les septuagénaires ne sont pas contraignables, même en matières commerciales. La loi de l'an VI n'avait pas exempté les septuagénaires en ces matières (3). Les manquements à des engagements commerciaux étaient donc traités avec la même rigueur que le stellionat. Cette sévérité fut corrigée par l'art. 4 de la loi du 17 avril 1832.

Mais que dire des mineurs ? Ou ils ne sont pas autorisés à faire le commerce, et leurs engagements sont nuls ; ou ils le sont, et alors les obligations qu'ils ont contractées ont pour eux les mêmes effets que pour les majeurs ; et l'intérêt du crédit public, celui de leur propre crédit, ont fait admettre qu'ils pourraient être poursuivis par la voie de la contrainte par corps

---

(1) Arrêt de Montpellier, du 24 janvier 1851, et de Paris du 10 novembre 1855.

(2) Arrêt de la Cour de cassation du 28 avril 1852.

(3) Merlin, *Répertoire, Contrainte par corps*, p. 72, n° 20.

(art. 2 de la loi du 17 avril 1832). Mais une difficulté est soulevée : un mineur commerçant, qui hypothèque ses immeubles, comme la loi lui en donne le droit, commet un stellionat. Doit-on dire alors, avec M. Coin-Delisle, que la constitution d'hypothèque étant un contrat civil, et partant le stellionat un délit civil aussi, la condamnation ne pourra entraîner la contrainte par corps (1) ? Il me semble qu'il faut plutôt dire, au contraire, que l'hypothèque, contrat civil, étant permis au mineur pour fait de son commerce, il faut que le mineur commerçant, susceptible, d'ailleurs, de contrainte par corps, puisse subir les conséquences de ce délit civil, commis aussi à l'occasion de son commerce. En tout ce qui touche son négoce, le mineur est alors réputé majeur (2).

Le privilége du sexe s'efface aussi devant les exigences du droit commercial. Les filles et femmes mariées peuvent donc être contraintes par corps ; mais, pour ces dernières, il faut se rappeler qu'elles ne peuvent être marchandes publiques et encourir les conséquences des engagements commerciaux qu'autant qu'elles y ont été valablement autorisées par le mari (art. 4 du Code de commerce). Le droit de faire emprisonner les filles et femmes commerçantes existait déjà dans notre ancien droit (ordonnance de 1667, titre 34, art. 8). Actuellement, l'art. 2 de la loi du 17 avril 1832 pose solidement son principe. Les femmes ne peuvent être contraintes par corps, si elles ne sont *légalement* réputées marchandes publiques. Ceci nous renvoie d'abord à l'art. 5 du Code de commerce, qui nous montre dans quel cas la femme est réputée telle ; de plus, ces expressions nous font voir que pour un acte de commerce isolé, comme un billet à ordre, ayant pour cause des opérations de trafic, change, banque ou courtage ; enfin une lettre de change, dont la commercialité n'a pas même besoin d'être prouvée, la femme ne saurait être contrainte par corps. Cette proposition est d'ailleurs conforme à l'art. 113 du Code de commerce, qui disait déjà, antérieurement à notre loi, que la signature des femmes et des filles non négociantes ou marchandes publiques

---

(1) M. Coin-Delisle, p. 37, n° 6.
(2) Troplong, n° 278.

sur lettres de change ne vaut, à leur égard, que comme simple promesse. — Il en était ainsi autrefois ; mais Pothier nous fait connaître que cela n'avait pas été admis sans discussion, en dépit des termes de l'ordonnance de 1667 (1).

Voici une décision assez singulière de l'ancienne jurisprudence, qui mérite d'être rapportée, mais non pas suivie. La femme commune, autorisée à faire le commerce, oblige sans aucun doute la communauté, et par conséquent le mari lui-même. Est-ce à dire que le mari puisse être contraint par corps, en raison des engagements qu'elle prendra ? L'ancien droit le pensait et formulait ainsi sa pensée : *le tablier de la femme oblige le mari.* On présumait alors que, sous ce tablier de la femme, c'était le mari qui se cachait, la mettant lâchement en avant, pour ne pas courir les risques d'un commerce dont il voulait bien accepter les profits ; on faisait donc peser sur sa personne comme sur ses biens les conséquences d'un commerce qui, bien que fait par sa femme, était en définitive le sien. — La présomption peut n'être pas sans fondement, mais elle est trop hardie pour qu'on puisse la pousser jusqu'à soumettre à l'emprisonnement le mari d'une femme commerçante, n'ayant, pour appuyer une pareille opinion, l'autorité d'aucun texte de loi.

Il faut donc dire que la contrainte par corps est une sanction toute personnelle, qui ne rejaillit pas de la femme sur le mari. — C'est ainsi que l'art. 2 de la loi du 17 avril 1832 ne veut pas y soumettre les veuves ou héritiers des justiciables des tribunaux de commerce, assignés devant les tribunaux en reprise d'instance, ou par action nouvelle, en raison de leur qualité. — Les mots de *justiciables des tribunaux de commerce* ne sont pas heureux. Nous avons vu qu'on peut être justiciable des tribunaux de commerce sans être contraignable par corps. Tels sont ceux qui ont signé des lettres de change réputées simples promesses, les commis des négociants, etc.

En parlant des matières civiles, nous avons vu que les marins à bord ou se rendant à bord ne pouvaient être arrêtés pour

___

(1) Proc. civ., ch. 1, § 2, 2°.

dettes civiles, qu'ils n'auraient pas contractées à l'occasion du voyage (art. 231, Code de comm.). Il faut y faire rentrer les engagements commerciaux; car le mot de *civiles* est évidemment employé ici par opposition à *criminelles*.

Les empêchements relatifs que nous avons vus fondés sur la parenté ou l'alliance du créancier et du débiteur sont applicables ici comme en matières civiles. Je n'ai qu'à renvoyer à ce que j'ai dit des lois de 1832 et 1848 sur ce point. — Il faut dire de même aussi que la contrainte par corps ne peut être exercée simultanément contre deux époux, et que si le débiteur a des enfants mineurs, elle peut être suspendue, par le jugement de condamnation, pendant une année (art. 11 de la loi du 13 décembre 1848).

Voici du moins une disposition particulière à la contrainte par corps en matières commerciales. L'art. 5 de la loi du 13 décembre 1848 porte que, pour toute condamnation en principal au-dessous de 500 francs, *même* en matière de lettre de change et de billet à ordre, le jugement pourra suspendre l'exercice de la contrainte par corps pendant trois mois au plus, à compter de l'échéance de la dette. — Cet article porte exception, en ce qui touche la contrainte, à l'art. 157 du Code de commerce, qui défend aux juges d'accorder des délais en matière de lettres de change. Du reste, il ressort des termes mêmes de l'article que le délai ne peut être accordé que par le jugement même de condamnation.

Je n'ai pas à revenir sur les larges principes de l'appel en matière de contrainte par corps. Ils sont les mêmes en droit commercial qu'en droit civil, et il n'est besoin que de renvoyer à ce que j'ai dit de l'art. 20 de la loi du 17 avril 1832 et de l'art. 7 de celle du 13 décembre 1848.

La contrainte par corps n'a pas lieu en matières commerciales pour une somme inférieure à 200 francs (loi du 17 avril 1832, art. 1er). Enfin, l'art. 4 de la loi du 13 décembre 1848 gradue la durée des emprisonnements sur le montant des sommes dues. Il est venu remplacer l'art. 5 de la loi du 17 avril 1832, qui admettait aussi un système de gradation, mais dans les limites plus sévères d'un à cinq ans. Actuellement pour une condamnation dont le montant en principal est inférieur à 500 francs, l'emprisonnement cesse de plein droit au bout de trois mois; au bout de six pour une condamnation au-dessous de 1000 francs, et toujours ainsi en élevant la durée de trois en trois mois pour chaque somme en sus qui ne dépassera pas 500 fr., sans toutefois pouvoir excéder trois années. — Ainsi, le maximum de la durée de l'emprisonnement pour dette commerciale est de trois années.

Que faut-il entendre par « le montant de la condamnation en principal? » Ce montant en principal n'est-il là que par opposition aux dépens, ou même aux intérêts de la dette primitive capitalisés dans la condamnation? — Ainsi, pour prendre un exemple, celui qui a contracté un engagement de 400 francs, peut-il être condamné à subir un emprisonnement de six mois, lorsque par la capitalisation des intérêts, il se trouvera débiteur d'une somme de plus de 500 francs? Nous avons vu que l'art. 2065 du Code civil ne se refusait pas à ce qu'on opérât cette capitalisation pour évaluer la somme sur laquelle le créancier basait sa poursuite en contrainte par corps. Mais il me semble que, précisément de l'opposition des termes qui éclate dans le rapprochement de cet article avec celui de la loi de 1848, il faut conclure que les mots « en principal » que nous trouvons dans ce dernier, s'opposent à ce qu'un créancier puisse faire entrer dans le calcul à faire en vertu de cette loi les intérêts de la dette primitive. Ceci apparaîtra plus clairement encore si l'on rapproche les expressions de la loi du 13 décembre 1848 de celle de la loi du 17 avril 1832, qui dit, dans son art. 1ᵉʳ, que la contrainte par corps sera prononcée contre toute personne condamnée pour dette commerciale au paiement d'une somme principale de 200 francs et au-dessus. Cet avis n'a d'ailleurs, à ma connaissance, trouvé d'opposition que dans un jugement du tribunal civil de la Seine, infirmé par arrêt de la Cour de Paris (1). Il faut expliquer de même les mots « en principal » que nous avons trouvés dans l'art. 5 que j'ai eu l'occasion de citer ci-dessus.

L'art. 4 de la loi de 1848, en abaissant la durée de la con-

---

(1) 20 novembre et 14 décembre 1849. — MM. Bravard, p. 755 et suiv.; Troplong, n° 756; Alauzet, 2000.

trainte, dont le maximum est trois ans en matière commerciale, est entré dans une voie juste et sage ; car celui qui a subi trois mois, six mois de prison, etc., pour une somme inférieure à 500, à 1000 francs, et qui n'a pas acquitté sa dette, doit être présumé n'avoir aucune ressource et ne saurait être plus longtemps détenu sans une vexation gratuite et cruelle.

Disons enfin que l'on ne peut joindre ensemble deux dettes différentes ni pour faire prononcer la contrainte par corps, là où une seule des dettes ne le permettrait pas (art. 1er de la loi de 1832), ni pour en prolonger la durée au delà de ce qu'autorise le montant de chacune. — Autrement la loi serait trop facile à éluder et recevrait trop rarement son application ; car il dépendrait de plusieurs créanciers de réunir leurs créances en une seule main pour faire emprisonner un débiteur contre qui séparément ils ne pourraient exercer la contrainte ou pour le maintenir en prison plus longtemps que chacun d'eux n'en aurait le droit. — Mais nous devons admettre aussi que des paiements partiels ne peuvent avoir cet effet que le débiteur puisse faire abréger, en les invoquant, la durée de l'emprisonnement fixée par la loi.

SECTION III.

Contrainte par corps en matières administratives.

De tous les créanciers, le plus recommandable assurément, c'est l'État. Toutes les raisons d'intérêt général qui ont fait admettre la contrainte par corps pour le paiement des dettes commerciales se représentent bien plus fortes encore lorsqu'il s'agit d'assurer la rentrée des deniers dus à l'État. C'est ainsi que saint Louis avait défendu dans ses domaines d'exercer la contrainte par corps contre tous débiteurs, excepté ceux de la Couronne. « Toutes debtes du roy sont payables par corps » (1). Montesquieu pense aussi que « la loi doit faire plus de cas de l'aisance publique que de la liberté d'un citoyen. » Il est donc inutile d'insister sur les motifs qui ont dicté au législateur l'application de la contrainte au cas qui nous occupe. Elle a paru

____

(1) Loisel, *Institutions coutumières*, L. 6, t. 5, n° 19.

de tout temps si utile que le 20 mars 1793 même, vingt jours
après la loi qui avait aboli d'une manière absolue la contrainte
par corps, un décret de la convention parut, qui la rétablissait
contre les débiteurs de l'Etat. La loi de germinal a confirmé ces
mesures, et l'art. 2070 du Code civil nous y renvoie. — Enfin
la loi du 17 avril 1832 est venue régler à son tour la matière.
C'est elle qui va nous faire connaître contre quelles personnes
s'applique la contrainte par corps administrative.

Notons d'abord qu'elle n'a pas lieu contre les citoyens débiteurs de l'impôt. Ceux-ci n'ont jamais été poursuivis par voie
de contrainte par corps ; ni la taille, ni la capitation, ni le
dixième, ne se réclamaient sous la menace de l'emprisonnement.
Un ancien auteur croit en voir la raison dans la forme d'*aide
au roi* qu'affectaient les subsides, qui ne revêtaient pas précisément le caractère de dettes (1). — Les vrais débiteurs du
roi étaient donc ceux qui avaient reçu ses deniers en son nom,
les comptables tels que les fermiers et les détenteurs de deniers
payés au fisc. Les mêmes principes dominent dans la loi de
1832, qui, du reste, énumère les personnes soumises à la
contrainte par corps administrative.

Ainsi, sont soumis à la contrainte par corps, pour raison du
reliquat de leurs comptes, déficit ou débet, constatés à leur
charge, et dont ils ont été déclarés responsables : 1° les comptables de deniers publics ou d'effets mobiliers publics, et
2° leurs cautions (art. 8, 1°). — Cela comprend les receveurs
généraux, receveurs particuliers, percepteurs, caissiers, tous
ceux enfin qui, par suite du mandat qui leur est confié, se trouvent détenteurs de deniers appartenant à l'Etat. — On avait
proposé, en 1832, d'admettre pour les cautions de ces comptables la même règle que pour les cautions des contraignables
par corps en matières civiles ; elles n'auraient alors été passibles de la contrainte qu'autant qu'elles s'y seraient soumises ;
mais cette proposition fut repoussée. On a pensé que ces cautions étaient associées aux bénéfices de l'entreprise : on les a
traitées alors comme de véritables débiteurs solidaires.

____

(1) Coquille, *Sur la coutume de Nivernais*, t. 32, art. 9.

3° Le 2" de l'art. 8 mentionne les agents ou préposés des comptables qui ont personnellement géré ou fait la recette. — En quelques mains que se trouvent les deniers de l'Etat, ne fût-ce pas le comptable qui les eût détournés, mais un de ses employés, il faut que l'Etat puisse les reprendre directement et par les moyens les plus énergiques. Je ne pense pas que le comptable qui a payé pour un de ses employés puisse retourner la contrainte par corps contre celui-ci, car l'intérêt public n'est plus en jeu ici.

4° Enfin, le troisième paragraphe de l'article est plus général ; il comprend toutes personnes qui, sans être comptables ou fonctionnaires publics, ont perçu cependant les deniers de l'Etat, dont elles n'ont point effectué le versement ou l'emploi, *ou qui,* ayant reçu des effets mobiliers appartenant à l'Etat, ne les représentent pas, ou ne justifient pas de l'emploi qui leur avait été prescrit.

5°, 6°, 7°. L'art. 9 de la loi de 1832 dit qu'il faut comprendre dans les dispositions de l'article précédent les comptables chargés de la perception des deniers, ou de la garde et de l'emploi des effets mobiliers appartenant aux communes, aux hospices, aux établissements publics, ainsi que leurs cautions, et leurs agents ou préposés ayant personnellement géré ou fait la recette. — Bien qu'il n'y ait pas là un mobile aussi puissant que dans les cas que nous venons de voir ci-dessus, il y a toujours un intérêt assez général engagé dans l'affaire pour justifier ici l'emploi de la contrainte par corps. Il ne faut pas hésiter à appliquer par *à fortiori* cette disposition aux agents comptables qui ont dans leurs mains les deniers appartenant aux départements.

8° Viennent ensuite les entrepreneurs, fournisseurs, soumissionnaires et traitants, qui ont passé des marchés ou traités intéressant l'Etat, les communes, les établissements de bienfaisance et autres établissements publics, et qui sont déclarés débiteurs par suite de leurs entreprises (art. 10, 1°). — Ici, l'Etat, les communes et les établissements publics sont mis en rapport avec leurs débiteurs directs.

9°, 10° 11°. Les cautions de ces personnes, leurs agents et préposés ayant personnellement géré l'entreprise, et toutes personnes déclarées responsables des mêmes services sont également contraignables par corps. Il ne s'agit ici , comme toujours, que des sommes pour lesquelles ces personnes peuvent être déclarées en *débet*. Ainsi, la non-exécution des travaux ne justifierait pas l'emploi de la contrainte par corps. L'administration a, pour ce mal, d'autres remèdes plus sûrs.

Voici encore un cas où la contrainte par corps atteint les particuliers redevables de droits. 12° Seront encore soumis à la contrainte par corps, dit l'art. 11 de la loi de 1832, tous redevables, débiteurs et cautions de droits de douanes, d'octrois et autres contributions indirectes, qui ont obtenu un crédit et qui n'ont pas acquitté à l'échéance le montant de leurs soumissions ou obligations.

Le privilége des septuagénaires est opposable à l'Etat, aux communes et aux établissements publics. Il en est ainsi décidé dans l'art. 12 de notre loi. Il y est dit aussi que les femmes et filles peuvent être contraintes par corps en vertu des dispositions que nous venons de voir. — Il ne faut pas, en effet, que le privilége ordinaire de leur sexe se tourne à leur désavantage. Si elles pouvaient échapper à la contrainte par corps administrative, l'Etat ne voudrait pas confier des bureaux de poste, de timbre et de tabac à des femmes et des filles qui ont souvent si peu de moyens de subsister honorablement. Les femmes et les filles peuvent aussi soumissionner des marchés avec l'Etat ; marchandes publiques, elles peuvent obtenir des crédits pour les droits de douane et de débit de boissons.

La loi ne prévoit pas le cas de minorité. Il n'est pourtant pas impossible qu'un mineur tombe sous l'application de nos articles. Car si un mineur commerçant obtient des crédits de douanes, il n'est pas douteux que ce mineur, qui, dans l'intérêt du commerce, peut être contraint par corps , le puisse être aussi au profit de l'Etat créancier.

La contrainte par corps en matière administrative n'a pas lieu pour une somme inférieure à 300 francs (art. 13 de la loi de 1832) ; elle peut être prononcée dans les limites d'un an à cinq (art. 12 de la loi du 13 déc. 1848).—On voit qu'elle se rapproche considérablement de la contrainte par corps en matière civile. La loi du 17 avril 1832 traite même des dispositions que nous venons de voir sous la rubrique : *Contrainte par corps en matière civile.* C'est une étrange absence du législateur, à moins qu'on ne dise que ce mot *civile*, qui, véritable Protée, prend tous les sens qu'on veut lui donner, est, dans sa pensée, opposé simplement aux mots *commerciale* et *criminelle.*

Quoi qu'il en soit, une grande différence à signaler entre les matières civiles et administratives, c'est que, dans ce dernier cas, la contrainte par corps s'exécute sans jugement. L'art. 46 de la loi du 17 avril 1832, qui abroge toutes les lois antérieurement promulguées relativement à la contrainte par corps administrative, les laisse cependant subsister en ce qui concerne le mode de poursuites à exercer contre les débiteurs *de* l'État, des communes et établissements publics. — Ainsi, la contrainte par corps n'est pas appliquée en vertu de jugements, mais de décisions administratives. Le ministre des finances décernera des contraintes administratives qui auront pleine force exécutoire (lois des 12 vend., 13 frim., 18 vent. an VIII). Il est des cas où la contrainte peut être décernée par un fonctionnaire subordonné à ce ministre ; mais alors, elle ne peut s'exécuter sans un visa du juge de paix ou du président du tribunal, qui y apposent la formule exécutoire (1).

Les oppositions formées aux contraintes administratives seront administratives comme elles, et portées devant les conseils de préfecture ou le conseil d'État.

Aux principes que nous venons d'examiner et à un motif d'intérêt public analogue se rattache la contrainte par corps qui s'exerce contre les adjudicataires des bois de l'État et du droit de pêche fluviale pour le paiement du prix de l'adjudication (art. 28 du Code forestier, art. 22 de la loi du 15 avril 1829). En ce cas, le seul procès-verbal d'adjudication emporte contre eux exécution forcée et poursuite par corps : il en est de même contre leurs associés et cautions.

---

(1) Des auteurs ont cru que le pouvoir administratif ne ferait que prononcer la contrainte et que le pouvoir judiciaire en devrait fixer la durée (M. Ginouvier, sur la loi de 1832 ; M. Duranton, t. 18, n° 196). Je ne pense pas que la loi ait voulu admettre ce conflit de deux autorités rivales : M. Troplong est dans ce sens (n° 481).

APPENDICE AUX TROIS PREMIÈRES SECTIONS.

De certaines personnes en faveur de qui des besoins publics peuvent suspendre l'exercice de la contrainte par corps, et de l'exercice de ce droit en Algérie.

« Les gens de guerre ne peuvent être contraints par corps, pendant qu'ils sont en service ou garnison, » dit Pothier, dans sa *Procédure civile* (1). Telle était, en effet, l'ancienne jurisprudence (2). Dans le droit intermédiaire, nous trouvons une loi du 10 juillet 1791, qui porte (t. III, art. 63) que les officiers contre lesquels il aura été porté une condamnation de contrainte par corps seront réputés démissionnaires, si, dans les deux mois, ils n'ont pas satisfait aux exigences de leur créancier. — C'était reconnaître que la contrainte par corps pouvait s'exercer contre eux. Un arrêté consulaire, du 7 thermidor an VIII, reconnaît également le droit de faire emprisonner les conscrits qui, pour causes civiles ou commerciales, tombent sous le coup de la contrainte par corps. La loi sur le recrutement est venue, il est vrai, abroger, dans son ensemble, la loi du 10 juillet 1791 ; mais elle est muette sur le point qui nous occupe. Il est certain, d'ailleurs, que la Constituante n'avait fait que reconnaître ce fait, que rien dans les lois nouvelles n'autorisait à regarder les militaires comme affranchis de la contrainte par corps. Et de fait, d'après nos principes législatifs, qui s'accommodent peu de ces usages de jurisprudence que nous présente l'ancien régime, il faut admettre que pour reconnaître un pareil bénéfice au profit des militaires, même en service, il ne suffirait pas de prouver seulement qu'il n'existe pas ou plus de lois qui les astreignent à la contrainte par corps, mais bien qu'il existe un texte de loi qui les y soustrait (3). Et ce texte n'existe nulle part. C'est donc se rendre coupable d'un grand arbitraire que de dire avec un arrêt de

---

(1) Partie V°, ch. 1", § 2, 6°.

(2) Jousse, sur l'art. 9 du titre XXXIV de l'ordonnance de 1667.

(3) M. Coin-Delisle, p. 53 ; M. Troplong, n° 381 ; Tribunal supérieur d'Alger, 17 août 1836 ; M. Chauveau sur Carré, *quest.* 2047. — En sens inverse, MM. Thomine-Desmazures, t. 2, p. 357 ; Fœlix, sur la loi de 1832, p. 11.

Caen, du 22 juin 1829, « qu'il importe peu qu'aucune loi ne se soit prononcée d'une manière expresse à cet égard, parce que l'exception aux règles communes dérive ici d'une condition essentielle à l'existence de la force militaire, qui est que le soldat ne puisse être distrait, par des motifs de pur intérêt privé, du service qu'il remplit ou de celui que l'ordre de ses chefs peut lui prescrire d'un instant à l'autre ; que s'écarter de ces principes, ce serait compromettre l'intérêt public et la sûreté de l'Etat. » Puisque la Cour de Caen faisait ainsi la loi au lieu de l'appliquer, que ne distinguait-elle le cas de guerre et le cas de paix ? Car assurément tous ces motifs ne peuvent s'appliquer aux militaires faisant le service en temps de paix.

Depuis l'arrêt de Caen et la décision du tribunal supérieur d'Alger, il est, d'ailleurs, intervenu une ordonnance, celle du 26 septembre 1842, qui, dans son article 72, § 2, est loin de supposer qu'aucun bénéfice relatif à la contrainte existe au profit des militaires ; car il s'exprime ainsi : « Toutefois, cette contrainte, prononcée contre des militaires présents en Algérie et en activité sous les drapeaux, ne sera mise à exécution qu'un mois après l'avis donné par la partie poursuivante au chef de l'état-major de la division, qui en fournira récépissé. » Il faut dire que l'ordonnance qui reconnaît les militaires contraignables en Algérie, où le voisinage de populations hostiles rend leur service si nécessaire, les regarde, à plus forte raison, comme contraignables sur le territoire français. Mais il faut peut-être admettre, par analogie, que la partie devra du moins avertir à l'avance l'autorité militaire, de manière à lui laisser le temps raisonnablement nécessaire pour remédier à la perte du militaire passible de la contrainte par corps. — Un décret du 10 octobre 1852 a étendu aux chefs arabes le bénéfice de l'art 72, § 2, de l'ordonnance du 26 septembre 1842.

Il est peut-être inutile de dire qu'on s'accorde généralement à reconnaître comme vexatoire et contraire à la décence publique qu'un officier soit arrêté au moment où il conduit un détachement, un soldat durant sa faction, toutes les fois enfin, suivant l'expression de M. Carré (art. 2047), qu'il exerce *une fonction publique extérieure*. Il en serait de même d'un magistrat ou de tout autre dépositaire de l'autorité publique.

Parlons maintenant des membres des assemblées politiques. Lequel doit-on considérer comme le plus avantageux à une grande nation, que ceux qui la représentent sur les plus hauts degrés de l'échelle sociale donnent l'exemple de la probité en payant leurs dettes, ou qu'ils ne puissent être distraits au profit de leurs créanciers du soin des affaires publiques? L'Assemblée constituante a cru que le mandat que la nation confiait à ses représentants, en leur créant de nouveaux devoirs, ne les dispensait pas de ceux auxquels tous les citoyens sont soumis. Le 7 juillet 1790, elle répondit à un particulier qui voulait exercer le droit de contrainte contre un de ses membres : « L'Assemblé nationale décrète que son président est chargé de répondre au sieur Rollin qu'elle trouve juste qu'il exerce contre son débiteur tous les droits et toutes les contraintes que lui assure la loi. » Plus tard, l'art. 54 de la loi du 13 juin 1791 vint dire : « En matière civile, toute contrainte légale pourra être exécutée sur les biens d'un représentant ou contre sa personne, tant que la contrainte par corps aura lieu contre les autres citoyens. »

Il faut aller jusqu'à la Charte de 1814 pour trouver un principe contraire. L'art. 51 soustrait à l'application de la contrainte les membres de la Chambre des députés, durant la session et pendant les six semaines qui la précèdent ou la suivent. — L'art. 34, relatif au droit des pairs, laissait quelque obscurité. — Ces deux articles sont reproduits dans la Charte de 1830, sous les numéros 43 et 29.

Sous la dernière république, une loi du 21 janvier 1851 vint s'opposer à ce que la contrainte par corps pût être exercée contre un représentant sans l'autorisation préalable de l'Assemblée. C'est ce qu'on décidait pour les pairs sous l'empire des Chartes de 1814 et de 1830. Puis la loi de 1851 déclarait démissionnaire tout représentant contre qui la contrainte aurait été autorisée et qui n'en aurait pas obtenu la décharge dans les trois mois.

Actuellement, les députés au Corps législatif ne sont pas contraignables par corps. L'art. 10 du décret organique du 2 février 1852 reproduit, à leur égard, la disposition de l'art. 51

de la Charte de 1814, relatif aux membres de la Chambre des députés.

Mais les textes sont muets à l'égard des sénateurs. Que devons-nous en conclure ? Faut-il admettre pour eux un *à fortiori ?* Les argumentations de cette sorte sont généralement bien aventureuses. D'ailleurs, tandis qu'on reproduisait l'article de la Charte relatif aux députés, que ne lui empruntait-on aussi celui qui parle des pairs ? — Le raisonnement *à contrario* semblerait être ici plus à propos. — Des personnes se retranchent sur l'insaisissabilité de la dotation des sénateurs ; la contrainte par corps forcera le sénateur à faire passer aux mains de ses créanciers ce qui est donné moins à lui-même qu'à sa fonction. Sans doute ; mais les rentes sur l'Etat, les pensions alimentaires sont insaisissables aussi, et les personnes qui en jouissent ne sont pas, pour cela, exemptées de la contrainte par corps. — Je ne pense donc pas qu'il faille reconnaître au sénateur une immunité qui n'est ni dans les lois, ni dans la Constitution, ni dans les décrets organiques.

Je ne puis terminer cet appendice aux sections qui traitent de la contrainte par corps en droit civil, commercial et administratif sans citer le § 1er de l'art. 72 de l'ordonnance de 1842 qui fait de la contrainte par corps facultative le droit commun en Algérie et n'en limite pas l'exercice aux dettes d'une certaine valeur. — Sur ce sol, éloigné de notre continent, où le créancier aurait souvent de la peine à agir sur les biens de son débiteur, tout jugement portant condamnation au paiement d'une somme d'argent ou à la délivrance de valeurs ou effets mobiliers peut, lors de sa prononciation, être déclaré exécutoire par la voie de la contrainte par corps.

SECTION IV.

Contrainte par corps en matières criminelles.

Cette contrainte s'applique chez nous à l'amende, aux dépens et même à l'indemnité due aux particuliers lésés par un délit. Il en était ainsi dans l'ancien droit ; cela résultait de l'art. 48 de l'ordonnance de Moulins pour l'amende et les dommages-intérêts : l'ordonnance de 1667, qui traitait de la procédure en matières civiles, n'avait pas abrogé cet article. Pour les dépens en matière criminelle, c'est l'art. 20 du titre 25 de l'ordonnance de 1670 qui avait attaché à leur poursuite la contrainte par corps, quand ils s'élevaient à la somme de 200 livres.

Le principe fut maintenu dans le droit intermédiaire ; la loi du 19 juillet 1791 le mentionne en ce qui touche les dommages-intérêts, restitutions et amendes en matière correctionnelle. Plus tard, la contrainte par corps, abolie le 9 mars 1793, reparut le 30 mars de la même année contre les débiteurs directs du Trésor public. Les amendes purent donc être poursuivies par cette voie.

La loi de germinal an VI ne parle pas de la contrainte par corps en matière criminelle. Celle du 18 germinal an VII porte, en matière criminelle, remboursement des frais du procès au profit du Trésor. Il n'y est nullement question de la contrainte par corps ; mais un décret interprétatif du conseil d'Etat, rendu le 20 septembre 1809, déclare qu'il y avait lieu à appliquer ici la contrainte par corps, en vertu de la loi du 30 mars 1793.

De tout cela, il ne doit être fait mention qu'à titre historique. Les articles 52 et 53 du Code pénal sont venus régler la matière, et encore allons-nous les voir profondément modifiés par les innovations successives des lois de 1832 et 1848.

L'article 52 ouvre la voie de la contrainte par corps à l'exécution des condamnations à l'amende, aux restitutions, dommages-intérêts et frais. Il faut remarquer qu'ici la contrainte est impérative, et que la loi ne semble même pas, en principe, exiger qu'elle soit prononcée. Les dommages-intérêts attribués à la partie civile par un tribunal criminel ne suivent donc pas les mêmes règles que lorsque la demande en indemnité est intentée par la voie civile. Pourquoi cette différence ? Pourquoi dans un cas la contrainte est-elle facultative et impérative dans l'autre ? Pourquoi n'a-t-elle lieu ici que pour une somme supérieure à 300 francs, là pour quelque somme que ce soit ? Pourquoi d'un côté peut-elle s'étendre aux dépens, de l'autre ne peut-elle être appliquée en ce qui les touche ? — Je ne sache pas qu'on en puisse donner des raisons bien plausibles. On a dit, lors de la discussion de la loi de 1832, « que les dommages-« intérêts ne sont plus une dette purement civile, du moment

« qu'ils dérivent d'un crime ou d'un délit. » Y a-t-il vraiment sous ces paroles une raison sérieuse? Quelle est donc la cause de l'indemnité réclamée? Le préjudice causé. Qu'importe qu'il provienne d'un fait que la loi regarde ou non comme délictueux? — La peine du délit a dû être appliquée au nom de la société blessée ; la question qui reste à juger entre deux particuliers n'est plus que civile et réside toute dans l'article 1382 du Code civil ; c'est parce qu'un délit a été commis que la société punit; mais c'est seulement parce qu'un dommage a été causé qu'elle accorde des dommages-intérêts. « La vindicte publique une fois satisfaite, disait M. Portalis à la Chambre, le 29 décembre 1831, il n'y a plus rien de pénal dans les dispositions des jugements que rendent les tribunaux de répression, quels qu'ils soient. » Comment ne pas s'associer à ces paroles? C'est appliquer deux fois la peine que tenir compte encore du délit après qu'on l'a subie. Et l'on arrive par là à appliquer forcément la contrainte par corps à celui qui a occasionné des blessures par simple imprudence, tandis qu'elle n'est que facultative contre celui qui a commis un dol ou une fraude non prévus par le Code pénal ou qui a volé son conjoint ou ses parents.

On arrive alors à proposer un terme moyen, qui, je crois, peut être admis sans blesser l'art. 52 du Code pénal. Quand une Cour d'assises prononcera des restitutions ou une condamnation de dommages-intérêts contre un accusé acquitté, ou, en sens inverse, quand elle condamne la partie civile à des dommages-intérêts envers l'accusé acquitté, on pense qu'il y a lieu d'appliquer l'art. 126 du Code de procédure. En effet, ici, où il n'y a pas de criminalité aux yeux de la loi, les tribunaux criminels sont entièrement substitués à dés tribunaux civils et doivent juger suivant leurs règles. Il faut excepter, dit Merlin (1), le cas où la partie civile est condamnée pour dénonciation calomnieuse. — On ne peut contester la justesse de cette remarque. Mais sur quelles faibles bases reposent toutes ces distinctions!

Quoi qu'il en soit, il résulte de tout ce que nous venons de dire que la partie lésée par un crime, un délit ou une contravention, a intérêt à agir plutôt comme partie civile devant les

---

(1) Réparation civile, § 2.

tribunaux criminels qu'à porter son action devant un tribunal civil, que l'art. 126 du Code de procédure laisse libre de prononcer ou non la contrainte par corps.

L'article 53 du Code pénal admettait une durée illimitée de la contrainte. Il introduisait cependant dans la loi un principe nouveau et qui me semble profondément juste. Il reconnaissait que la contrainte prononcée à la suite d'une condamnation pour crimes devait être arrêtée au bout d'un an, quand le condamné justifiait de son insolvabilité par certaines voies de droits (1) ; en pareil cas, la durée de la condamnation qui suivait un délit était fixée à six mois. — La contrainte par corps est en effet, j'ai eu plus d'une occasion de le dire, une épreuve de solvabilité. Or, en présence de cette attestation d'insolvabilité corroborée d'un emprisonnement supporté sans payer pendant un an ou six mois, ne serait-il pas cruellement injuste d'ajouter à la peine déjà subie par le condamné une contrainte inutile et sans résultat possible? Mais pourquoi cette distinction faite entre les réparations pour crimes ou pour délits? On n'en voit guère de fortes raisons. — Disons enfin que la loi n'avait pas admis le débiteur emprisonné à prouver son insolvabilité contre un autre créancier que l'Etat. C'était pousser le respect du droit des créanciers privés jusqu'à une excessive délicatesse.

Arrivons maintenant à la loi du 17 avril, qui, corrigée par celle de 1848, forme encore le fondement de la matière. Il faut y distinguer les condamnations inférieures à 300 francs et celles qui s'élèvent à ce taux. Mais d'abord nous devons poser une règle commune aux unes et aux autres, qu'elles soient prononcées au profit de l'Etat ou des particuliers. La contrainte par corps n'aura pas lieu contre le débiteur qui pourra fournir une caution admise par le receveur des domaines, ou, en cas de contestation de sa part, déclarée bonne et valable par le tribunal civil de l'arrondissement (art. 34 de la loi). Les termes de l'ar-

---

(1) Pour cela, le condamné devra présenter : 1° un extrait du rôle des contributions constatant qu'il paie moins de 5 francs, ou un certificat du percepteur de sa commune, portant qu'il n'est point imposé ; 2° un certificat d'indigence à lui délivré par le maire de la commune de son domicile ou son adjoint, visé par le sous-préfet et approuvé par le préfet du département (art. 421, C. inst. crim.).

ticle 39 nous font voir que la même règle est applicable aux condamnations prononcées en faveur des particuliers. La caution devra s'exécuter dans le mois.

Si aucune caution n'a été fournie, et que la condamnation s'élève à la somme de 300 francs et au-dessus, la contrainte par corps aura lieu dans les limites qu'aura fixées le jugement et ne pourra être de moins d'un an et de plus de dix (actuellement le minimum est de six mois, le maximum de cinq ans, d'après l'art. 12 de la loi du 13 décembre 1848). — Le débiteur voudrait en vain apporter une attestation de son insolvabilité : l'article 53 du Code pénal a cessé d'être en vigueur. La loi ne veut d'autres preuves de cette insolvabilité que toute la durée de l'emprisonnement prononcée et subie par le débiteur sans payer. « Les juges doivent apprécier, disait M. l'avocat général Parant devant la Cour de cassation (24 janvier 1835) (1), eu égard au délit, à l'importance de la somme, au caractère de l'individu, à ses ressources présumées, quel est le temps d'épreuve nécessaire pour s'assurer que, s'il ne paie pas, ce n'est pas mauvaise volonté, mais impossibilité. » La durée de la contrainte devra donc être ici fixée par le tribunal, et cela à peine de nullité (2).

Mais supposons une condamnation prononcée à une somme inférieure à 300 francs. Il faut distinguer alors si la contrainte a lieu en faveur de l'Etat ou d'un particulier. — Si elle a lieu en faveur de l'Etat, les juges n'auront pas à en fixer la durée, elle sera illimitée. Cette rigueur est, il est vrai, tempérée par la possibilité de donner caution. De plus, la loi admet ici le condamné à justifier de son insolvabilité et alors restreint la contrainte par corps à une durée fort limitée. En effet, l'emprisonnement alors cessera après quinze jours de contrainte, lorsque l'amende et les autres condamnations pécuniaires n'excéderont pas 15 francs ; un mois, quand elles s'élèveront de 15 à 50 fr. ; deux mois, quand elles monteront de 50 à 100 francs ; et quatre

---

(1) Voir la *Théorie du Code pénal* de MM. Chauveau et Faustin-Hélie, p. 367.

(2) Arrêt de cassation des 20 mars, 2 et 16 avril 1835 ; 4 oct. 1849, 22 mai et 4 juillet 1850.

mois, lorsqu'elles excéderont 100 francs (art. 35 de la loi
de 1832).—L'article 8 de la loi du 13 décembre 1848 est plus
doux encore ; car il déclare que dans les cas prévus par l'article 35 de la loi du 17 avril 1832, la durée de la contrainte
par corps ne pourra excéder trois mois (1).—Mais si le condamné
ne peut justifier de son insolvabilité, la durée de la contrainte
est illimitée. Cela n'est-il pas bien dur ? On a voulu en douter.
On a pris l'article 39 de la loi de 1832 qui, après avoir parlé de
la contrainte obtenue en faveur des particuliers, dit que la
durée de la contrainte sera déterminée par le jugement de condamnation dans les limites de six mois à cinq ans, et l'on a dit
que ce paragraphe de l'article s'appliquait aussi bien aux condamnations au profit de l'Etat qu'à celles qui seraient prononcées pour des particuliers. Mais outre qu'il n'est pas vraisemblable que cette phrase, mise dans le même article et immédiatement après ce qui concerne la contrainte au profit des
particuliers, contienne un principe général qui eût mérité la
consécration d'un article spécial, il faut remarquer que l'art. 34
dit que les condamnés subiront l'effet de la contrainte jusqu'à
ce qu'ils aient payé le montant des condamnations ou fourni
une caution. L'article ne paraît pas supposer que la durée de
la condamnation doive être limitée, et cet article et les suivants
traitent de la condamnation au profit de l'Etat, tandis que les
articles 38 et 39 sont les premiers qui parlent de celle qui a lieu
au profit des particuliers et semblent en traiter exclusivement.
— Il faut citer aussi le système de l'avocat général Parant, qui
dit : « S'il est vrai que pour la somme de 300 francs et au delà,
les limites de la détention sont d'un an à dix ans, logiquement
la détention pour une somme inférieure ne peut excéder le
terme d'une année. » Ce système est arbitraire et ne me semble
pas d'une heureuse déduction. Si pour une somme de 300 francs
l'on peut être condamné à un emprisonnement de dix ans, pourquoi semblerait-il illogique que, pour une somme de 299 francs,
la condamnation pût s'élever au delà d'un an ?

---

(1) Les art. 213 du Code forestier et 79 de la loi du 15 avril 1829 sur la
pêche fluviale fixent, même en pareil cas, un maximum de deux mois, et dans
son art. 12 la loi de 1848 maintient les lois spéciales qui fixent à la contrainte
une durée moindre que ses dispositions.

Tout ceci, du reste, ne doit plus être consigné qu'au point de vue historique. La loi de 1848 a comblé cette lacune (art. 9), en disant que pour le débiteur de l'Etat (ou de la partie civile) qui ne fera pas les justifications exigées par les articles de la loi du 17 avril 1832 et par le paragraphe 2 de l'art. 420 du Code d'instruction criminelle, la durée de l'emprisonnement sera du double de ce qu'elle est contre ceux qui donnent la preuve de leur insolvabilité, c'est-à-dire, variera dans les limites d'un, deux, quatre et six mois. — La contrainte n'aura pas à être prononcée par le juge, puisqu'elle a lieu de plein droit, et la durée, d'après ce que nous venons de voir, n'aura pas besoin non plus d'en être déterminée.

Si la contrainte a lieu au profit de la partie civile, nous savons que l'art. 30 de la loi du 17 avril 1832 voulait qu'elle fût fixée dans les limites de six mois à cinq ans. Aujourd'hui l'art. 9 de la loi de 1848 en détermine la durée de même que pour les condamnations au profit de l'Etat; mais l'article 39 subsiste dans cette disposition de son premier paragraphe, qui porte que l'insolvabilité ne pourra être établie à l'encontre d'une partie civile qu'autant qu'elle aura été jugée contradictoirement avec elle.

Lorsque, pour cause d'insolvabilité prouvée, le débiteur de l'Etat ou de la partie civile aura été mis en liberté, il pourra être repris, si des moyens de solvabilité lui surviennent; mais ce point devra être jugé contradictoirement avec lui, et de plus la contrainte ne pourra être reprise qu'une fois (art. 36 de la loi du 17 avril 1832). L'article 53 du Code pénal admettait la même règle, mais en permettant de reprendre la contrainte un nombre de fois indéfini. — Enfin, il y a encore cette différence que l'art. 53 appliquait cette reprise de contrainte même à l'amende, tandis que le nouvel article la restreint aux restitutions, dommages-intérêts et frais seulement.

Faut-il comprendre dans la somme qui déterminera quelle devra être la durée de la contrainte, les frais d'exécution du jugement qui sont postérieurs à la condamnation? On répondra affirmativement si l'on remarque que l'article 33 de la loi de 1832 applique la contrainte par corps à l'exécution des exécutoires et qu'alors il arriverait que les condamnés, après avoir été détenus pour les frais antérieurs au jugement, pourraient être repris pour ceux qui lui seraient postérieurs (1). Seulement, il faut reconnaître que, de cette façon, la disposition de la loi, qui suppose une condamnation à moins de 15 francs, deviendra, pour ainsi dire, illusoire, puisqu'à l'exception des matières forestières, les frais d'exécution des jugements ne sont jamais inférieurs à cette somme.

Si les juges condamnent un débiteur aux frais avant que liquidation de ces frais ait été faite, ils ne peuvent, dans les cas où elle doit l'être, fixer la durée de la contrainte par corps. La jurisprudence admet alors que le condamné doit, après la liquidation, présenter requête à fin de faire statuer sur cette durée.

Les personnes obligées comme civilement responsables sont-elles tenues par corps des amendes, restitutions, dommages-intérêts et frais ? Il semble que les termes seuls de cette question devaient suffire à la résoudre, puisqu'il n'y a là qu'une obligation civile ; M. Carnot pourtant soutient l'affirmative (2). On cite en ce sens la disposition du Code forestier qui rend les adjudicataires des coupes de bois responsables par corps, des amendes et restitutions encourues par leurs facteurs, ouvriers, bûcherons et autres employés (art. 46). Mais l'art. 206 du même Code déclare formellement le contraire pour les pères, mères, maris, tuteurs, maîtres et commettants des délinquants. Or, l'art. 46 offre ceci d'exceptionnel que les adjudicataires des coupes, présidant à une œuvre spéciale, sont présumés avoir donné à leurs employés des ordres précis et qui peuvent être allés jusqu'à la contravention, ou tout au moins peuvent être astreints à une responsabilité plus grande et plus personnelle. — Enfin M. Coin-Delisle (p. 112, n° 3) fait observer que les art. 51, 52 et 53 n'ont en vue que le coupable, comme l'énoncent expressément les art. 51 et 53 ; et que les art. 73 et 74, qui traitent de la responsabilité civile, sont placés sous une autre rubrique et même dans un livre différent, et qu'ainsi ils sont étrangers à la contrainte par corps, formulée par l'art. 52.

De tous les bénéfices d'exemption attachés à l'âge et au sexe,

---

(1) MM. Chauveau et Faustin Hélie, p. 273.
(2) Sur l'art. 52 du Code pénal.

nous ne retrouvons plus ici qu'un reste du bénéfice des septuagénaires et une certaine mesure de protection accordée à la
minorité par l'art. 9 de la loi de 1848.

Ainsi, constatons d'abord que les filles et femmes n'ont aucun
privilége en matière de contrainte par corps pour causes criminelles. Les raisons que nous avons vues avoir dicté au législateur
le bénéfice de leur sexe en matière civile se reproduisent cependant ici, et, ce me semble, presque avec la même autorité.
J'en dirais autant des priviléges de l'âge. Mais le législateur
s'attache à la cause défavorable de la dette, tant il a de peine
à séparer dans sa pensée les idées de contrainte par corps et de
pénalité. En matière civile, nous avons admis que la contrainte
par corps, dans les cas de dol, se mélangeât d'une certaine
idée de pénalité ; mais ici où la peine est dans l'application des
lois criminelles, à moins de punir deux fois le même délit,
on ne devait considérer la contrainte que comme une épreuve
d'insolvabilité. — Le bénéfice des septuagénaires est encore en
partie subsistant dans ces matières. L'art. 9 de la loi du 13
décembre 1848 laisse, à leur égard, à déterminer la contrainte
dans les limites de trois mois à trois ans (six mois à cinq ans,
avait dit l'art. 40 de la loi de 1832). Ils n'ont donc pas d'avantage quand la dette est inférieure à 300 francs. Mais une mesure
qui peut profiter au débiteur dans les deux cas est celle qui détermine que lorsqu'il atteindra sa soixante-dixième année, postérieurement au jugement, soit avant, soit après l'écrou, la durée
de la contrainte sera réduite à la moitié du temps qui restera
à courir (art. 40 de la loi de 1832 et 9 de la loi de 1848).

Les mineurs, en matière criminelle, sont contraignables par
corps. Mais la contrainte ne peut être exercée, dans l'intérêt de
l'Etat ou des particuliers, contre des individus âgés de moins de
seize ans accomplis, à l'époque du fait qui a motivé la poursuite,
que si elle a été formellement prononcée par le jugement de
condamnation (art. 9 de la loi de 1848).

L'art. 41 de la loi du 17 avril 1832 renvoie aux art. 19 et 21,
qui établissent des empéchements relatifs à l'exercice de la
contrainte par corps en raison des liens de parenté ou d'alliance
qui existent entre le créancier et le débiteur et proscrivent l'exercice de la contrainte par corps opéré simultanément contre le

mari et la femme, même pour dette différente, est venu dire
l'art. 11 de la loi de 1848. Ce dernier article permet, en outre,
dans l'intérêt des enfants mineurs, de surseoir pendant une
année au plus à l'exécution de la contrainte : cette disposition
est générale et pourrait, je crois, s'appliquer dans nos matières.
— Mentionnons enfin l'art. 10 de la même loi qui a augmenté
le nombre des empêchements relatifs.

Nous avons vu, dans les matières que nous venons de par-
courir, la contrainte par corps être arrêtée dans ses effets par
la prestation d'une caution ou, dans certains cas, par la justifi-
cation d'insolvabilité. C'est que la loi, frappée ici du rapprochement qui existe entre la peine de l'emprisonnement et la
contrainte par corps, a tâché d'éviter, autant que possible, de
donner à la contrainte le caractère de pénalité. Elle a compris
le contraste choquant que présenterait alors l'application de
l'amende à l'égard du riche qu'elle frappe légèrement, et à
l'encontre du pauvre, pour qui elle se tournerait en un emprisonnement prolongé, véritable désastre pour lui, pour sa famille
et pour la société peut-être, qui a besoin de ses bras comme
artisan, de ses talents comme savant ou artiste, et à qui on
l'arracherait sans profit pour personne et au détriment même
de ses créanciers (1). Mais peut-être n'a-t-elle pas encore été
assez loin. Pour une somme de 300 francs, le délinquant pourra
être condamné à un emprisonnement de cinq ans, et ne sera
pas admis à prouver son insolvabilité. — Il est vrai qu'il trouve
une garantie dans l'examen des circonstances que devra faire
le juge. Il en a une autre dans la manière dont s'exerce la contrainte par corps au profit de l'Etat. Le receveur de l'enregistrement ne doit la poursuivre que dans l'intérêt d'un prompt
recouvrement. Il ne l'exercera donc pas contre des personnes
notoirement insolvables : par là il grèverait l'Etat de frais frustratoires, il mettrait même le débiteur dans l'impossibilité de
s'acquitter, et il fausserait l'esprit de la loi ; car, comme l'a
fort bien dit un avis du conseil d'Etat, du 15 novembre 1832,

---

(1) M. Decazes a dit à la Chambre des pairs, en 1829, qu'il avait connu,
à Cahors, une personne qui, depuis deux ans, était incarcérée pour une condamnation aux frais d'un procès correctionnel montant à 25 francs.

« aucune disposition n'indique que le législateur ait eu en vue, pour les insolvables, de commuer la peine pécuniaire en celle de l'emprisonnement. » Le Code rural du 6 octobre 1791 portait que la détention remplacerait l'amende à l'égard des insolvables; mais cette idée est repoussée par les lois actuelles. Le receveur pourra donc ou ne pas provoquer la contrainte ou en abréger la durée. — Je reviendrai du reste sur ce point en parlant de l'exécution de la contraite par corps.

SECTION V.

De la contrainte par corps contre les étrangers.

Lorsque nous trouvons dans nos lois une disposition qui soumet les étrangers à la contrainte par corps pour toute espèce de dettes, même civiles, nous ne devons pas nous étonner d'une mesure en apparence si sévère ni crier à la barbarie et au droit haineux de l'ancien régime. Quelque sentiment que l'on professe sur la position qui doit être faite à l'étranger en France, et partageât-on, sur ce point, les nobles et généreuses pensées de la Constituante, il faut reconnaître que mettre sur le même pied, en ce qui touche les poursuites judiciaires, l'étranger et le Français, ce ne serait pas établir entre eux l'égalité que réclament tant de grands esprits, ce serait placer nos nationaux dans une infériorité de position inique et *révoltante*. En effet, le Français doit avoir en France son domicile, son patrimoine, tout ce qui peut présenter à ceux qui veulent contracter avec lui une garantie certaine, un but efficace de poursuites. L'étranger, au contraire, l'étranger, qui n'est qu'en passant sur notre sol, et qui a laissé chez lui ses biens, sa maison, son établissement enfin, viendra-t-il donc emprunter à nos nationaux, contracter avec eux, pour qu'au jour de l'échéance, cet homme, à qui l'on viendra réclamer sa dette, disparaisse, au mépris de toutes nos lois, laissant derrière lui des créanciers sans argent et un jugement sans exécution ? La contrainte trouve donc une sérieuse raison d'être contre les étrangers.

Aussi, l'ordonnance de 1667 ne l'avait pas repoussée. Elle ne dit, il est vrai, rien de formel sur ce point ; mais comme

elle repousse la contrainte par corps comme règle dans les matières civiles, à l'égard des sujets du roi, on ne peut nier la force
d'un argument *à contrario* contre les étrangers. « La défense,
dit Pothier, n'étant faite qu'à l'égard des sujets du roi, il suit
de là que l'ordonnance de Moulins (qui appliquait la contrainte
par corps à toute espèce de dettes) subsiste encore à l'égard
des étrangers (1). »

La loi de germinal, qui forma une sorte de Code sur la matière de la contrainte par corps, abrogea toutes les lois précédentes et garda le silence en ce qui touche les étrangers.
C'était les placer sous la même règle que les Français, partant
les traiter mieux. La loi du 4 floréal an vi crut donc devoir
déclarer que tout étranger résidant en France y serait soumis
à la contrainte pas corps pour tous engagements qu'il contrac-
terait, dans l'étendue de la République, avec des Français, à
moins qu'il n'y possédât des propriétés foncières ou un établissement de commerce.

Puis vint le Code civil, qui abroge les lois antérieures sur les
matières qu'il traite et qui, dans son titre de la contrainte par
corps, ne soumet pas les étrangers à un droit spécial. — De
grands scandales se produisirent, et l'on vit de riches étrangers,
notamment un grand seigneur russe (2), quitter Paris, laissant
derrière eux un grand nombre de dupes sans armes contre leur
mauvaise foi. Comme la loi de floréal an vi, la loi du 10 septembre 1807 vient bientôt combler une lacune regrettable.
Elle permet d'exercer la contrainte pour toute dette contre
l'étranger non domicilié, c'est-à-dire n'offrant aucune garantie
à son créancier. — Cette loi fut refondue ensuite dans celle du
17 avril 1832, qui la conserva presque tout entière. — J'ai dit
plus haut quels étaient les justes motifs de la rigueur qui
frappe les étrangers. Je ne puis donc partager le sentiment de
M. Jacquinot-Pampelune qui, lors de la discussion de la loi de
1832, y voyait une mesure de réciprocité, comme dans l'art. 11
du Code civil : « La loi de 1807, disait-il, ne me paraît pas

______

(1) Proc. civ., V^e partie, ch. 1er, § 1er; arrêt du Parlement de Paris, du
2 sept. 1684, cité dans Brillon.

(2) Voir Merlin, *Quest. de droit*, au mot *Etranger*, § 4, n° 2, col. 2

susceptible d'être abrogée ; elle touche de trop près aux règles du droit des gens et de la réciprocité qui est la base de ce droit. Comment, en effet, n'userions-nous pas chez nous d'un moyen dont presque toutes les nations usent envers les étrangers ? Ne serait-ce pas nous placer envers elles dans une situation inférieure à celle dans laquelle elles se maintiennent par rapport à nous ? » — M. Jacquinot-Pampelune avait-il oublié les belles paroles de Treilhard, lorsqu'il présentait au Corps législatif la loi de 1807 ? « Je ne vous dirai pas, comme motif de la loi, que les autres nations exercent la contrainte par corps contre le débiteur étranger ; si les autres nations étaient injustes, le peuple français s'empresserait de les ramener à la justice par son exemple : il ne lui convient pas de se traîner aveuglément sur les pas des autres (1). » Il faut donc en revenir aux motifs que nous donnions plus haut, puisqu'en somme, la loi de 1832 n'est que la loi de 1807 sous une autre date.

Lisons l'art. 14 de cette loi : Tout jugement qui interviendra au profit d'un Français contre un étranger non domicilié en France emportera la contrainte par corps, à moins que la somme principale de la condamnation ne soit inférieure à cent cinquante francs, sans distinction entre les dettes civiles et les dettes commerciales.

Remarquons les énergiques expressions de la loi : le jugement emportera la contrainte par corps au profit du Français contre l'étranger. — Il n'y a donc même pas là une contrainte impérative ; non, le juge n'a pas à se préoccuper de prononcer l'emprisonnement ; prendre des conclusions à cet égard serait chose inutile. Par cela seul qu'il y a eu un jugement rendu contre lui, l'étranger pourra être contraint par corps. Un exécutoire de dépens, qui est la conséquence naturelle du jugement, paraît même devoir former un titre suffisant contre l'étranger : ainsi l'a pensé la Cour de Metz dans un arrêt rendu le 11 février 1820, sous l'empire de la loi de 1807.

Mais pour que l'étranger soit ainsi contraignable par corps,

---

(1) M. Demangeat fait remarquer la singularité de ces paroles dans la bouche de l'un des défenseurs de l'art. 11 du Code civil. — *Histoire de la condition civile des étrangers en France.*

il faut que le jugement soit rendu au profit d'un Français, dit l'art. 14. Entre deux étrangers les positions sont égales, et d'ailleurs la France n'a pas à veiller aux intérêts d'un étranger demandeur : les tribunaux français peuvent même se déclarer incompétents dans un procès entre étrangers. Mais que faut-il dire si l'étranger demandeur est domicilié en France et jouit des droits civils d'après l'art. 13 du Code civil ? Je crois qu'on peut lui accorder, avec M. Pardessus (1) les mêmes droits qu'au Français, puisqu'il lui est assimilé en ce qui touche l'exercice des droits civils. A la vérité, la loi ne parle que *du Français ;* mais je ne crois pas qu'il faille s'attacher trop judaïquement à cette expression qui est opposée à *étranger non domicilié.* Ce qu'il serait peut-être juste de dire, c'est que la loi n'a pas prévu ce cas ; mais je ne pense pas que ses termes le repoussent.

Enfin, c'est contre l'étranger non domicilié en France que la loi permet d'exercer une pareille rigueur. Lors donc que l'étranger jouit du bénéfice de l'art. 13 et a obtenu du Gouvernement l'autorisation de fixer son domicile en France, la loi de 1832 ne lui est plus applicable. Sur ce point, aucun doute ne peut s'élever ; mais notons que le domicile légal ne peut résulter pour l'étranger que de cette autorisation obtenue du Gouvernement français.

Mais supposons qu'un Français se rende cessionnaire de la créance d'un étranger contre un étranger et actionne celui-ci devant nos tribunaux, le jugement emportera-t-il la contrainte par corps virtuelle qui est écrite dans l'art. 14 ? Je crois qu'il faut, avec M. Troplong (2), répondre que oui. L'étranger eût pu en pareil cas décliner la compétence des tribunaux français. S'il ne l'a pas fait, on peut dire qu'il a accepté que le Français fût mis aux lieu et place de l'étranger et eût les mêmes droits que s'il était le créancier originaire.

Il ne faut pas toutefois que les étrangers puissent être inquiétés par leurs créanciers pour de trop petites sommes. Le législateur de 1832 l'a pensé, cherchant à concilier la protection due

---

(1) M. Pardessus, n° 1524. En sens contraire, M. Troplong, t.° 498 ; arrêts de Paris du 8 janv. 1831 et 21 mars 1842.

(2) *Contrainte par corps,* n° 494.

à l'observation de la bonne foi avec un certain respect de la liberté. D'un autre côté, si le taux auquel la contrainte par corps atteint les étrangers était trop élevé, beaucoup de petits fournisseurs qui ont rapport avec eux seraient victimes de leur confiance. — Ballottée entre ces deux préoccupations, la loi a fixé à 150 francs la somme à partir de laquelle la contrainte a lieu. La loi de 1807 avait, au contraire, permis d'emprisonner l'étranger contre lequel jugement aurait été obtenu pour une dette, si minime qu'elle fût.

Mais la mesure dont il est question dans l'art. 14 de notre loi a paru insuffisante pour que, dans bien des cas, le Français pût obtenir une justice complète. On comprend en effet que pendant le cours du procès, l'étranger aura le temps de disparaître, ôtant ainsi à son créancier le seul gage et la seule garantie qu'il eût d'obtenir son paiement. — Il fallait donc aller plus loin encore et permettre l'arrestation avant jugement : c'est ce qu'a fait l'art. 15.

Pour que l'arrestation provisoire soit possible, il faut d'abord que la dette soit échue, puis que le débiteur soit, comme ci-dessus, un étranger non domicilié et le créancier un Français, ou, suivant ce que nous avons dit plus haut, un étranger admis à participer aux droits civils. Nous verrons enfin plus bas que l'étranger même non domicilié qui offre certaines garanties à son créancier échappe à la rigueur de cette disposition.

Pour l'instant, examinons une question qui peut surgir ici. Si le créancier originaire est un étranger, le Français cessionnaire de ses droits pourra-t-il demander la contrainte par corps ? Pour qui lit sans réflexion l'art. 15, il semble que la question soit bien simple. Cet article parle en effet du *créancier français ;* or, le cessionnaire est un créancier français. Il y a pourtant de graves raisons de douter ; car si le créancier originaire n'avait pas le droit de faire arrêter le débiteur, comment aurait-il pu céder au Français plus de droits qu'il n'en avait lui-même ? Par là d'ailleurs on arriverait à ce que de faciles collusions fissent éluder la loi qui refuse cette voie de poursuite à un créancier étranger. Enfin, comment concilier cette arrestation provisoire avec le droit qu'a l'étranger en pareil cas de décliner la compétence des tribunaux français ? On pourra donc l'emprisonner pour une dette sur laquelle les tribunaux français n'auront pas le droit de prononcer. L'emprisonnement alors sera éternel et sans aucun but. Il est donc difficile d'admettre l'affirmative avec M. Fœlix (1) : aussi dit-on généralement que la cession qu'un étranger fait de ses droits n'a pu aggraver le sort de son débiteur. — Une distinction toutefois est proposée par Merlin, et je ne pense pas qu'on puisse se refuser à l'admettre (2), elle résulte des principes mêmes que nous venons de poser. Si le titre est négociable de sa nature, le signataire qui s'est engagé à regarder comme son créancier direct tout porteur de billet, quel qu'il fût, ne pourra pas opposer que sa position a été aggravée par la cession ; cette cession, il a dû la prévoir ; qu'elle pût être faite au profit d'un Français, c'est ce qu'il a dû aussi supposer. Ici donc, le Français, cessionnaire d'un étranger, sera recevable à réclamer l'emprisonnement de son débiteur (3).

Du reste, nous devons remarquer que, d'après les termes de l'art. 15, l'emprisonnement provisoire n'aura lieu que facultativement sur un examen des circonstances fait par le président du tribunal de la résidence de l'étranger, qui prononce en cette matière. L'art. 16 lui défend même d'ordonner l'arrestation provisoire, ou déclare qu'elle devra cesser si l'étranger justifie qu'il possède un établissement de commerce ou des immeubles, le tout d'une valeur suffisante pour assurer le paiement de la dette, ou s'il fournit pour caution une personne domiciliée en France et reconnue solvable. — « Ce que la loi a voulu éviter en autorisant l'arrestation provisoire, disait Treilhard dans l'exposé des motifs, c'est une fuite qui prive le créancier de son gage et qui ne laisse après elle aucune trace du passage ou du séjour du débiteur étranger. » — On conçoit donc que la loi réprouve l'arrestation provisoire, lorsque le créancier a de suffisantes garanties de paiement ; on conçoit qu'elle soit moins exigeante

---

(1) Sur l'art. 15, n° 9. — En sens contraire, MM. Coin-Delisle, p. 100, n° 7 ; Troplong, n° 503 ; Demangeat, *Histoire de la condition civile des étrangers en France*, p. 397.

(2) Il y a pourtant des arrêts en sens contraire : Bruxelles, 23 mars 1826 ; Douai, 27 fév. 1828 ; Aix, 25 août 1828.

(3) Voir Merlin, *Quest. de droit, Etranger*, § 4, n°ˢ 3 et 4.

ici pour le bail de caution qu'au cas des articles. 2018 et 2019 du Code civil. Mais ce que je ne comprends pas, c'est que, quand de semblables garanties sont justifiées, la loi n'admette pas une règle semblable pour la contrainte après jugement et ne laisse pas le juge libre de la prononcer ou non, d'après l'appréciation des circonstances. Je sais bien que la contrainte après jugement ne présente pas ce caractère exorbitant de l'arrestation provisoire ; mais il n'en est pas moins vrai que là où le créancier trouve de suffisantes garanties, la contrainte par corps n'a plus de raison d'être.

Remarquons que le pouvoir d'appréciation du président est grand. La loi n'exige pas, pour que l'arrestation provisoire ait lieu, que le créancier exhibe des titres écrits : non, le magistrat examinera si la créance présente un caractère sérieux (1).

La requête à fin d'arrestation provisoire ne sera pas communiquée au débiteur ; le créancier n'a même pas à justifier d'une signification et d'un commandement préalables faits en vertu de l'art. 780 du Code de procédure (art. 32 de la loi de 1832). Faire de pareilles communications au débiteur, ce serait, suivant l'expression mentionnée par M. Troplong, *vouloir prendre un lièvre au son du tambour*. Il ne faut pas oublier que c'est là une mesure de police : c'est ainsi, du moins, que la qualifiait M. Treilhard. On ne saurait donc user de trop de diligence et de trop de secret.

Mais si l'étranger réclame contre la mesure du président, de quelle voie de recours pourra-t-il user ? — De l'appel, dit M. Troplong (2). Ce n'est pourtant pas l'avis de la Cour de cassation, qui, dans un arrêt du 2 mai 1837, a cassé un arrêt de Bordeaux rendu en ce sens, par ce motif « que l'ordonnance pour l'arrestation provisoire d'un étranger n'est point rendue avec l'accomplissement des formalités prescrites pour les jugements et n'en offre pas les garanties, et qu'elle est dès lors dépourvue des éléments constitutifs d'un jugement en première instance. » Je pense donc que l'étranger pourra encore user des deux degrés

(1) M. Coin-Delisle, p. 100, n° 6.
(2) N°⁵ 512 et 513.

de juridiction ; et ce qui m'étonne, c'est que M. Troplong, qui professe l'opinion contraire, appelle, comme nous venons de le faire, l'arrestation provisoire une mesure de police.

Ni l'arrestation provisoire, ni la contrainte par corps après jugement, ne peuvent éternellement durer. Pour l'arrestation provisoire, cela semble être de toute évidence, et cependant la loi de 1807 ne lui avait pas assigné de durée. C'était là une déplorable lacune ; MM. Loubon et Bourbon-Leblanc (1) citent un colonel S..., des Etats-Unis, qui fut détenu pendant plus de vingt ans, en vertu d'une décision provisoire. Cet abus criant devait attirer l'attention du législateur de 1832 : aussi l'art. 15 porte-t-il que l'étranger emprisonné pourra demander son élargissement, si le créancier ne se pourvoit en condamnation dans la huitaine de l'arrestation. C'est par un référé, sur assignation donnée au créancier par l'huissier commis à son arrestation, que le débiteur fera prononcer son élargissement : souvenons-nous que le président est seul appelé à décider en cette matière. Le maximum de l'emprisonnement provisoire est donc aujourd'hui de huit jours ; on veut que le demandeur se hâte de faire juger une question qui tient en suspens la liberté du défendeur. — M. Coin-Delisle croit cependant (2) que la demande en condamnation du Français, quoique postérieure au délai de huit jours, fera continuer l'emprisonnement, si elle intervient avant la réclamation de l'étranger. Il applique par analogie l'art. 803 du Code de procédure, qui ne tient pas compte de la demande en élargissement du débiteur, faute de consignation d'aliments, lorsque cette demande intervient après la consignation du créancier en retard. Mais, outre que cette extension n'est autorisée par rien, les termes de notre article ne se prêtent pas à cette opinion, et l'on peut même remarquer que, si la loi de 1832 avait voulu admettre une disposition analogue à celle de l'art. 803 du Code de procédure qui existait déjà, il lui était facile d'y renvoyer (3).

Lors même qu'elle résulte du jugement, la contrainte par

---

(1) *De la contrainte par corps*, p. 172.
(2) P. 101, n° 10.
(3) M. Troplong, n° 518.

corps doit être limitée au temps d'épreuve jugé nécessaire pour obtenir un paiement. On comprend seulement que cette durée puisse être plus grande pour l'étranger, qui peut, mieux qu'un Français, éviter les poursuites sur ses biens et s'obstiner à ne pas satisfaire son créancier. C'est ainsi que l'art. 17 de la loi de 1832 fixe contre lui le minimum à deux ans ; c'est lorsque la dette ne s'élève pas à 500 fr. L'art. 17 parle du montant de la condamnation principale, comme l'art. 14 avait parlé de la somme principale de la condamnation ; cela veut dire que, ni les intérêts ni les dépens ne devront être supputés dans le calcul qui nécessite l'application de ces deux articles. L'art. 17, parti du point que nous avons dit, établissait une échelle qui montait de deux en deux ans jusqu'à dix années, pour les sommes de 1000 fr., 3,000 fr., 5,000 fr. et au-dessus. Aujourd'hui que l'art. 12 de la loi de 1848 fixe le maximum de la contrainte par corps à cinq ans, il ne faut pas douter qu'il ne soit applicable aux étrangers, bien qu'il soit conçu dans des termes qui paraissent supposer le cas où la durée de la contrainte doit être fixée par le juge, ce qui ne doit pas étonner, puisque c'est là ce qui arrive le plus souvent ; mais l'échelle par là se trouve singulièrement modifiée. Les sommes de 150 à 500 fr. entraîneront un emprisonnement de deux ans ; celles de 500 à 1000 fr. une détention de quatre ans ; au delà, la durée en sera toujours de cinq ans. — L'art. 17 déclare que le juge, dans les matières civiles, pour lesquelles un Français serait soumis à la contrainte par corps, devra fixer la durée de la contrainte, mais sans pouvoir descendre au-dessous de deux ans.

L'étranger septuagénaire n'est pas contraignable par corps, si ce n'est au cas de stellionat (art. 18 de la loi de 1832).

Les femmes ou filles étrangères ne peuvent aussi être emprisonnées en matières civiles que pour cause de stellionat ; mais pour dettes commerciales, elles ne jouissent pas de plus d'immunité que les Françaises (art. 18).

Il est regrettable de ne pouvoir admettre une même décision en faveur des mineurs ; mais la loi, qui a parlé pour les femmes et les septuagénaires, ayant gardé le silence à l'égard des mineurs, je crois que ce silence parle assez contre eux. La Cour de cassation, du reste, leur avait déjà refusé le bénéfice d'exemption sous l'empire de la loi de 1807, qui ne parlait ni des septuagénaires ni des femmes, en se fondant sur ce que la loi de 1807 était une loi de police et de sûreté, faite pour protéger l'intérêt national contre les débiteurs étrangers ; qu'elle n'admettait aucune exception et s'étendait aux mineurs comme aux majeurs, et que l'art. 2064 du Code Napoléon, spécial au mineur français, était inapplicable au mineur étranger (1).— On le voit, la Cour, pour exempter les mineurs, eût voulu un texte spécial et formel. Que dirait-elle donc, à présent qu'il y a un texte formel pour les femmes et les septuagénaires, qui se tait à leur égard (2) ?

Les art. 19 et 21 de la loi de 1832, 10 et 11 de la loi de 1848, sont applicables à la contrainte par corps contre les étrangers. Toutefois, je pense que le second paragraphe du dernier, qui permet au tribunal de suspendre la contrainte par corps pendant un an au profit du débiteur qui a des enfants mineurs, n'est guère conciliable avec l'art. 14 de la loi de 1832 qui déclare que le jugement *emporte* la contrainte par corps.

Tout ce que nous venons de dire est inapplicable aux étrangers officiellement chargés de représenter un Gouvernement étranger auprès du Gouvernement français. L'immunité des agents diplomatiques existant même en matières criminelles, le droit privé doit, à bien plus forte raison, abandonner ses rigueurs en présence de l'intérêt qui ne permet pas de leur demander compte d'un crime. « Le droit des gens a voulu, dit Montesquieu (3), que les princes s'envoyassent des ambassadeurs, et la raison, tirée de la nature des choses, n'a pas permis que ces ambassadeurs dépendissent des souverains chez qui ils sont envoyés, ni de ses tribunaux. Ils sont la parole du prince qui les envoie, et cette parole doit être libre ; aucun obstacle ne doit les empêcher d'agir. Ils peuvent souvent déplaire, parce qu'ils parlent pour un homme indépendant. On pourrait leur imputer des crimes, s'ils pouvaient être punis pour des crimes ; on pourrait leur supposer des dettes, s'ils

---

(1) Arrêt du 19 mai 1830.
(2) M. Troplong cependant est en sens contraire, n° 534.
(3) *Esprit des lois*, liv. XXVI, ch. 21.

pouvaient être arrêtés pour dettes. » C'est là un principe qui n'est écrit dans aucune loi, parce que le droit des gens, n'étant qu'un faisceau d'usages, ne s'écrit pas ; mais il n'en est pas moins reconnu, et, si parfois on l'a transgressé, ce n'a jamais été sans exciter de vives réclamations.

En présence de ce droit non écrit, on s'est demandé ce qu'il fallait décider à l'égard des consuls, et s'il les fallait considérer comme jouissant de l'immunité et notamment du droit de ne pouvoir être contraints par corps. C'est là une question de droit international ; car elle se ramène à savoir si les consuls peuvent être regardés comme les représentants du Gouvernement étranger qui les délègue. On se prononce généralement pour la négative. La jurisprudence soumet les consuls à la contrainte par corps pour les dettes civiles ou commerciales. Un arrêt de la Cour d'Aix, du 14 août 1829, le décide, en disant que, tandis que *les ambassadeurs, les ministres et envoyés des puissances étrangères, sont les agents directs du souverain qui leur a confié ses pouvoirs*, le consul n'est que *le protecteur, le régulateur des opérations ou des difficultés commerciales de ses nationaux, l'homme enfin de la loi du pays dont il est le mandataire plutôt que celui de son souverain* (1). Du reste, le souverain législateur, en ces matières, étant l'usage des nations, c'est lui qu'il faut consulter ; nous le trouvons conforme à la jurisprudence. La preuve en est qu'une convention intervenue, le 4 février 1852, entre la France et la Sardaigne, a dû stipuler l'immunité des agents consulaires, ce qui prouve que le principe n'en est pas reconnu. Elle est ainsi conçue : « Les agents consulaires jouiront de l'immunité personnelle, excepté pour les faits et actes que la législation pénale des deux pays qualifie de crime et punit comme tel ; et s'ils sont négociants, la contrainte par corps ne pourra leur être appliquée que pour les seuls faits de commerce et non pour les causes civiles. »

---

(1) Dans le même sens, arrêts de Paris du 28 avril 1841 et 25 août 1842,

CHAPITRE II.

DE L'EXÉCUTION DE LA CONTRAINTE PAR CORPS.

—

SECTION PREMIÈRE.

De l'exécution de la contrainte par corps dans les matières civiles, commerciales et administratives.

1° De ce qui précède l'emprisonnement.

La contrainte par corps, en règle générale, résulte d'un jugement. Ce jugement doit, c'est la règle commune, être signifié à la partie avant de pouvoir être exécuté. Toutefois, l'article 780 du Code de procédure, qui rappelle ce principe et veut que le jugement soit signifié avec commandement, au débiteur contre lequel on veut l'exécuter, présente ceci de particulier, qu'il ne semble pas permettre de séparer le commandement de la signification, en sorte que si on voulait faire le commandement quelque temps après avoir signifié le jugement, il faudrait, pour le faire valablement, que la signification entière du jugement s'y trouvât reproduite. C'est là une exigence toute particulière. « La loi veut que le débiteur, en recevant le commandement qui le menace de la privation de sa liberté, ait sous les yeux les causes d'une pareille menace sans être obligé de les rechercher dans des significations précédentes qu'il n'a peut-être pas conservées. » (*Procédure civile* de MM. Boitard et Colmet-Daage, n° 1045.)

Ce n'est qu'un jour après cette signification et ce commandement que la contrainte pourra s'exécuter. C'est un jour franc : le commandement étant fait le 1er du mois, ce n'est que le 3 que le débiteur pourra être emprisonné. La loi de germinal (art. 3 du titre III) laissait au débiteur l'espace d'une décade ; l'ordonnance de 1667, celui même de quinze jours. Les rédacteurs du Code de procédure ont pensé que le débiteur qui ne pourrait trouver dans l'intervalle d'un jour franc les sommes nécessaires pour payer son créancier, n'aurait guère plus de chances de les trouver en dix ou quinze jours.

Le délai d'un jour écoulé, le commandement avec signification ne perd pas ses effets. Le créancier peut encore exercer la contrainte par corps ; mais il ne doit pas laisser s'écouler un an. Il a laissé le créancier s'endormir, sur l'espoir d'une indulgence vraisemblable, dans un repos funeste, et se dessaisir peut-être des sommes nécessaires pour se libérer. Il ne peut exercer la contrainte que sur un nouveau commandement fait par un huissier commis à cet effet (art. 784).

L'intervention des huissiers commis dans la signification et le commandement (art. 780 et 784) est une garantie pour le débiteur, auquel il ne faut pas qu'une collusion frauduleuse ne laisse faire qu'une communication dérisoire.

Mais on se demande si les tribunaux de commerce peuvent commettre un huissier à ces fins. On ne voit pas d'abord pourquoi ils ne le pourraient pas. Il n'y a là, en effet, qu'une mauvaise interprétation de ce principe de l'art. 442 du Code de procédure que les tribunaux de commerce ne connaissent pas de l'exécution de leurs jugements. Mais cet article ne leur interdit que de juger les contestations qui peuvent s'élever postérieurement au prononcé de leurs jugements, relativement à leur exécution, non de préparer cette exécution, ce qui n'est assurément pas *en connaître*. L'art. 780 veut, d'ailleurs, que l'huissier soit commis par le jugement même qui prononce la contrainte par corps (1).

La jurisprudence exige, dans ce cas comme en tout autre, que la signification et le commandement soient notifiés à personne ou à domicile (2).

Dans les cas rares où la contrainte par corps ne résulte pas d'un jugement, on devra signifier au créancier, avec le commandement, le titre qui donne lieu à l'exercer. La signification sera faite alors par un huissier commis par le tribunal *du lieu où se trouve le débiteur*.

---

(1) Affirmative, MM. Favard de Langlade, t. 1, p. 684 ; Thomine-Desmazures, t. 2, p. 346 ; Dalloz, 3, 782, note ; Boitard et Colmet-d'Aage, n° 1046 ; Coin-Delisle, p. 47, et presque toutes les Cours. Pour la négative, MM. Delaporte, t. 2, p. 352 ; Carré, combattu par M. Chauveau, *quest.* 2631 ; arrêts d'Orléans (26 déc. 1810), Lyon (10 avril 1836) et Toulouse (21 mai 1824).

(2) M. Chauveau sur Carré, *quest.* 2067 *bis*.

Enfin, la signification doit contenir élection de domicile dans la commune où siége le tribunal qui a rendu le jugement, si le créancier n'y demeure pas. La raison de cette disposition est simple : il faut faciliter au débiteur les moyens d'assigner le créancier en nullité des actes d'exécution. Mais l'application de l'article soulève des difficultés, lorsque le jugement a été rendu par un tribunal de commerce qui siége dans une autre commune que le tribunal civil, à qui seul peuvent revenir les difficultés d'exécution. Si, par exemple, le jugement avait été rendu par le tribunal de commerce de Montereau, est-ce à Fontainebleau, où est établi le tribunal civil, que l'élection de domicile devrait avoir lieu ? On le dit ; car les difficultés d'exécution devront venir devant ce dernier tribunal. Ce n'est assurément pas appliquer les termes de l'art. 780 ; c'est du moins, disent les partisans de cette opinion, en appliquer véritablement l'esprit. L'article s'inspire des mêmes idées que l'art. 584, en matière de saisie-exécution, qui veut élection de domicile *dans la commune où doit se faire l'exécution.* L'art. 780 donne donc une règle générale, et non absolue.— A cela on répond que l'art. 783 exige, lors de l'incarcération, une élection de domicile conforme à celle de l'art. 584. — Mais le parti opposé ne se tient pas pour battu : l'élection de domicile de l'art. 780 ne reste pas sans utilité. En effet, s'il s'élève une difficulté sur la validité du commandement, il est bon qu'alors un domicile soit élu dans la commune du tribunal civil qui doit en juger, et l'élection de domicile de l'art. 783 n'atteint pas ce cas.

Cette opinion, soutenue par la majorité des auteurs (1), semble assurément fort raisonnable. On peut l'admettre ; et pourtant je ne crois pas que les tribunaux se décident facilement à annuler l'élection de domicile faite dans la commune du tribunal de

---

(1) MM. Delvincourt, *Institutes de droit commercial*, t. 2, p. 514 ; Favard de Langlade, *Répert.*, t. 1, p. 685 ; Dalloz, *Contrainte par corps*, t. 3, p. 792 ; Souquet, *Dict. des temps légaux*, 139ᵉ tableau, 4ᵉ col. ; Carré, *quest.* 2633. — En sens inverse, MM. Thomine-Desmazures, t. 2, p. 350 ; Coin-Delisle, p. 49 ; Chauveau sur Carré, *quest.* 2633 ; Arrêts de Nîmes (4 mai 1824) et Montpellier (22 août 1827).

commerce, sous prétexte qu'on se sera trop bien conformé aux termes précis de la loi (1).

La jurisprudence croit que le commandement ne peut profiter qu'au créancier qui l'a fait et non au tiers qui serait subrogé à ses droits, lequel ne pourrait faire emprisonner le débiteur que sur nouveau commandement. On peut citer, en ce sens, un arrêt de Paris, du 30 janvier 1833, un autre du 24 septembre 1852. Ils se fondent sur la nécessité de faire connaître au débiteur envers quelle personne il peut valablement se libérer. C'est, ce me semble, se placer en dehors de la question. Le considérant admis par cette Cour prouve simplement qu'une notification de la cession sera nécessaire, ce qui ne semble pas contestable. Mais cette notification faite, le changement de créancier connu légalement enfin du débiteur, pourquoi les actes, valablement faits par le premier, ne profiteraient-ils pas à celui qui est subrogé à ses droits ? On n'en voit véritablement pas de raisons (2).

2° De l'arrestation.

L'arrestation s'opère par le ministère des officiers publics, désignés par la loi pour y procéder. Ce sont, à Paris, les gardes du commerce ; en province, les huissiers, assistés de deux recors. La création des gardes du commerce, à Paris, remonte au règne de Louis XV et à l'année 1769. — Le décret de la Convention qui fit disparaître la contrainte par corps les avait supprimés ; mais la loi du 15 germinal an VI les autorisa à exécuter les contraintes par corps, en se faisant enregistrer au greffe du tribunal de commerce de la Seine. Enfin, le 14 mars 1808, parut un décret qui organisa le corps des gardes du commerce : ils sont au nombre de dix, *et sont chargés exclusivement de l'exécution des contraintes par corps, sans pouvoir être suppléés par un huissier, recors et autres personnes quelconques* (art. 7 du décret de 1808). Hors du département de la Seine, les huissiers, assistés de recors, continuent à opérer les arrestations pour toutes dettes. Les art. 783, 785, 787 et

---

(1) M. Boitard, t. 2, p. 428, n° 1047.
(2) C'est en ce sens qu'est M. Chauveau sur Carré, *quest.* 2625 *bis*.

autres du Code de procédure parlent toujours de l'huissier et
ne se placent pas dans la supposition d'une exécution con-
formeau droit exceptionnel du département de la Seine.

Les huissiers, pour pouvoir opérer une arrestation, doivent
non-seulement être porteurs des pièces nécessaires, mais encore se munir d'un pouvoir spécial du créancier (art. 556 pr.).
On se demande si la même règle est applicable aux gardes du
commerce. Le décret qui les organise est muet sur ce point ;
mais la différence est grande. En effet, les pièces peuvent
avoir été remises à l'huissier dans une tout autre intention
que celle de faire arrêter le débiteur. Au contraire, le garde du
commerce ayant mission spéciale pour procéder aux arrestations, il est bien évident que la remise des pièces justifie assez cette intention chez le débiteur. — De plus, le décret du
14 mars 1808 offre de sérieuses garanties au débiteur : ainsi
il établit un vérificateur, qui sera nommé par le Gouvernement
à l'effet d'examiner les titres sur lesquels on voudrait se fonder pour opérer une contrainte par corps.

Nous arrivons maintenant à examiner dans quels temps et
dans quels lieux le débiteur jouit du bénéfice de ne pouvoir être
arrêté. Voyons d'abord dans quels temps. Il ne peut l'être,
1° avant le lever et après le coucher du soleil (781, 1°) (1). —
La loi veut que les arrestations s'opèrent en plein jour, de peur
que des erreurs ne soient commises, et que cette voie d'exécution n'entraîne des rixes nocturnes. Mais comment déterminer
le lever et le coucher du soleil ? S'en tenir aux indications as-
tronomiques est le plus sûr. On a proposé d'appliquer ici l'article 1037 qui s'exprime ainsi : « Aucune signification ni exécution ne pourra être faite, depuis le 1ᵉʳ octobre jusqu'au 31 mars,
avant six heures du matin et après six heures du soir ; et depuis le 1ᵉʳ avril jusqu'au 30 septembre, avant quatre heures du
matin et après neuf heures du soir. » Cette solution n'a pourtant pas prévalu, et cela semble juste. En effet, la règle de
l'art. 1037 est plus arbitraire que la nôtre, et, dans la généralité de sa fixation, elle permet les exécutions ordinaires et les
significations à des heures où il ne fait plus ou pas encore jour :

---

(1) *Solis occasus suprema tempestas esto*, disait la loi des Douze Tables.

ainsi à neuf heures du soir, au mois de septembre, à six heures du matin au mois de décembre. Une telle règle, appliquée à la contrainte par corps, où la loi doit tenir plus qu'en toute autre exécution à ce qu'on n'agisse pas de nuit, répondrait mal à ses intentions. On objecte contre l'opinion que je soutiens ici qu'elle mène à ce résultat singulier, que la loi se trouvera, dans certains cas, permettre la contrainte par corps à un moment où de moins importantes exécutions ne seraient pas permises, par exemple, avant quatre heures du matin à certains jours de l'été. Cela est vrai ; mais c'est la conséquence de ce que la fixation de l'art. 1037 est réglée un peu arbitrairement. Et, d'ailleurs, de quoi pourrait se plaindre le débiteur qui a toujours la garantie de ne pouvoir tomber sous le coup d'une arrestation nocturne ? Il est bon de remarquer enfin que l'article du projet, correspondant à l'art. 781 (art. 794), avait déterminé des heures précises, comme l'art. 1037, et qu'il fut retranché sur les observations de quelques Cours.

Il faut noter que la loi n'exige pas du garde du commerce ou de l'huissier qu'il mentionne l'heure de l'arrestation. La preuve que l'exécution n'a pas eu lieu en temps légal devra toujours être admise.

2° On ne peut arrêter le débiteur un jour de fête légale (781, 2°). C'est une règle générale que les exécutions ne se font pas à pareils jours. Les fêtes légales sont les dimanches, les jours de Noël, de l'Ascension, de l'Assomption, de la Toussaint, le 1er janvier (dit un avis du conseil d'Etat du 20 mars 1810) et le 15 août (décret du 17 février 1852). Les fêtes des communes ne sont pas des fêtes légales. — L'article 781 ne dit pas, comme l'art. 1037, qui parle des significations et exécutions en général, qu'une permission du juge pourra être donnée d'exécuter un jour de fête légale, s'il y a péril en la demeure. Rien ne nous autorise à suppléer à son silence (1).

Voyons ensuite dans quels lieux la contrainte par corps ne peut s'exécuter. C'est, 1° dans les exercices consacrés au culte,

----

(1) M. Coin-Delisle, p. 52, M. Demiau-Crouzilhac, p. 477.—En sens inverse, MM. Berriat-Saint-Prix, p. 144, n° 3, § 3 ; Thomine-Desmazures, p. 352 ; Carré et Chauveau, *quest.* 2639.

et pendant les exercices religieux seulement (art. 781, 3°). On s'est demandé dans quelles limites il fallait appliquer cette disposition. Le principe est qu'il ne faut pas que les exercices religieux soient troublés par des arrestations. Ainsi le débiteur ne pourrait être arrêté dans une église catholique pendant qu'on y dit la messe, bien qu'il n'y assistât pas lui-même. On a même été jusqu'à dire que la confession constituait un exercice religieux même pour d'autres que le pénitent (1). C'est, je crois, aller trop loin. Du reste, il ne faut pas tirer une trop grave conséquence d'un changement de mots qui a eu lieu dans notre disposition. La loi de germinal, dans un paragraphe semblable, avait mis : les édifices consacrés *aux cultes*, tandis que le Code de procédure écrit le mot au singulier. Est-ce à dire que les églises catholiques jouiront seules de ce bénéfice ? Cela n'est pas à croire, et il faut même dire qu'en Algérie, on ne pourrait arrêter un débiteur dans une mosquée pendant les exercices religieux.

2° Le débiteur ne peut être arrêté dans le lieu et pendant la tenue des séances des autorités constituées (781, 4°). L'expression d'autorités constituées doit s'appliquer à toute assemblée ou toute personne revêtue d'une portion de l'autorité publique : tels sont les tribunaux, le sénat, le conseil d'Etat, le corps législatif, les conseils administratifs, conseils généraux, conseils de préfecture, etc. (2). Le but est le même que dans le cas ci-dessus. Ce n'est donc pas précisément le lieu qui est ici considéré comme lieu d'asile ; c'est la séance des autorités qu'on protége contre le trouble provenant d'une arrestation difficile. Hors de sa durée, l'arrestation est possible, mais aux conditions seulement que nous allons voir pour l'opérer dans une maison quelconque.

On avait proposé de faire jouir du même bénéfice le débiteur qui se trouverait à la Bourse pendant la tenue des séances. Mais le Tribunat fit rejeter ce projet. Il ne voulait pas « que les bourses fussent au lieu d'asile pour les débiteurs qui violent la foi de leurs engagements, et qu'un banqueroutier pût être

______

(1) Cour de cassation, 9 oct. 1824.

(2) M. Carré y range même un professeur faisant une leçon dans un établissement public, l'assemblée d'un collége électoral, *quest.* 2645. C'est, il me semble, aller bien loin.

autorisé à se trouver en toute sécurité en présence du négociant qu'il a trompé et dans le lieu même où il l'a trompé. »

L'arrestation ne peut avoir lieu, 3° dans une maison quelconque, même dans le domicile du débiteur, à moins qu'il n'ait été ainsi ordonné par le juge de paix du lieu, lequel juge de paix devra, dans ce cas, se transporter dans la maison avec l'officier ministériel (781, 5°).

Ici, c'est bien véritablement le lieu qui est protégé. Le législateur a toujours montré un grand respect pour l'inviolabilité du domicile. Ainsi, le débiteur ne peut pas même être arrêté chez lui, à moins que l'officier ministériel n'emprunte, pour pénétrer dans la maison où il prétendrait l'arrêter, l'aide du juge de paix du lieu. — Toutefois, lorsque cette maison est celle du débiteur, l'art. 15 du décret de 1808 fait une exception à l'art. 781, mais en faveur des gardes du commerce seulement. Ils pourront, lorsque l'entrée de la maison ne leur sera pas refusée, y pénétrer et arrêter le débiteur, sans avoir besoin de l'assistance du juge de paix. Mais les huissiers ne peuvent jamais user de ce droit, ni les gardes du commerce pour entrer dans toute maison quelconque autre que celle du débiteur.

Lorsque l'huissier ou le garde du commerce vient requérir le juge de paix de lui prêter son assistance, il n'est pas douteux, d'après les termes mêmes de l'art. 781, que celui-ci ne soit libre de refuser de les accompagner. Ils devront alors s'adresser à l'un de ses suppléants, et à leur défaut, il ne leur sera pas possible de pénétrer dans la maison du débiteur ou dans toute autre pour l'y arrêter. On devra en ce cas attendre, pour se saisir de la personne du débiteur, qu'il se montre sur la voie publique. Il faut bien admettre en effet que le juge de paix doit apprécier l'opportunité d'une introduction dans le domicile des particuliers, et l'on ne doit pas oublier que cette introduction a un caractère exceptionnel et que la règle est l'inviolabilité du domicile. Je ne pense donc pas qu'on doive admettre l'opinion de M. Chauveau, qui permet, dans certains cas, au créancier de demander au juge de paix, qui se refuse à assister l'officier ministériel, des dommages-intérêts à titre de déni de justice.

Mais Paris offre de grandes ressources, à cet égard, au créancier ; car, malgré sa division en douze arrondissements, cette ville étant considérée comme une seule commune, chacun des douze juges de paix de Paris peut assister le garde du commerce qui veut pénétrer dans une maison de quelque quartier que ce soit. Si donc, tous les juges de paix de Paris refusent leur concours, il y a bien lieu de croire qu'il convenait de ne pas procéder à l'arrestation dans cette maison.

Le département de la Seine présente au créancier le même avantage que Paris. L'art. 15 du décret de 1808 dit formellement qu'en cas de refus ou d'empêchement du juge de paix du lieu, le garde du commerce peut adresser réquisition au juge de paix d'un autre canton.

Mais que faut-il entendre par cette maison quelconque, dont parle l'article? Je crois que cela s'entend seulement d'une maison où nul ne peut pénétrer sans l'assentiment de celui qui l'habite. Ainsi, je n'imagine pas qu'il faudrait appliquer l'article à des édifices inhabités, comme les églises, les temples (tant qu'on n'y fait pas d'exercices religieux) (1), les lieux de séances des autorités (tant qu'elles n'y siégent pas), etc. J'en dirai même autant d'un restaurant où chacun peut aller et venir à son gré et de toute autre maison où l'entrée ne revêt pas le caractère d'une perquisition vexatoire : je crois que ces mots « une maison quelconque » désignent seulement une maison autre que celle du débiteur, sans repousser la distinction que je fais ici (2).

Ici s'arrête l'art. 781. L'ancien droit allait plus loin. Ainsi, l'on ne pouvait arrêter un berger tant qu'il gardait son troupeau (3), les bouchers pendant la tenue des marchés (4), etc. Quelques auteurs réclament encore l'application de ces anciens usages ; on a même proposé de nouvelles prohibitions, par exemple celle d'arrêter un cocher qui conduit sa voiture. Tout cela ne repose sur aucune donnée légale. Ce que l'on admet généralement comme incontestable, c'est qu'on ne peut arrêter

---

(1) M. Chauveau sur Carré, *quest.* 2642. Pour les autorités constituées, *quest.* 2644, et M. Pardessus, *Cours de droit commercial*, t. 5, p. 274.

(2) La jurisprudence est en sens contraire : arrêts de Paris des 25 juin et 24 oct. 1827.

(3) Denisart, au mot *Prison.*

(4) Pothier, *Procéd. civ.*, Ve partie, ch. 1er, § 4.

la personne qui remplit une fonction publique ; car les intérêts privés ne doivent pas venir troubler les services publics : ainsi, le juge est inviolable à son tribunal, le professeur dans sa chaire, l'officier à la tête de son peloton. Hors de là, tout ce que l'on peut dire, avec M. Coin-Delisle (p. 53), c'est que l'officier ministériel devra pourvoir à la sûreté du troupeau, en arrêtant le berger, de la voiture, en arrêtant le cocher. Il ne faut pas que ces intérêts privés soient lésés, mais ils ne doivent pas entraver la marche des voies d'exécution.

L'art. 782 du Code de procédure est comme la continuation de l'art. 781. Il parle d'un cas où le débiteur ne peut être arrêté même sur la voie publique, en plein jour, en un jour non férié. C'est quand il est porteur d'un sauf-conduit pour aller porter témoignage en justice. — Il faut que la justice ait un cours et que la crainte d'être appréhendé n'arrête pas celui qui est sous le coup d'une menace de contrainte par corps, lorsque peut-être sa déposition est de nature à éclairer grandement la justice ; et comme il serait cruel de forcer ce débiteur à s'exposer à une arrestation pour des affaires qui ne sont pas les siennes, la loi permet en ce cas de lui accorder un sauf-conduit. La loi de germinal an vi le disait déjà ; mais comme des abus s'étaient produits, qu'on avait vendu des sauf-conduits à prix d'argent, le projet de Code avait supprimé cet usage. Toutefois, sur la demande du Tribunat, on en revint à admettre les sauf-conduits, en limitant le nombre des personnes qui pourraient en accorder.

L'art. 782 n'accorde ce droit qu'au directeur du jury, ou au président du tribunal ou de la cour où les témoins devront être entendus. — Le directeur du jury, qui se réfère au temps où il existait un jury d'accusation, a été remplacé maintenant dans ses fonctions par le juge d'instruction. Mais le président de la Cour, du tribunal, le juge d'instruction ne pourront accorder de sauf-conduit qu'après avoir entendu le ministère public : c'est ce que dit l'art. 782.

Un juge de paix, le président d'un tribunal de commerce peuvent-ils accorder des sauf-conduits ? Il faut répondre négativement. L'intention de la loi de leur refuser ce droit est d'abord dans le silence qu'elle garde à leur égard, puis dans l'obligation où elle met ceux qui en sont investis d'entendre les conclusions du ministère public. Il n'y a pas, en effet, de ministère public auprès des juges de paix ni des tribunaux de commerce. — Un avis du conseil d'Etat, du 30 avril 1807, décide en ce sens la question. Il est vrai qu'il n'a pas force obligatoire, n'ayant pas été inséré au *Bulletin des lois ;* mais les raisons que je viens de donner subsistent par elles-mêmes.—Si cependant on n'admet que la dernière des deux, on pourra dire, avec M. Boitard (n° 1052), que le juge de paix, siégeant comme juge de simple police, pourra accorder des sauf-conduits, parce qu'il a alors à ses côtés le commissaire de police, qui fait l'office de ministère public (art. 144 d'instr. crim.).

Quoi qu'il en soit, lorsque les tribunaux de commerce ou de paix auront à entendre des témoins menacés d'une prise de corps, que devront-ils faire ? Ils s'adresseront au président du tribunal de première instance qui accordera au débiteur le sauf-conduit.

La loi dit que le sauf-conduit réglera la durée de son effet, à peine de nullité : il protége le débiteur le jour de sa comparution et le temps nécessaire pour aller et pour revenir. — Le sauf-conduit irrégulier ne protégerait donc pas le débiteur. Il faut en effet qu'il offre les garanties d'une permission sérieuse et motivée. Toutefois, je ne pense pas devoir adopter l'opinion de certains auteurs qui regardent comme nul le sauf-conduit qui ne mentionne pas les conclusions du ministère public (1). La loi ne le disant pas, je ne suppléerai pas une pareille nullité. Mais au contraire, il faut, ce me semble, admettre qu'il n'y aura pas à tenir compte du sauf-conduit rendu par une autorité incompétente. Autrement, tous les abus qu'on a voulu réprimer en imposant au sauf-conduit des conditions sérieuses pourraient se reproduire encore (2). J'en dirais autant du sauf-conduit accordé pour toute cause autre que celle de l'art. 782 (3).

Mais si l'heure ni le lieu ne s'opposent à l'arrestation, si le

---

(1) M. Chauveau sur Carré, *quest.* 2656.

(2) M. Chauveau sur Carré, *quest.* 2656.

(3) MM. Favard de Langlade, t. 1, p. 686 ; Coin-Delisle, p. 54 ; Chauveau sur Carré, *quest.* 2658.

débiteur n'a pas de sauf-conduit ou n'a qu'un sauf-conduit irrégulier, l'huissier, assisté de ses deux recors (art. 783), devra se saisir de sa personne. Il ne le fait pas pourtant sans lui adresser itératif commandement de payer, afin que, si le débiteur pense pouvoir trouver encore quelques ressources dernières, on puisse éviter d'en venir à l'extrême rigueur de l'emprisonnement. Outre cet itératif commandement, le procès-verbal d'emprisonnement qui sera alors dressé par l'officier ministériel contiendra élection de domicile de la part du créancier dans la commune où devra être détenu le débiteur. — Il y a là une différence avec l'élection de domicile que nous avons vue exigée par l'art. 780 : cette dernière se faisait à la commune où le jugement a été rendu. Mais dans le cas présent, il faut faciliter au débiteur les moyens de protester contre son arrestation ou d'obtenir son élargissement. Cette seconde élection de domicile annihile donc celle qui a été faite en conformité avec l'article 780 (1).

Si le débiteur n'oppose ni voies de fait ni voies de droit, les formalités de l'arrestation seront simples. Mais supposons l'un ou l'autre de ces cas. Au premier, l'art. 785 déclare que l'huissier, en cas de rébellion, pourra établir garnison aux portes pour empêcher l'évasion et requérir la force armée, et le débiteur sera poursuivi conformément aux dispositions du Code d'instruction criminelle. — De cela il résulte que l'huissier ou le garde du commerce ne pourrait *à priori* se faire assister de la force armée (2). Les deux recors pourraient sans doute l'aider à triompher de la résistance passive du débiteur récalcitrant. C'est seulement lorsque la résistance prendra un caractère de rébellion qu'il pourra requérir la force armée, et alors la loi nous dit que le débiteur rebelle aux agents de la force publique sera poursuivi criminellement. L'art. 531 du Code d'instruction criminelle, auquel notre article renvoyait, a disparu dans la ré-

____

(1) MM. Boitard et Colmet-d'Aage, n° 1054 ; Coin-Delisle, p. 56 ; Delvincourt, t. 2, p. 515 ; Pardessus, t. 5, p. 277 ; Carré, *quest.* 2663. — En sens inverse, MM. Thomine-Desmazures, t. 2, p. 360 ; Chauveau sur Carré, *quest.* 2663.

(2) MM. Carré et Chauveau, *quest.* 2665.

vision de 1832 ; c'est maintenant aux articles 209 et suivants du Code pénal qu'il faut recourir. Il y a crime si le débiteur s'est fait aider de plusieurs personnes armées ; délit seulement si une seule personne, armée ou non, s'est jointe à lui, ou s'il a seul agi (210-212).

Que, sans opposer de voies de fait, au contraire, le débiteur qui proteste contre son arrestation, demande à être conduit en référé devant le président du tribunal civil du lieu, il ne fait qu'user du droit qui lui est ouvert par l'art. 788, et l'huissier qui se refuserait à l'y conduire (1) serait passible de 1000 fr. d'amende, sans préjudice des dommages-intérêts (art. 22 de la loi du 17 avril 1832). Le président du tribunal jugera s'il y a erreur de personne, si l'arrestation n'a pas eu lieu régulièrement, etc. Il est d'ailleurs évident que le président n'aura pas à critiquer le jugement rendu. Les causes de la condamnation ne sont pas à examiner ici. Mais si le débiteur prétendait avoir satisfait à la condamnation, la question serait de sa compétence : seulement, si le défendeur ne justifie pas avoir, depuis le jugement, acquitté le montant de sa dette, il passera outre, et ce point pourra donner lieu à une demande en nullité de l'emprisonnement, conformément à ce que nous allons voir plus bas. —L'ordonnance de référé sera consignée sur le procès-verbal de l'huissier et exécutée sur-le-champ (art. 787).

3° De l'incarcération.

Enfin, si le débiteur ne s'oppose par aucune voie à l'exécution de la contrainte par corps, ou si le président n'a pas jugé devoir tenir compte des griefs par lui exposés, il sera passé outre à l'incarcération. Mais l'officier ministériel ne peut le conduire que dans un lieu constituant une maison de détention pour dettes ; sinon, l'huissier ou tous autres qui conduiraient recevraient ou retiendraient le débiteur dans un lieu non légalement désigné comme tel, seront poursuivis comme coupables de crime de détention arbitraire (788). D'après l'art. 122 du Code pénal, l'officier ministériel serait, en ce cas, puni de la dégradation

---

(1) La preuve de ce fait pourra être donnée par tous les moyens possibles. Il est bien évident que l'huissier n'inscrira pas sur son procès-verbal son refus de conduire le débiteur en référé.

civique. Dans les localités où il n'y a pas de prison spécialement affectée aux prisonniers pour dettes, il faudra bien mettre le débiteur dans la prison commune, mais en ayant soin de ne le pas confondre avec les détenus condamnés criminellement ou *por vilain cas* comme disait Beaumanoir.—Enfin, il peut se faire que la prison soit assez loin du lieu de l'arrestation, pour que le débiteur ne puisse y être conduit le même jour. On admet alors, dit M. Boitard, que l'huissier devra faire désigner, par l'autorité locale, un lieu où le débiteur passera la nuit et sera gardé à vue.

La remise par l'officier ministériel du débiteur entre les mains du geôlier de la prison est constatée par un procès-verbal qu'on nomme *écrou*. Son inscription sur le registre de la geôle décharge l'officier ministériel et met la garde du débiteur à la charge du geôlier. Mais l'art. 789 ne disant pas clairement par qui devra être rédigé cet écrou, c'est un point qui n'est pas sans difficulté que de savoir auquel, de l'huissier ou du geôlier, la loi confie ce soin. — C'est au geôlier, disent d'abord certaines personnes : en effet, que dit la loi? Que l'huissier signera le procès-verbal d'écrou, rien de plus. Elle ne semble donc pas supposer que ce soit lui qui le fasse. Toutefois, on ne refuse pas complétement ce droit aux officiers ministériels, qui en usent de longue date et à qui il n'est pas formellement enlevé par la loi (1). Mais il est des auteurs qui, plus exclusifs, accordent ce droit à l'officier ministériel pour le refuser au geôlier (2). On dit que la copie du procès-verbal d'écrou doit être laissée au débiteur, en parlant à sa personne, en même temps qu'une copie du procès-verbal d'emprisonnement ; que l'huissier seul peut remettre cette dernière copie, puisque seul il a fait le procès-verbal d'emprisonnement ; qu'alors il serait étrange qu'il signifiât avec cette copie celle d'un procès-verbal d'écrou qu'aurait rédigé le geôlier; qu'enfin, si la nullité de l'acte entraîne celle de l'emprisonnement, le créancier ne peut s'en

---

(1) MM. Pigeau, t. 2, part. V, t. 4, ch. 1er, sect. 4, div. 3, n° 17; Berrial-Saint-Prix, p. 634, note 29; arrêts de Paris du 14 décembre 1807 et 23 janvier 1808.

(2) MM Boitard, n° 1057; Merlin, *Répert.*, *Écrou* ; Dalloz, t. 3, p. 502, note 2.

prendre qu'à lui, qui seul est son mandataire ; qu'il est juste que celui qui est responsable soit l'auteur de l'acte qui cause cette responsabilité. — A tout cela l'on peut répondre qu'il n'y a rien d'impossible à ce que l'huissier signifie un procès-verbal d'écrou qu'il n'aurait pas rédigé ; que si d'ailleurs le geôlier n'est pas le mandataire conventionnel du créancier, il en est le mandataire légal et responsable. Enfin, il me semblerait étrange qu'en présence d'une loi si peu précise dans ses termes, on annulât un acte d'écrou rédigé par le geôlier.

Cet acte énoncera : 1° le jugement ; 2° les nom et domicile du créancier ; 3° l'élection de domicile, s'il ne demeure pas dans la commune ; 4° les nom, demeure et profession du débiteur ; 5° la consignation d'un mois d'aliments au moins ; 6° enfin la mention de la copie qui sera laissée au débiteur, parlant à sa personne, tant du procès-verbal d'emprisonnement que de l'écrou (789). Toutes ces mentions sont nécessaires. L'énonciation du jugement dans l'acte d'écrou ne suffira même pas ; il faut qu'il soit transcrit sur le registre du geôlier (art. 790). La loi ajoute même : faute par l'huissier de représenter ce jugement, le geôlier refusera de recevoir le débiteur et de l'écrouer. — C'est une garantie de plus, qui n'a pas besoin de commentaire.

En ce qui concerne la cinquième mention, celle d'une consignation d'aliments pour un mois au moins, il convient de donner quelques explications. Le débiteur étant arraché à ses travaux par le créancier, et dans l'intérêt de celui-ci, il est juste que ce soit ce créancier qui fasse l'avance des aliments nécessaires à la subsistance du débiteur. — Pour éviter toute contestation, la loi fixe la somme à payer par mois pour la nourriture du détenu : elle est de 25 francs dans les départements, de 30 à Paris (L. de 1832, art. 29) : la loi de germinal ne l'avait fixée qu'à 20 francs pour toute la France (art. 14 du tit. 3). Cette consignation se fait *d'avance* pour un mois au moins, faute de quoi le débiteur pourrait obtenir son élargissement (art. 800). Ainsi, une première consignation doit être faite au plus tard au moment de l'écrou ; et, si elle n'a lieu que pour un mois, le débiteur pourra demander son élargissement, si trente jours se sont écoulés depuis ce moment sans une nouvelle consignation. Les consignations pour plus de trente jours, dit l'art. 28, ne vaudront qu'autant qu'elles seront d'une seconde ou de plusieurs périodes de trente jours.

Le créancier peut toujours retirer les aliments, mais ce serait un consentement tacite à la mise en liberté du débiteur. Il ne pourrait d'ailleurs plus faire ce retrait de consignation, s'il était survenu une recommandation, c'est-à-dire si un autre créancier avait obtenu contre le débiteur une contrainte par corps nouvelle, en vertu de laquelle il enjoint au geôlier de ne pas laisser sortir, avant sa libération envers lui, le débiteur détenu déjà à la requête du premier créancier.

Un seul créancier n'est pas tenu de consigner les aliments ; c'est l'Etat. Cela résulte d'un décret du 4 mars 1808, qui déclare que la dépense de la nourriture des débiteurs de l'Etat sera comprise sur les fonds affectés au service des prisons.

4° De la recommandation.

De ce que je viens de dire plus haut, ressort la définition de la recommandation. « La recommandation, dit M. Boitard, est un acte par lequel un créancier, qui aurait le droit de faire emprisonner son débiteur, s'il était libre, s'oppose à ce qu'il soit mis en liberté sans son consentement, lorsqu'il le trouve incarcéré. » La loi disant d'une manière générale que le débiteur pourra être recommandé par tous ceux qui auraient le droit d'exercer contre lui la contrainte par corps, il ne faut pas douter que le créancier au profit de qui il se trouve déjà détenu ne puisse exercer la recommandation pour une nouvelle dette, c'est-à-dire enjoindre au geôlier de ne le pas laisser sortir qu'il n'ait acquitté les deux dettes ou subi la contrainte pendant la durée déterminée.

L'art. 792 ajoute que l'on peut recommander celui qui est arrêté comme prévenu d'un délit, et le faire retenir même après que son élargissement aura été prononcé et qu'il aura été acquitté. Il en serait de même, bien entendu, pour celui qui aurait été condamné par les tribunaux criminels ; mais alors, quand il aura subi sa peine, de même que le prévenu acquitté, après son acquittement, il devra être transféré de la prison criminelle dans la prison pour dettes.

Quelles sont les formes de la recommandation ? Elles sont les mêmes que celles de l'emprisonnement, dit l'art. 793 : seulement l'huissier n'aura pas à se faire accompagner de deux recors, puisqu'il n'y a pas d'arrestation à faire. — Mais une question s'élève. Le débiteur devra-t-il être écouté, s'il demande à être conduit en référé devant le président du tribunal ? A cela l'on pourrait répondre, je crois, que l'art. 793 est muet sur ce point, et que, s'il renvoie pour les formalités à suivre aux articles précédents, il n'est pas exact de dire que le droit d'être conduit en référé soit une formalité. On fait remarquer ensuite que le geôlier ne pourrait, sous peine de manquer à ses devoirs, laisser sortir le débiteur, même sous la garde de l'officier ministériel, sans en avoir reçu l'ordre de la justice. — Il est vrai que le débiteur peut avoir intérêt à introduire un référé ; mais il peut le faire, sans sortir de prison, par l'intermédiaire d'un avoué. Et ici, il faut remarquer que les raisons qui exigeaient que l'huissier obtempérât à sa demande d'être, avant tout, conduit devant le président, ne se retrouvent plus dans notre espèce. Le débiteur qui n'a pas encore été écroué a le plus grand intérêt à être conduit en référé, afin qu'il ne soit pas porté d'atteinte à sa liberté, s'il a de bonnes raisons à faire valoir contre l'incarcération ; mais, au cas qui nous occupe, le débiteur qui est déjà détenu à la requête d'un premier créancier, dût-il triompher dans le référé, n'en devra pas moins rester en prison. C'est là une raison déterminante pour admettre que les règles de l'article 786 ne sont pas applicables ici, et pour comprendre que la loi n'en ait pas voulu faire l'application.

Autre différence : le créancier recommandant n'est pas tenu de déposer les aliments, puisqu'ils ont dû être consignés par le premier. Et nous avons vu plus haut qu'en ce cas, le créancier qui a fait incarcérer le débiteur ne pourrait plus retirer les aliments consignés, parce qu'il n'est plus seul intéressé à cette consignation : seulement, lorsqu'il s'agira de faire une consignation nouvelle, il pourra refuser d'y contribuer, et alors la contrainte par corps cessera d'être applicable en ce qui touche sa créance (art. 800, 4°), et le débiteur, pour s'en libérer, ne sera obligé que de payer la dette du recommandant.

Nous venons de voir que le recommandant pouvait profiter de la consignation d'aliments faite par le premier créancier. Ce n'est pas à dire qu'il puisse le faire sans indemniser celui-ci, dont le sort et les devoirs lui sont communs. Une contribution devra s'établir entre eux (art. 793). *A priori*, il pourrait sembler qu'elle devra être proportionnelle. Mais, si l'on réfléchit que la quotité de la créance n'influe en rien sur la somme à fournir pour la nourriture du débiteur, on verra que la position des deux créanciers est la même et leur obligation égale et non proportionnelle : aussi la loi les fait-elle contribuer *par portion égale*.

5° Des demandes en nullité.

Il nous reste à parler, pour terminer cette section, des demandes en nullité de l'emprisonnement. Je n'ai pas dû renvoyer ce point au chapitre où je parlerai des manières dont la contrainte par corps prend fin ; car, au cas qui nous occupe, il ne s'agit pas de faire prononcer la fin d'une contrainte légalement appliquée , mais de réclamer contre l'emprisonnement appliqué là où il ne devait pas l'être ou contrairement aux prescriptions de la loi.

Les nullités de l'emprisonnement sont de deux sortes : elles touchent au fond ou à la forme. Il y a nullité du fond, par exemple, si la créance s'est trouvée éteinte depuis le jugement de condamnation. Les causes d'extinction qui auraient pu survenir auparavant n'y rentrent pas : elles donnent lieu aux différentes voies de recours qui existent contre les jugements. Dans les demandes en nullité qui nous occupent, on n'attaque pas le jugement, mais sa mise à exécution. Les nullités de forme consistent dans l'inobservation des formalités dont nous venons de nous occuper précédemment.

L'art. 794 distingue entre les deux espèces de nullité. Les dernières sont jugées par le tribunal du lieu de la détention ; les autres par le tribunal de l'exécution , c'est-à-dire le tribunal civil par qui le jugement a été rendu, ou, s'il a été rendu par un tribunal de commerce, le tribunal civil du lieu de la détention (art. 553, C. pr.).

Quand une pareille contestation s'élève, un moyen s'offre tout d'abord au débiteur d'obtenir sa liberté provisoire ; mais, le plus souvent, il lui sera impossible d'en user. — Ce moyen consiste (si j'entends bien l'art. 798, qui n'est pas sans difficulté) à consigner, entre les mains du geôlier de la prison, les

causes de son emprisonnement et les frais de sa capture, c'est-
à-dire le montant de la condamnation, les frais de l'instance,
ceux de l'expédition et de la signification du jugement et de
l'arrêt s'il y a lieu, ceux enfin de l'exécution relative à la contrainte par corps seulement (art. 23 de la loi de 1832) : il est
évident que, s'il a été, même à l'égard de la dette dont il s'agit,
fait des poursuites sur les biens, ces frais ne seront pas à consigner.— Il ne faut pas confondre l'art. 798 avec l'art. 800, 2°,
où il est dit que le débiteur obtiendra son élargissement par le
paiement ou la consignation des sommes dues : il faut remarquer ici le mot paiement, qui ne se retrouve pas dans
l'art. 798, et grande est, en effet, la différence ; car, quelles
que soient les difficultés que soulève ce dernier article, il faut
bien reconnaître qu'il ne peut faire double emploi avec le
deuxième alinéa de l'art. 800.— Une opinion suppose que l'article 798 s'applique au débiteur qui, arrêté et conduit à la
prison, consigne, avant d'être écroué, les causes de l'emprisonnement et les frais de la capture entre les mains du geôlier :
elle semble assez fondée en présence des termes de l'art. 23 de
la loi du 17 avril 1832, qui dit : « Les frais liquidés que le débiteur doit consigner ou payer, pour empêcher l'exercice de la
contrainte par corps ou pour obtenir son élargissement, conformément aux art. 798 et 800, etc. » Mais elle présente ceci de
bizarre, qu'elle ne regarde comme compétent, pour recevoir
cette consignation, que le geôlier et non l'officier ministériel,
sans qu'on en voie de différence.— Enfin, l'art. 798 n'a rien,
dans ses termes, qui fasse supposer qu'il faille se placer avant
l'écrou du débiteur, et l'art. 23 de la loi de 1832, dans la différence qu'il établit entre les deux cas, par les expressions « empêcher l'exercice de la contrainte ou obtenir son élargissement, » ne fait que rappeler la distinction que j'établissais plus
haut entre les causes de nullité de l'emprisonnement et les
causes qui font cesser la contrainte par corps.

L'art. 798, qui se trouve au milieu des articles qui traitent
des demandes en nullité, me semble donc s'appliquer au
débiteur qui, en invoquant la nullité devant le tribunal, veut
provisoirement obtenir sa liberté.

Mais quelle est la valeur de la consignation ? Ce n'est, je crois, qu'une garantie offerte au créancier ; car le débiteur peut triompher sur une nullité de fond, faire reconnaître qu'il a payé depuis le jugement, et il n'est pas douteux qu'il reprendra alors les sommes consignées. Que si, au contraire, il est battu, ou si, vainqueur sur une question de formes, il est reconnu débiteur de la somme déposée, je crois qu'il faut distinguer. En effet, si les sommes déposées lui appartiennent, je crois qu'on a raison de dire que le créancier pourra se payer sur elles, bien qu'il arrive à ce paiement par des voies peu régulières, puisqu'il n'a pas suivi les formes de la saisie et que le tribunal peut reconnaître qu'il y a amené le débiteur par la pression d'un emprisonnement non conforme aux formalités légales. Toutefois, le forcer à restituer, en ce cas, une somme qui, en définitive, lui est due, semblerait rigoureux, et d'ailleurs, nous voyons qu'on a supprimé du projet du Code de procédure un article ainsi conçu : « Si l'emprisonnement est déclaré nul, les deniers payés ou consignés seront restitués au débiteur, nonobstant tous empêchements, même de la part d'un tiers, et ce encore que la contrainte par corps subsiste ; le créancier sera contraint par corps à la restitution. » On a trouvé que cette disposition pouvait, dans certains cas, aller trop loin. Mais si, comme le fait remarquer M. Pigeau (t. 2, part. V, tit. 4, ch. 1ᵉʳ, § 5), et, le débiteur étant le plus souvent insolvable, cela aura lieu souvent, si les sommes ont été prêtées par des tiers qui n'ont voulu que garantir la comparution du débiteur et fournir une sorte de caution *in judicio sistendi*, je ne pense pas qu'on doive remettre au créancier même triomphant les sommes consignées, qui le sont à titre de garantie de la bonne foi du débiteur, et non, ce me semble, à titre de paiement. — On cite, il est vrai, contre cette opinion, l'art. 2-4° de l'ordonnance du 3 juillet 1816, qui ordonne au geôlier de déposer à la Caisse des dépôts et consignations les sommes que les débiteurs incarcérés doivent, aux termes de l'art. 798 du Code de procédure, déposer ès mains du geôlier de la maison de détention, pour être mis en liberté, lorsque le créancier ne les aura pas acceptées dans les vingt-quatre heures. — Cet article semble, il est vrai, formel contre l'opinion que j'ai embrassée ; mais je crois qu'il ne faut y voir qu'une confusion de numéro ; car comment se fait-il qu'il cite l'art. 798, qui peut laisser des doutes, et non l'art. 800-2°, où la consignation est certainement imposée au geôlier ? Ce qu'il dit de l'art. 798, je crois qu'il faut l'entendre du deuxième alinéa de l'art. 800 (1).

Du reste, si l'emprisonnement est déclaré nul, le créancier peut être condamné à des dommages-intérêts envers le débiteur (art. 799). La loi du 15 germinal an vi avait établi que la condamnation à des dommages-intérêts aurait toujours lieu. Il y a cependant des considérations de fait qui peuvent militer en faveur du créancier de bonne foi, ce qui a fait admettre dans le Code de procédure une règle contraire. D'ailleurs, sous l'empire de cette loi, le magistrat avait toujours la ressource de condamner à des dommages-intérêts illusoires. Le Code de procédure a donc eu raison de laisser la question à l'appréciation des tribunaux.

La demande en nullité pourra toujours être formée à bref délai, en vertu d'une permission du juge ; l'assignation sera donnée par huissier commis au domicile élu par l'écrou, et la cause jugée sommairement, sur les conclusions du ministère public (art. 795). On voit que la loi concilie les nécessités de l'urgence avec celles d'une justice complète : le ministère public doit ici donner des conclusions.

La nullité de l'emprisonnement, pour quelque cause qu'elle soit prononcée, n'emporte pas la nullité des recommandations: ainsi s'exprime l'art. 796. Il anéantit une distinction de l'ancien droit. Pothier (2) nous disait qu'il fallait distinguer entre les nullités du fonds et celles de la forme. Les premières ne faisaient pas annuler les recommandations, parce que l'emprisonnement opéré dans les formes devait profiter aux recommandants, tandis qu'au contraire ils ne pouvaient greffer leur recommandation sur une arrestation entachée de nullité dans ses formes. — Aujourd'hui, on ne fait, en aucun cas, peser sur eux une faute qui n'est pas la leur. Mais on admet généralement que la nullité de l'emprisonnement entraînerait celle de

____

(1) En sens inverse, MM. Berriat-Saint-Prix, p. 636 ; Chauveau et Carré, *quest.* 2722.

(2) Proc. civ., Vᵉ partie, ch. 1ᵉʳ, § 9.

la recommandation, si le créancier recommandant n'était autre que celui qui a à se reprocher un emprisonnement illégalement opéré (1).

Si l'emprisonnement n'est déclaré nul que pour vices de forme, il pourra certainement être repris. Mais la loi ne veut pas que le créancier fasse guetter le débiteur pour le faire incarcérer au moment même où il prétendrait mettre le pied hors de la prison. Il faut qu'en ce cas une certaine satisfaction soit donnée à celui qui a obtenu un jugement de nullité. Aussi, l'art. 797 déclare-t-il que le débiteur dont l'emprisonnement est déclaré nul, ne peut être arrêté pour la même dette qu'un jour au moins après la sortie : c'est un jour franc. Mais la loi dit : « pour la même dette. » Le débiteur pourrait-il donc être arrêté pour une autre dette, même par le même créancier, avant un jour franc ? Il faut bien l'admettre. Mais peut-être pourrait-on lui refuser le droit d'opérer une arrestation vexatoire sur le seuil même de la prison (2).

Mais si le débiteur est recommandé par d'autres créanciers, il ne pourra sortir (art. 796). Dans ce cas, le créancier incarcérateur, qui ne pourrait faire reprendre le débiteur, s'il sortait, moins d'un jour franc après sa sortie, peut-il le recommander avant ce temps ? On le nie, en invoquant l'art. 793, qui soumet la recommandation aux mêmes formalités que l'emprisonnement : il me semble qu'il n'y a pas là une question de formalités et que les raisons que nous avons supposées être celles de l'art. 797 s'opposent à cette solution (3).

Notons, en finissant, une mesure qu'on peut rapprocher de notre article. « Le décret du 9 mars 1848, émané du Gouvernement provisoire, avait suspendu l'exercice de la contrainte par corps et mis en liberté les détenus pour dettes. La loi du 13 décembre 1848, dont j'ai souvent eu l'occasion de parler, l'ayant rétablie, ou plutôt maintenue, déclare que les débi-

____

(1) MM. Chauveau et Carré, *quest.* 2717 ; Pigeau, *Comment.*, t. 2, p. 481 ; Favard de Langlade, t. 1, p. 690 ; Thomine-Desmazures, t. 2, p. 374 ; Boitard et Colmet-d'Aage, n° 1062. — En sens inverse, M. Berriat-Saint-Prix, p. 785, note 52.

(2) M. Boitard, n° 1063.

(3) MM. Carré et Chauveau, *quest.* 2719 ; Demiau-Crouzilhac, p. 484.

teurs qui ont profité de ce décret suspensif et qui sont encore soumis à cette voie d'exécution, ne pourront être emprisonnés de nouveau que huit jours après une mise en demeure, à eux signifiée par les créanciers (art. 13).

SECTION II.

De l'exécution de la contrainte par corps dans les matières criminelles.

L'exécution de la contrainte par corps en matières criminelles est simple et peu coûteuse, « par conséquent moins onéreuse pour le débiteur sur lequel les frais finissent toujours par retomber (1). » Les formes en sont empruntées au titre 14 du Code forestier. — Si la contrainte a lieu au profit de l'Etat, c'est le receveur de l'enregistrement, nous dit l'art. 33 de la loi du 17 avril 1832, qui en poursuivra l'exécution. Il le fait exclusivement dans l'intérêt de l'Etat. Si donc la contrainte n'a pas chance d'aboutir à faire payer le débiteur, il ne devra pas l'exercer, ce serait entraîner l'Etat dans des dépenses frustratoires. Si, durant son exercice, il arrive à constater d'une manière certaine l'insolvabilité du débiteur, il ne devra même pas le prolonger jusqu'aux limites où la loi l'y restreint en pareil cas. — Il est enfin, dans l'intérêt de l'Etat, comme, un particulier, dans le sien, juge de la convenance et de l'opportunité de la contrainte par corps (2). Au receveur de l'enregistrement il faut joindre les agents des contributions indirectes et des douanes, à l'égard des condamnations qui touchent aux matières de leur ressort.

Ces employés doivent d'abord faire faire commandement de payer au débiteur; à ce commandement ils joindront un extrait du jugement, s'il n'a pas encore été signifié au débiteur. — Ce n'est que cinq jours après cette formalité que l'arrestation pourra s'opérer.

Le procureur impérial, sur le vu du commandement et la

____

(1) M. Portalis en présentant la loi de 1832.
(2) MM. Chauveau et Faustin-Hélie, *Théorie du Code pénal*, t. 1ᵉʳ, p. 275.

15

demande du receveur de l'enregistrement, adressera alors les réquisitions nécessaires aux agents de la force publique et autres fonctionnaires chargés de l'exécution des mandements de justice (art. 33 de la loi de 1832). Mais le plus souvent, c'est par la voie de la recommandation que la contrainte s'exécutera, puisque les débiteurs peuvent être détenus en vertu d'une condamnation criminelle : alors la recommandation n'a pas besoin d'être séparée du commandement par un intervalle de cinq jours. Mais remarquons que, même au cas de recommandation, ce n'est que dans une maison pour dettes que la contrainte par corps devra être subie. Cela est établi par un avis du conseil d'Etat, du 14 novembre 1832.

Si la contrainte en matières criminelles est exécutée au profit d'un particulier, elle peut suivre les mêmes voies d'exécution que celle qui a lieu au profit de l'Etat (art. 38 de la loi de 1832). Mais, dit l'article, les parties poursuivantes seront tenues de pourvoir à la consignation d'aliments. — Cela nous fait connaître que l'Etat n'est pas dans l'obligation de consigner les aliments. Un décret du 4 mars 1808 nous apprend, en effet, que les débiteurs de l'Etat recevront la même nourriture que les prisonniers détenus à la requête du ministère public, et que la dépense de leur nourriture sera comprise sur les fonds affectés au service des prisons.

Si le débiteur prétend que la contrainte doit cesser, soit en raison de son insolvabilité, soit pour quelque autre cause, c'est le procureur impérial qui, sur sa demande, prononcera, s'il y a lieu, sa mise en liberté.

SECTION III.

De l'exécution de la contrainte par corps contre les étrangers.

La contrainte par corps, résultant d'un jugement, s'exerce contre les étrangers de la même façon que contre les nationaux. — Je n'ai donc à parler ici, et en quelques mots seulement, que de l'arrestation provisoire.

Elle s'obtient par une requête adressée au président du tribunal de première instance du lieu où se trouve l'étranger. Cette requête ne sera pas communiquée à la partie adverse.

Ce serait la mettre en éveil et lui donner lieu de se sauver, ce contre quoi le créancier veut se prémunir. Il n'est pas besoin d'entendre le ministère public ; l'article 15 de la loi du 17 avril 1832 ne dit rien de semblable. Il faut remarquer que l'art. 780 du Code de procédure est inapplicable (art. 32, loi du 17 avril 1832). La signification de l'ordonnance et le commandement fait à l'étranger auraient trop de danger pour son créancier. L'arrestation provisoire est une mesure de police. — Elle s'opèrera par un huissier commis par l'ordonnance même du président (art. 15).

CHAPITRE III.

DES CAUSES QUI FONT CESSER LA CONTRAINTE PAR CORPS.

La contrainte par corps, légalement exercée, prend fin par lescauses suivantes :

1° Le consentement du créancier ;

2° Le paiement ou la consignation légale des sommes dues tant au créancier qui a fait emprisonner qu'aux recommandants, des intérêts échus, des frais liquidés, de ceux d'emprisonnement et de la restitution des aliments consignés (art. 800 2°, Pr. civ.) ; aujourd'hui le paiement ou la consignation du tiers du principal de la dette et de ses accessoires, avec caution pour le surplus (art. 24 de la loi de 1832 et 6 de la loi de 1848) ;

3° La compensation, la remise de la dette ou toute autre cause d'extinction ;

4° La cession de biens ;

5° La faillite ;

6° Le défaut de consignation d'aliments de la part du créancier ;

7° La soixante-dixième année du débiteur ;

8° Le bail de caution en matière criminelle.

1° Le créancier doit donner son consentement devant notaire ou sur le registre d'écrou (art. 802, Pr.). M. Boitard fait remarquer qu'à plus forte raison la représentation d'un jugement donnant acte au débiteur de cette intention suffirait pour que le geôlier mît ce dernier en liberté ; mais ce que la loi ne veut pas, c'est qu'on invoque, pour l'y obliger, un acte sous seing privé, qui ne serait peut-être pas émané du créancier. — Enfin, le consentement du créancier incarcérateur ne suffirait pas, s'il y avait des recommandants qui ne consentissent pas à l'élargissement.

La Cour de Paris, dans un arrêt du 6 juillet 1826, a déclaré avec raison que le créancier ne peut, en pareil cas, faire réincarcérer le débiteur, s'en fût-il réservé le droit, si cette réserve n'a été acceptée du débiteur.

2° Le débiteur fait encore cesser la contrainte par corps par le paiement ou la consignation du tiers du principal de la dette et de ses accessoires avec bail de caution pour le surplus (art. 24 de la loi de 1832 et 6 de la loi de 1848). La loi de germinal avait admis cette règle, et ne parlait même que du tiers de la dette, sans qu'il fût besoin de payer ou consigner le tiers de ses accessoires (1). — Le Code Napoléon n'ayant rien reproduit de semblable, cette faveur cessa d'être admise en matière civile, et il ne fallait rien de moins qu'un paiement intégral pour procurer l'élargissement. Mais pour les matières commerciales, dont ce Code ne s'occupait pas, on continua de leur appliquer la règle de la loi de germinal. Cela pourrait sembler une anomalie, en ce qu'un prompt et intégral paiement est chose plus importante dans les matières de commerce qu'en toutes autres. Il faut du moins se rappeler que la contrainte par corps en matières civiles est l'exception et n'atteint guère que des cas défavorables, tandis qu'il en est autrement en matières commerciales. — En 1832, les choses changèrent complétement de face. L'article 24 de la loi du 17 avril permit au débiteur de se faire élargir en payant ou en consignant le tiers de la dette et de ses accessoires, et en donnant pour le surplus une caution acceptée par le créancier ou reçue par le tribunal civil dans le ressort duquel le débiteur était détenu ; mais il restreignait ce cas aux matières civiles et repoussait l'application d'une pareille règle en matières commerciales. La restriction parut trop sévère au législateur de 1848, et l'article 6 de la loi du 13 décembre déclara l'article 24 de la précédente loi applicable même en

____

(1) Loi de germinal an VI, titre II, art. 18.

matières commerciales. « On ne doit pas craindre , disait M. Hippolyte Durand, rapporteur de la loi de 1848, que cette faculté accordée au débiteur jette de la perturbation dans les affaires, car lorsqu'il est incarcéré, tout le mal causé par son retard est fait, et la facilité qui lui est donnée de se libérer partiellement ne peut qu'être avantageuse au créancier. » — Il faut reconnaître cependant qu'il y a là quelque chose de contraire au principe de l'indivisibilité du paiement de la dette dans les rapports du créancier et du débiteur, qui est consacré par l'article 1244 du Code civil. Cette dérogation est motivée par la faveur due à la liberté.

La caution, qui devra, si elle n'est acceptée à l'amiable, se conformer aux règles des articles 2018 et 2019, sera tenue de s'obliger solidairement avec le débiteur à payer, dans un délai, qui ne pourra excéder une année, les deux tiers qui resteront dus (art. 25 de la loi de 1832). Elle n'est pas contraignable par corps, si elle ne s'y est engagée (art. 2060, C. civ.). — Après le délai, le créancier non payé pourra exercer de nouveau la contrainte contre le débiteur, sans préjudice de ses droits contre la caution (art. 26).

Le bénéfice de l'art. 24 s'applique aujourd'hui, nous venons de le voir, à toute espèce de débiteur soumis à la contrainte par corps. — Mais que faut-il dire, si des à-compte ont été payés ? Ainsi, le débiteur d'une somme de 1200 francs a payé à titre d'à-compte 300 francs depuis la condamnation, soit avant, soit après l'incarcération. Pour se conformer aux règles de l'art. 24, que devra-t-il payer ou consigner encore ? Evidemment, il faut supposer que le créancier a consenti à recevoir cet à-compte ; car on ne peut le forcer à un fractionnement plus grand que celui de l'art. 24, qui contient déjà une innovation hardie ; mais s'il en est ainsi, il serait mal venu à réclamer plus de cent francs encore ; car évidemment, c'est lorsque le tiers de toute la somme, et non de ce qui reste dû encore, à-compte payés, aura été payé ou consigné que le débiteur pourra réclamer son élargissement. Si le débiteur en ce cas devait payer ou consigner le tiers de ce qui reste dû, c'est-à-dire 300 francs, il arriverait donc qu'en recevant un à-compte, le créancier, loin de faire une concession, rendrait sa position meilleure et l'élargissement plus difficile (1).

La consignation se fait entre les mains du geôlier, sans formalités préalables. Sur le refus du geôlier, on peut l'assigner à bref délai, en vertu de permission, par le ministère de l'huissier commis (art. 802, Pr.). — La somme consignée entre les mains du geôlier sera, si le créancier ne l'accepte dans les vingt-quatre heures, déposée par lui à la caisse des dépôts et consignations (Ord. du 3 juillet 1816, art. 2, 4°).

3° La contrainte par corps, conséquence et accessoire de la dette, cessera évidemment lorsque la dette elle-même aura pris fin par toute cause d'extinction ayant plus ou moins d'analogie avec le paiement, comme la remise, la compensation, etc. (art. 1234, C. com.).

4° La cession de biens, par laquelle un créancier se démet de tous ses biens en faveur de ses créanciers, opère en sa faveur la décharge de la contrainte par corps (art. 1270, C. com.). Si en effet, le débiteur se dépouille loyalement de tous ses biens et de leur administration au profit de ses créanciers, la contrainte n'a plus de raison d'être : il ne peut plus les satisfaire. C'est une sorte de moyen donné, en matière civile, de prouver son insolvabilité.

L'article 905 du Code de procédure n'admet pas à ce bénéfice les stellionataires, les banqueroutiers frauduleux, les personnes condamnées pour cause de vol ou d'escroquerie, ni les personnes comptables, tuteurs, administrateurs et dépositaires. Enfin la loi du 28 mai 1838 a enlevé le bénéfice de cession de biens aux débiteurs commerçants.

5° La faillite est encore une cause qui fait cesser la contrainte par corps. Les commerçants ne sont pas admis à faire cession de biens ; mais lorsque, par la faillite, le commerçant est dessaisi de l'administration de ses biens, la contrainte ne peut plus s'appliquer, puisqu'il n'a plus le droit de payer individuellement ses créanciers ; et elle serait même dangereuse, car quelques-uns pourraient, par ce moyen, arriver à lui faire vio-

---

(1) M. Alauzet, *Comment. du Code de commerce*, n° 2003.

ler cette règle. Aussi M. Demangeat (1) pense-t-il que la contrainte par corps ne peut atteindre même les faillis étrangers.

6° Le débiteur peut demander son élargissement, faute par le créancier d'avoir fait la consignation d'aliments prescrite par l'art. 791 du Code de procédure. Mais quand même le délai, laissé au créancier pour consigner, est passé, si la consignation d'aliments intervient avant la demande en élargissement, celle-ci n'est plus recevable à se produire (art. 803, Pr.). En sens inverse, dès que la demande a été formée par requête au président, le créancier cesse d'être à temps pour consigner.

La loi de germinal (tit. 3, art. 14) avait admis cette règle que le débiteur élargi, faute de consignation d'aliments, ne pouvait plus être incarcéré de nouveau pour la même dette. L'art. 804 du Code de procédure avait introduit, dans les matières civiles, une règle plus sévère pour le débiteur, qui pouvait être repris, à la condition, pour le créancier, de lui rembourser les frais par lui faits pour obtenir son élargissement et de consigner d'avance six mois d'aliments. — Enfin l'art. 31 de la loi de 1832 est venu reprendre le principe de la loi de l'an VI. — Il faut dire que la recommandation, qui ne diffère qu'en fait et non en droit de l'incarcération, ne pourrait non plus être exercée pour la même dette par le créancier qui aura laissé élargir son débiteur, faute d'avoir consigné les aliments (2).

Enfin, le défaut de consignation d'aliments est opposable aux recommandants comme au créancier incarcérateur (3). Chacun doit en effet veiller à cette consignation. L'art. 15 du titre 3 de la loi du 15 germinal an VI disait le contraire ; mais il semble qu'aujourd'hui une règle nouvelle résulte bien des termes de l'art. 800 du Code de procédure : à défaut *par les créanciers* d'avoir consigné les aliments (800 4°).

Tout le monde admettra, je pense, avec M. Troplong, que la contrainte pourrait être reprise, si l'élargissement résultait

---

(1) M. Demangeat, *Histoire de la condition civile des étrangers en France*, p. 397.

(2) Arrêt de Montpellier, 17 août 1827.

(3) MM. Troplong, n° 609 ; Coin-Delisle, p. 110, n° 3.—En sens inverse, M. Fœlix, sur l'art. 31 de la loi de 1832, p. 62.

d'un dol du débiteur. M. Troplong cite l'histoire d'un débiteur qui avait induit son créancier à ne plus consigner les aliments en lui envoyant une lettre de faire part de son décès.

7° La soixante-dixième année du débiteur est, nous le savons, une cause de cessation de la contrainte par corps (800, 5°, Pr.). Le stellionat seul fait exception à cette règle.

8° L'art. 34 permet à celui qui subit la contrainte par corps en matière criminelle, de la faire cesser en donnant une caution admise par le receveur des domaines, ou, s'il la conteste, déclarée bonne et valable par le tribunal civil de l'arrondissement. Elle doit s'exécuter dans le mois, à peine de poursuites. Elle n'est contraignable que si elle s'y est engagée. Je crois qu'il faut admettre, par analogie avec l'article 26 de la loi de 1832, qu'après le délai écoulé sans paiement, la contrainte pourra être reprise contre le condamné.

Parlons maintenant de la manière dont se font les demandes en élargissement. La liberté est chose importante, et les procès qui la concernent doivent être promptement réglés. Aussi l'article 805, Pr. nous dit-il que ces demandes seront formées à bref délai, en vertu d'une permission du juge, sur requête présentée à cet effet. L'assignation à comparaître au tribunal du lieu de la détention sera faite au domicile élu par l'écrou. L'affaire sera jugée sans instruction, à la première audience, préférablement à toutes autres causes, sans remise à tour de rôle ; mais le ministère public sera entendu (art. 805).

Il est un cas où ces formes sont bien simplifiées : c'est lorsqu'il s'agit seulement de constater que les aliments n'ont pas été consignés. Alors l'article 30 de la loi du 17 avril 1832 dit : « Il suffira que la requête présentée au président du tribunal civil soit signée par le débiteur détenu et par le gardien de la maison d'arrêt pour dettes, ou même certifiée véritable par le gardien, si le détenu ne sait pas signer. Cette requête sera présentée en duplicata; l'ordonnance du président, aussi rendue par duplicata, sera exécutée sur l'une des minutes qui restera entre les mains du gardien ; l'autre minute sera déposée au greffe du tribunal et enregistrée gratis. » — Ici la simplicité de la cause ne nécessite pas un jugement, mais une simple ordonnance du président.

Je termine là ce que j'avais à dire des causes de cessation de la contrainte par corps. Je n'ai pas parlé des limites imposées par la loi ou le juge à sa durée, parce que ce point a trouvé sa place dans le chapitre premier. Mais je dois, avant de terminer mon travail, indiquer la règle importante admise par l'article 27 de la loi du 17 avril 1832 en ce qui touche la durée de l'emprisonnement. Lorsque le débiteur aura obtenu de plein droit son élargissement après l'expiration des délais légaux, l'article déclare « qu'il ne pourra plus être détenu ou arrêté pour dettes contractées antérieurement à son arrestation et échues au moment de son élargissement, à moins que ces dettes n'entraînent par leur nature et leur quotité une contrainte plus longue que celle qu'il aura subie, et qui, dans ce dernier cas, lui sera toujours comptée pour la durée de la nouvelle incarcération. » Sans cette règle, un homme qui eût eu beaucoup de créanciers aurait pu être détenu en prison par suite de condamnations successives bien au delà du temps auquel il doit demeurer raisonnablement prouvé qu'il est véritablement hors d'état de s'acquitter. La loi admet donc avec raison qu'une condamnation d'un an, de trois ans, de cinq ans, lorsqu'elle a été subie, a purgé toute obligation entraînant une contrainte de même durée, pourvu que cette obligation antérieure à l'arrestation ait été exigible lors de l'élargissement. Car si l'exigibilité n'est survenue qu'après, l'on peut croire que le débiteur a déjà pu acquérir de nouvelles ressources, et la contrainte passée ne prouve plus rien contre la dette nouvelle. Les mots de « dettes contractées antérieurement à l'arrestation » sont assez inutiles ; car si la dette n'est pas antérieure à l'arrestation, comme elle ne peut guère être concomitante avec l'emprisonnement, elle ne sera donc pas exigible lors de l'élargissement.

Ici s'arrête mon travail. J'ai dû examiner l'emploi que fait la loi française de cette voie rigoureuse de la contrainte par corps. On peut, dans certains cas, regretter une sévérité, qui, parfois est, en fait, assez inutile. Mais il faut reconnaître qu'avec l'admission du sauf-conduit du failli pour les commerçants, de la cession de biens pour les autres, de la preuve de l'insolvabilité tendant à faire diminuer la durée de la contrainte en matières criminelles, le législateur a fait à peu près droit à toutes les réclamations élevées par le bon sens et l'humanité. Enfin, il est facile de remarquer que chaque loi nouvelle, depuis le Code civil et le Code de procédure jusqu'aux lois de 1832 et 1848, a fait de nouveaux pas dans une voie d'adoucissement où sans doute la législation ne s'est pas encore arrêtée, et il est permis d'espérer qu'un jour réalisera peut-être ce vœu d'un jurisconsulte, aujourd'hui défenseur de l'emprisonnement pour dettes : J'aimerais cependant une société qui pourrait se passer de la peine de mort et de la contrainte par corps (1). »

______

(1) M. Troplong, Préface de la *Contrainte par corps*, p. IV.

POSITIONS.

—

DROIT ROMAIN.

I. Le créancier à terme ou conditionnel ne peut, s'il est seul, demander l'envoi en possession *rei servandæ causá;* il peut en profiter, si d'autres l'ont demandé (page 47).

II. La loi 51, § 1, *De re judicatá,* ne peut se comprendre qu'en substituant le mot de *emptor* à celui de *venditor* (page 50).

III. Le curateur à l'administration des biens, pendant la période d'envoi en possession, existait au temps de Gaïus et ne doit pas être confondu avec le magister *bonorum vendendorum* (page 54).

IV. Dans la loi 40, *De operis libertorum,* il ne faut pas, avec Pothier, rapporter les mots : *et si alere se possit,* au premier membre de phrase, en écrivant en un seul mot *etsi* (page 63).

V. La *bonorum proscriptio* a pour effet de paralyser l'action *ex ante gesto* des créanciers, à moins qu'elle n'ait eu lieu contre un débiteur de mauvaise foi (page 63).

VI. L'usage du *pignus in causá judicati* est antérieur à la constitution d'Antonin, premier texte qui en fasse mention (page 80).

VII. Les mots de la loi 15, § 4, *De re judicatá : ut tantùm capioni res judicata proficiat,* ne doivent pas s'entendre, ainsi que le veut Donneau, comme s'il y avait *usucapioni,* mais bien *pignoris capioni* (page 83).

VIII. Le *jussus* du juge qui ordonne la restitution d'un objet dont le demandeur est propriétaire peut être exécuté *manu militari* (page 91).

IX. L'exception de dol, introduite par Marc-Aurèle dans les actions de droit strict à l'effet d'opérer la compensation, ne donnait pas au juge le droit d'établir la balance, mais périmait le droit du demandeur qui n'avait pas fait introduire une prescription dans la formule.

X. Lorsque Justinien dit qu'à défaut d'enfants et de frères ou sœurs du fils de famille, le père de famille prendra le pécule *castrense* ou *quasi-castrense jure communi*, cela veut dire qu'il le prendra à titre de pécule et non à titre de succession.

DROIT FRANÇAIS.

DROIT CIVIL.

I. Le § 2 de l'art. 2060, qui édicte la contrainte par corps au cas de réintégrande, ne s'applique pas seulement aux dommages-intérêts résultant de la non-restitution, mais au fait de la restitution même (page 126).

II. Les notaires ne sont pas contraignables par corps pour la restitution des fonds versés chez eux à titre de placement (page 131).

III. Les mots du § 5 de l'art. 2060 : « lorsqu'elles se sont soumises à cette contrainte, » ne se rapportent qu'aux cautions des contraignables par corps et non aux cautions judiciaires (page 135).

IV. L'art. 2065 ne permet pas de cumuler deux dettes inférieure chacune à 300 francs pour faire prononcer la contrainte par corps (page 154).

V. La contrainte par corps peut résulter d'une décision arbitrale (page 157).

VI. Les militaires en activité de service sont contraignables par corps (page 179).

VII. Les personnes civilement responsables ne sont pas contraignables par corps pour les amendes, restitutions et frais prononcés contre elles par les tribunaux criminels (page 189).

VIII. L'art. 1037 du Code de procédure n'est pas applicable en ce qui touche l'exécution de la contrainte par corps (page 207).

IX. Un restaurant n'est pas une maison quelconque, aux termes de l'art. 781 du Code de procédure (page 211).

X. La reconnaissance d'un enfant naturel, qui n'est entachée ni d'erreur, ni de dol, ni de violence, peut être attaquée par celui qui l'a faite.

I. Les sociétés d'assurance mutuelle contre les faillites peuvent se former sans l'autorisation gouvernementale.

XII. Le propriétaire a privilége pour les loyers échus, alors même que son bail, étant sous seing privé, n'a pas date certaine.

XIII. La personne, née en France d'un étranger, qui a, conformément à l'article 9 du Code civil, réclamé dans l'année qui a suivi sa majorité la qualité de Français, ne peut prétendre que le bénéfice lui en est acquis rétroactivement depuis le jour de sa naissance.

HISTOIRE DU DROIT.

I. Les colons du Bas-Empire ne sont que les anciens esclaves partiellement affranchis et immobilisés pour les besoins de l'agriculture et de la perception des impôts.

II. L'origine de notre noblesse n'est pas dans les titres de comte et de duc que présente la cour de Constantinople.

DROIT ADMINISTRATIF.

I. Les contraintes de l'enregistrement emportent hypothèque.

II. Lorsque le pouvoir administratif peut prononcer la contrainte par corps, c'est à lui, et non aux tribunaux ordinaires, qu'il appartient d'en fixer la durée (page 178, note).

DROIT COMMERCIAL.

I. Les associés commanditaires ne sont pas contraignables par corps pour le versement de leur mise (page 165).

II. L'action en répétition est admise pour les sommes payées aux agents de change par suite de *jeux de Bourse.*

III. L'art. 442 du Code de procédure civile ne s'oppose pas à ce que les tribunaux de commerce commettent un huissier pour la signification et le commandement prescrits à fin de contrainte par corps (page 204).

DROIT DES GENS.

I. La femme étrangère a une hypothèque légale sur les immeubles de son mari situés en France, si la loi de son pays lui en donne le droit.

II. L'étranger qui jouit des droits civils peut exercer la contrainte par corps contre l'étranger non domicilié en France (page 195).

III. Le Français cessionnaire d'un étranger ne peut exercer contre le débiteur étranger le droit d'arrestation provisoire, à moins que le titre ne soit négociable de sa nature (page 196).

DROIT CRIMINEL.

I. Il y a infanticide dans le meurtre d'un enfant non viable.

II. La tentative d'avortement n'est pas atteinte par la loi française.

Vu par le Président,

BUGNET.

Vu par le Doyen,

C.-A. PELLAT.

Permis d'imprimer :
le Vice-Recteur,   ARTAUD.

FIN .

www.ingramcontent.com/pod-product-compliance
Lightning Source LLC
Chambersburg PA
CBHW051242050726
47594CB00001B/279